KB044732

하나도 괜찮지 않습니다

하나도 괜찮지 않습니다

2018년 01월 22일 초판 01쇄 발행
2023년 07월 15일 초판 10쇄 발행

—

| 지은이 | 오찬호 |

—

| 발행인 | 이규상 |
| 편집인 | 임현숙 |

—

펴낸곳	(주)백도씨
출판등록	제300-2012-170호(2007년 6월 22일)
주소	03044 서울시 종로구 통의동 7-33 3층(효자로7길 23)
전화	02 3443 0311(편집) 02 3012 0117(마케팅)
팩스	02 3012 3010
이메일	book@100doci.com(편집·원고 투고) valva@100doci.com(유통·사업 제휴)
포스트	http://post.naver.com/black-fish 블로그 http://blog.naver.com/black-fish
인스타그램	@blackfish_book

—

ISBN 978-89-6833-165-7   03100

하나도 괜찮지 않습니다

감정 오작동 사회에서 나를 지키는 실천 인문학

오 찬 호 지음

블랙피쉬
Black Fish

03

PART

불균형 사회, 나와 너를 성장시키는 법

잃어버린 감정 온도의 균형을 찾아서

하나도 괜찮지 않다.
나도, 너도

A는 이전 회사의 상사 B를 생각하면 지금도 손사래를 친다. B는 자타공인 투철한 사명감의 사나이였다. 회사의 높으신 분들은 궂은일도 도맡는 그를 좋아했다. 특히, 젊은 사원들을 이끌어가는 리더십을 높이 칭찬했다. 인정받는 B의 주변에는 늘 따르는 무리가 있었다. 학연, 지연을 원심력 삼아 무리는 크기를 키워 갔고 이와 비례하여 주변에서 상처받는 이들이 많아졌다. 권력이 된 집단에 충성심을 보여 주지 않는 자들은 일터의 변방에서 서성거리다가 '일 못하는 사람' 취급받아 알아서 일을 관두는 악순환이 반복되고 있었다. 물론 B는 이를 지극히 당연한 결과로 이해했다.

그는 학벌을 추종했고 집에 들어가기를 포기하고 얻어 내는 성과를 찬양했다. 지방대 출신들은 1차적으로 걸러졌고 1차를 통과한 운 좋은 여성은 2차 검증의 문턱을 쉽사리 넘어가지 못하니 회사에서 에이스로 인정받을 기회를 얻지 못했다. B를 우두머리로 하는 집단의 목소리가 커지자 자연스레 회사는 차별을 일삼는 조직이 되었다. 지나친 자신감은 금물이고 강력한 결속력은 때론 화를 불러일으킨다는 고전적인 덕담은 A의 회사에선 공허하기 짝이 없었다. 결속력 있는 집단의 하늘을 찌르는 자신감은 많은 이들, 그러니까 중심에서 배제된 사람들을 불편케 했다. 일상에서 음담패설은 기본이고 회식 자리에서 성희롱은 다반사였다. 웃긴 게, 그런 짓거리를 하는 인간들이 술에 거나하게 취하면 "이렇게 일만 하고 살아야 하나!"라면서 신세한탄에 바쁘다는 거다. 마치 뼈 빠지게 일을 한 자신들에게는 흐트러질 권리가 있다고 말하는 것 같았다.

A는 부당함을 강하게 항의했지만 지방대를 나온 여성 A를 두둔하는 사람은 없었다. 우호적인 몇 명도 있었지만 B의 눈치를 보느라 관심은 미온적이었다. A는 말이 통할 것 같은 상사를 붙들고 따져 보기도 했지만, 돌아오는 대답은 그래도 B만큼 회사를 위하는 사람이 없다면서 문제를 크게 확산시키지 말아야지 모두가 행복하다는 궤변뿐이었다.

피해자는 존재했지만 어디에도 가해자는 없었다. A는 하루하루가 하나도 괜찮지 않았지만, 그럴수록 A는 회사에서 '괜찮지 않은 사람'으로 평가받았다. 사회생활 못한다, 의지가 약한 인간, 융통성 없는 사람, 피해망상증에 빠져 불만만 늘어놓는 이상한 여자 등으로 A는 설명되었다. 회사는 A가 보내는 '뜨거운' 신호를 단칼에 외면하고 나쁜 무리가 퍼트리는 소문을 '차갑게' 걷어 내지 않았다. 오히려 평소에도 업무에 문제가 있다는 바보 같은 음모론의 실체를 검증하겠다면서 쓸데없는 열의마저 보여 준다.

모든 책임은 자신에게 있는 상황에서 A는 더 이상의 사투를 포기하고 회사를 그만둔다. 정신이 이상한 사람과 마주한 고통을 잊고 다시 일상을 회복하기까지 A는 오랫동안 정신과 치료를 받았다. 무너진 마음을 일으키고자 심리상담도 받았다. 그래서 이제는 다시 일을 열심히 하면서 살고 있다. 여기서 끝나면 좋은 이야기인데, 아쉽지만 아니다. 좀 문제가 있다.

A는 '너무' 강해졌다. 말이 안 통하는 세상에 적응하는 게 차라리 속 편하다고 판단했다. 다시는 모멸감을 느끼지 않겠다는 다짐은 아무도 건드릴 수 없는 완벽한 사람이 되기 위한 독한 노력으로 이어졌다. 더 공부하기 시작했고 말투와 옷매무새 하나도 프로페셔널하게 보이고자 노력했다. 목표만을 신경 쓰면 다른 것이 보이지 않는다. 자신의 여정을 방해하는 사람을 만나면 내 앞길을 막는 사람 같아 짜증이 확 밀려온다. 누가 차별받든, 혐오를 당하든 A는 주변에 둔감해졌다. 부끄럽지 않게 살겠다고, 부끄러운 행동을 일삼는다. 주변에서 요즘에 좀 변했다면서 걱정하면, 늘 같은 말이다.

"나는 더 힘들었어."

한국인들에게는 '뜨거운 에너지'가 많다고 한다. 그런데 뜨거워야 할 때를 모른다면 그 에너지가 무슨 소용인가. 과거에는 이상한 뜨거움을 지닌 이들 때문에 고통받았던 A는 지금은 이상한 뜨거움으로 무장하여 남을 괴롭히며 살아간다. 고작 회사에서 인정받고자 타인에게 수치심을 심어주는 걸 별 수 없다고 생각하는, '소탐대실' 한국사회의 투박한 민낯이다.

일부의 이야기가 아닐 거다. 각자도생을 강요하는 교육 시스템과 그 안에서 엘리트가 된 이들이 만들어 놓은 엉성한 사회구조 안에서 많은 이들이 평생 바쁘게만 살아간다. 어릴 때부터 오직 대학입시와 취업을 위한 인생설계도에 맞추어 살얼음판을 걸어야 했던 사람들이 만들어 낸 공기는 너무나 차다. 공공선을 위해 뜨거워질 순간을 모르는 한국인들은 좀 냉정하게 따져봐야 할 '각자도생'의 삶에는 지나친 뜨거움으로 매진한다. 그래서 우리들은 낯 뜨거워질 순간을 잘 모른다. 남은 괜찮지 않은데 당당하다. 인간이라면 가져야 할 뜨거운 심장은 온데간데없다. 자신의 발버둥에 아파하는 누구의 허우적거림에는 냉정하다. 쓸데없는 열정이 강해질수록 우리는 무례한 차가움으로 주변을 내친다. 서로가 칼을 겨누고 찌르니 '하나도 안 괜찮은' 사람만 늘어간다.

나는 이런 모습을 온도 조절 기능을 상실한 사회라고 말하고 싶다. 이 책은 제대로 부끄러워할 줄 몰라 감정의 온도 조절 기능을 상실한 사람들의 촌극을 모았다. 냉정과 열정 사이를 이상하게 오가는 우리들의 일그러진 자화상과 마주하는 건 용기가 필요하다. 그래야지만 이 그릇된 무대를 바꾸기 위한 노력이 시작될 수 있다. 시민이 되기 위해 언제 그리고 무엇에 얼굴이 화끈거려야 하는지, 이를 말하고자 한다.

이 책은 사회학적 자기계발서다

운 좋게 세상을 비판하는 글을 쓰면서도 생계를 유지하고 있다. 글만 쓰고는 밥만 먹어야 하기에 전국을 떠돌며 강연을 다녔다. 오랫동안 여러 대학에서 보따리장수로 살았기에 강연이 낯설지는 않았다. 시험도 없으니 서로가 부담 가질 건 없다고 생각했다. 강연에서 나는 '사회구조', '공공'이란 말을 많이 한다. 이에 대한 관심이 사회학이니 당연하다. 사회구조가 엉망이면 사람이 병들고 그러니 사회를 바꾸면 우리가 행복해지니 어쩌고의 말들 말이다. 공공선이 확립되지 못하면 사적 욕망의 분출을 억제하지 못해 모두가 힘들어지니 정신을 차려야 되니 마니……. 버트런드 러셀을 종종 인용하는 것도 즐긴다. 러셀은 자서전 《인생은 뜨겁게》에서 자신의 인생을 지배했던 강렬한 세 가지 열정이라면서 사랑에 대한 갈망, 지식에 대한 탐구욕, 인류의 고통에 대한 참기 힘든 연민을 소개한다. 나는 특히 세 번째를 강조 또 강조하면서 우리도 그리 살자고 독려한다. 하지만 사람들은 2% 찝찝하다는 표정을 항상 지었다.

사람들은 대안을 원했다. 알겠는데, 이제 어떻게 해야 하는지를 물었다. 내 책에 대한 반응도 비슷했다. 현상에 대한 예리한 진단이라는 평가 뒤에는 모호한 대안 제시라는 한계가 붙었다. 오랫동안 나는 대안을 섣불리 말해선 안 된다고 생각했다. 사회학의 영역도 아니었다. 개인이 각오 좀 다진다고 세상이 바뀌면 그게 어디 '사회문제'이겠는가. 오히려 '대안 중독증'에 빠진 한국인들을 비판했다. 개인적 차원에서 대안을 자꾸만 찾으려고 하는 버릇이 심할수록 사회문제의 본질이 흐려진다는 경고와 곁들여.

그런데 시스템이 붕괴된 현실 안에서 어쩔 수 없이 숨 쉬고 살아야만 하는 개인들은 '시스템'만 백여 번 외쳐 대는 강연이 공허했다. 없는 시간을 쪼개서 나를 마주한 사람들에게는 분명한 목적이 있었다. 이들은 변화를 원했고 변화의 방법을 갈망했다. 주로 이런 질문을 던졌다. "그러니까 사회가 좋아져야지 내가 행복해지고, 내가 행복해져야 남도 행복해진다는 거잖아요. 그럼 내가 당장 무엇을 해야 사회가 좋아지나요?" 여기까지는 익숙한 물음이라 내게는 시민정신 어쩌고의 관성적인 대답이 있다. 하지만 어느 날, 한 줄이 추가된 물음이 등장하자 난 도무지 말을 이어갈 수 없었다. "혹시, 그 사회의 변화가 지지부진하면 저는 지금처럼 살아야 하나요? 앞만 보고 달리면서 나도 괴롭히고 남도 괴롭히는 괴물이 더 이상 되기 싫은데……."

아뿔싸! 나는 지금껏 개인이 '어떤 사회에 살고 있는지'를 분석하는 데 정신이 없었다. 그것이 개인을 나름 사회학적으로 위로하는 거라

자위했지만 솔직히 자랑을 늘어놓은 셈이었다. 이만큼 분석했다고 과시했고 이렇게도 볼 수 있다면서 통찰력을 인정받으려 했다. 내 강연에서 사람들은 '대상'이었지 '주체'가 아니었다. 사람들은 후손들이 살아갈 미래가 아니라 자신이 살고 있는 현재가 달라지길 원했다. 그래서 책에서 얻지 못한 아쉬움을 채울 수도 있다는 한 가닥 희망의 끈을 가지고 애써 강연장을 찾았건만, 작가는 '사회'라는 말만 기승전결 내내 반복하고 있었던 것이다.

달라진 사회 '안'에서 행복할 자신의 모습을 그리고 싶었던 이들을 더 이상 실망시킬 수 없었다. 학교 안에 머무르는 연구자가 아니라 현장에서 사람들을 만나는 작가의 입장에서 독자의 갈증을 마냥 내버려두는 건 직무유기다. 좋은 사회를 만들기 위해 우리는 어떻게 살아야 하는지 매뉴얼을 만들기로 했다. "이러다가 다 망한다!"는 쓴소리가 아닌 "우리가 행복하기 위해 '나'부터 변하자!"는 일종의 사회학적 자기계발이랄까.

좋은 사회를 만들기 위해 우리는 어떤 사람을 닮아야 할까? 귀감이 될 만한 사람을 찾기 위해 사십 년의 짧은 삶이지만 스쳐 지나갔던 일상을 사회학이란 렌즈로 관찰했다. 내가 지금껏 만났던 사람들 중에서 누가 가장 시민의 모습을 갖췄는지, 절대 닮아서는 안 될 사람은 또 누구인지를 떠올렸다. 싱거운 말이지만 우리 곁에는 자신의 감정을 제대로 사용할 줄 아는 사람과 아닌 사람이 있었다. 뜨거워야 할 때 차갑게 식지 않는 사람, 차가워야 할 때 괜히 달궈지지 않는 사람은 그 옆의 사람을 '괜찮게' 했다. 이들은 감정 오작동의 순간을 확인할 때마다 한 치의 망설임 없이 자신을 부끄러워했다.

부끄러움을 제대로 느끼는 사람은 성장한다. 무결점의 인간이어서가 아니라 과오를 줄여 나가기 위해 노력하기 때문이다. 문제가 발생하면 빨리 사과했고 변명하지 않는다. 괜한 강박에 사로잡혀 주변 사람을 힘들게 하지 않는다. 바쁘고 힘들고 억울하다고 타인을 능멸하지 않는다. 차별, 혐오, 폭력에 노출된 이들을 보면서 그럴 만한 이유가 있는 것 아니겠냐는 냉소적 태도를 보이지 않는다. "남들도 마찬가지니까 그래도 된다"는 말을 하지 않는다. 인류를 위해서 '인간이기에' 가져야 하는 상식의 기준을 궁색한 논리와 결부시켜 팔색조로 변형시키지 않고 '아닌 건 아닌 거', 이 간단한 철학을 실천하는 자가 바로 시민이었다. 물론, 많지는 않았다. 많지 않으니 우리가 이토록 엉뚱한 데 예민하고, 둔감한 것이다.

우리가 변하면 우리는 행복해진다. 좋은 사회를 희망한다면 스스로가 나쁜 사람이 되지 않는 것이 그 시작이지 않겠는가. 행복한 '내일'을 원한다면, 자신이 다른 이의 존엄성을 뭉개고 있는 '오늘'부터 발견하길 바란다. 효과가 대단한 진짜 자기계발이다.

2018년 1월
강일도서관에서 오찬호

하 나 도
괜 찮 지
않 습 니 다

하나도 괜찮지 않습니다만

얼굴 빨개질 줄 모르는 우리의 자화상

얼굴이 붉어진다는 것은
모든 표현의 형식 중에서
가장 고유하고 인간적인 것이다.

·

찰스 다윈[1]

내 집이니까
그래도 된다고요?

층간 소음을 들으며 수양하다

내 스마트폰에는 '제주 오일장신문'이라는 모바일 앱이 깔려 있다. 제주에 관한 각종 정보가 있는 앱인데, 나는 '부동산' 코너를 애용한다. 누구나 꿈꿔 봤을 제주 생활에 대한 동경이 있기 때문이다. 조용한 시골 마을, 3층짜리 전원주택까지는 아니더라도 작은 마당이 있는 주택에서 개 한 마리 풀어놓고 아이들과 뛰어노는 그런 상상을 가끔 한다.

그런데 내가 제주를 동경하는 시간은 일정하다. 나는 하루에 딱 한 번만 이 앱을 켜는데, 바로 황혼이 깃들 때부터 시작되는 위층의 무시무시한 층간 소음을 들을 때다. 그리고 늘 같은 말을 내뱉는다.

"아~, 이사 가고 싶다. 정말로 이사 가고 싶다. 조용한 곳으로."

다행히 공포의 시간은 그리 길지 않다. 아빠가 짧고 굵게 놀아 주는 그런 집인가 보다. 한두 시간이 지나면 위층의 '운동회'는 끝난다. 그러면 나도 스마트폰을 내려놓는다.

'짧고 굵게'는 애써 이 상황을 긍정하자는 내 의지의 표현이다. 그저 속 편하게 모든 상황을 받아들이자는 자포자기의 심정이랄까. 체념할 수밖에 없는 경험은 아내가 했다. 스트레스 받는 남편이 안쓰러웠는지 아내가 아파트 놀이터에서 위층 아이들의 엄마와 인사를 나누고 에둘러 이야기를 건넨 적이 있었다.

"아빠랑 아이들이 친한가 봐요? 소리 들어보면 잘 놀아 주시는 것 같아서요." 돌아온 답은 아방가르드 예술의 경지라 할 만했다. "네, 남편이 정말 좋은 아빠라서 아이랑 뛰어노는 걸 무척 좋아하거든요. 그게 삶의 활력이래요." 경험상, 이런 부류의 사람들은 결코 설득되지 않는다.

나는 종교는 있지만 '믿지는 않는' 그런 사람인데, 층간 소음이 있을 때만큼은 유신론자로 변한다. 저 쿵쾅쿵쾅 소리는 내가 이웃을 어디까지 사랑할 수 있는지 시험하려는 신의 뜻일 것이다. 이렇게 이해하면 속이 편하다. 아마 저 집 사람들은 자기들이 나름 신경 쓰고 있다고 생각하고 있을지도 모르니 직접 찾아가서 주의를 부탁하는 것은 별로 효과가 없을 게다. 스스로 번뇌를 피해 해탈할 수밖에 없다. 그래서 층간 소음을 들으며 나는 수양한다. 이 경지에 오를 수밖에 없는 사연이 있다.

예전에 살던 집의 위층은 정말 우주 최강이었다. 시도 때도 없이 울려 대는 소리는 웅장했다. 아이도 아닌 어른들의 발걸음이라 이해하기가 더 어려웠다. 부부와 대학생 아들이 일말의 조심성도 없이 사는 집이었는데, 사람당 하루에 3백 보(步)를 집에서 걷는다면 나는 거의 천 번의 망치 소리를 듣는 셈이었다. 일어나고 자는 시간이 제각기인지 소리는 스무 시간에 걸쳐 지속되었다. 새벽 일찍 출근 준비를 하는 아저씨부터 낮에 에어로빅을 하는 아줌마, 그리고 밤늦게 돌아와 소란스러움을 이어가는 아들까지, 이들은 티끌만큼도 '혹시나 이 소리에 이웃이 신경 쓰겠다'는 생각을 하지 않는 듯 보였다.

참고 참았지만 한계가 왔다. 경비원이 없는 빌라이니 서로 얼굴을 마주보지 않으면 문제가 해결될 수 없었다. 결전의 날을 정했다. 그래도 예의가 통할 거라는 순진한 생각에 무슨 말을 할지 예행연습도 했다. 꼴에 이웃이라고 9천 원 하는 녹차 카스텔라도 샀다. 심호흡을 한 다음 초인종을 눌렀다.

(무뚝뚝하게)
"누구세요?"

(최대한 친절하게)
"아, 네. 아래층인데요.
저기……, 소리 나는 것 때문에 부탁 좀 드리려고 왔어요."

(생뚱맞다는 식으로)
"소리가 난다고요?"

(더 친절하게)

"아, 저기……, 층간 소음요.
걸으실 때 저희 집에 너무 크게 들려서요."

(이때 문이 열린다. 목소리를 높이며)
"소리가 뭐가 어쨌다고요?"

(애써 원인을 다른 곳에 돌리는 자비를 베풀며)
"여기 구조가 층간 소음에 굉장히 취약해 보여요.
그래서 그쪽 어르신들이 걸을 때마다 저희 집이 너무 울려서요.
주의 좀 부탁드릴게요. 여기 빵……"

(그러자 영원히 기억될 문장이 등장한다)
"내가 내 집에서 걷는 것도 마음대로 못하고 그쪽 눈치 봐야 해요?"

할 말을 잃었다. 내가 괜찮지 않은 건데, 주객의 완벽한 전도랄까?
부끄러움을 모르는 그 사람은 자신의 논리가 명쾌하여 내가 아무 말
도 하지 못하고 부끄러워한다고 생각하는 의기양양한 표정이었다. 나
는 빵을 건네지 않고 등을 돌렸다. 어차피 이야기가 통하지 않을 사람
이었다. 후안무치, 적반하장, 인면수심, 천인공노 등의 사자성어만 생
각났다. 아파트에서 왜 층간 소음을 반드시 '제삼자(경비실이나 관리
실)'를 거쳐서 문제 제기를 하라는지 알겠다. 어찌 저런 사람들과 얼굴
을 마주보며 대화가 가능하겠는가.

내 마음대로 하겠다는 권리가 가능할까

그들은 자신들이 정당하다고 믿었다. '집'이라는 것에 대한 적법한 재산권 행사를 하는 것이 문제냐는 투다. '자기 집'에서는 모든 자유가 보장된다고 생각하는 뻔뻔한 사람과 말을 섞을 용기가 내게는 없다. 애써 유사한 강적을 만난 사람의 사연을 들으며 '나만 그런 게 아니었구나'라며 스스로를 위로한다. 누구는 몇 개월을 참고 참아 주의를 부탁한다면서 찾아갔더니 이런 말을 들었단다. "아니, 층간 소음 걱정하면서 아파트에는 왜 살아?"[2] 염장 지른다는 말은 이때 사용하는 거다.

재미있는 건 오늘날 층간 소음 문제가 커진 것이 얼굴 붉어질 줄 모르는 위층 사람들 때문만이 아니라는 거다. '내 집에서의 권리'랍시고 위층을 협박하는 아래층이 싸움의 불씨가 되기도 한다. 이들은 아파트라는 공간에 사는 이상 발생할 수밖에 없고, 그래서 들을 수밖에 없는 일상적인 '생활 소음'조차 이해하지 않고 시도 때도 없이 연락을 취해 "조심해라! 경고했다!"를 남발한다. 위층은 죄송하다면서 고의적인 소리가 아니니 너그럽게 이해해 달라고 부탁하지만(사실 대낮에 청소기 돌리는 소리에 시비를 걸면 할 말이 이것 외에는 없다), 아래층은 "나는 내 집에서 그런 소리를 듣지 않을 권리가 있다!"면서 윽박지른다. 자신의 요구가 정당하다고 생각하는 사람의 기세는 당당하다. "한 번만 더 시끄럽게 하면 가만있지 않겠다!"는 협박이 등장하고 결국엔 싸움이 발생한다. 그래서 칼부림이 벌어지고 사람이 죽기도 한다. '층간 소음 때문에 이웃을 살해했다'는 놀라운 뉴스도 이제 놀랍지 않다.

이처럼 층간 소음은 '내 것'이라면 '내 마음대로' 할 수 있다는 막무가내 철학을 가진 부끄러운 사람들 때문에 발생한다. '내 사유물이라고 마음대로 할 수 있을까?'라는 질문을 던지지 않고 '내가 내 돈 주고 샀는데 뭐가 문제냐'는 사람은 곳곳에 있다. 예나 지금이나 길거리 흡연자에게 항의를 하면 "내 돈 주고 담배 사서 피는데 당신이 무슨 상관이야?"라는 반응을 보이는 경우가 그렇다. 얼마나 우스운가? 자동차를 '내 돈 주고' 구입했으니 신호 위반을 해도 된다는 말인가? 자기 돈으로 산 식칼도 부엌을 벗어나면 들고 있는 것만으로도 흉기다. 사적 재산'권'은 그것이 자기 것이라는 뜻이지, 자기 마음대로 할 수 있는 권리를 뜻하지 않는다.

하지만 한국에서 '사적 재산권'은 가장 남용되는 말이다. 모든 권리는 공간이나 물건을 구입한 사람에게 있으니 정당하게 가격을 지불했으면 무엇을 하더라도 부끄러워할 필요가 없다고 우리의 위대하신 자본주의는 가르친다. 그래서 사적 재산을 '노키즈존(No Kids Zone, 어린이 출입 제한 구역)'으로 만들든 말든 간섭 말라 하며, 사적 재산이니 '임대 아파트 아이들의 놀이터 출입 금지'를 정당하다고 주장한다. 장애인 재활 시설이 동네에 들어서는 걸 막겠다는 사람들 역시 참으로 대단하신 '사적 재산'의 가격 하락을 막겠다는 당당한 권리 행사다.

가격을 지불했기에 불특정 다수의 사람을 어떻게 대하든 상관없다는 심보를 가진 자가 자신의 소비와 직접적으로 연결된 이들에게 가혹한 건 당연하다. 소비를 정당하게 했으니 정말로 소비자가 왕인 줄 착각한다. 이들은 제품의 하자가 있냐 없냐만이 아닌 이를 제공하는 사람의 무한 친절을 강요한다. 이들 때문에 카페나 식당에서 '아메리카노 두 잔 나오셨습니다', '거스름돈은 2천 원이십니다' 등 국어 문법이 파괴된 소통이 종종 등장한다. 오죽 심했으면 한 카페의 컵 홀더에는 '나오셨습니다가 아니라 나왔습니다가 맞는 표현입니다'라고 적혀 있겠는가. 이는 지극히 옳은 문장에도 "왜 존대를 하지 않느냐! 나를 무시하느냐!"면서 노발대발하는 진상 손님들이 그만큼 많았다는 거다.

게다가 한 집 건너 카페요, 층마다 음식점이 즐비한 한국에서 자영업자들은 '상식'만을 좇아 영업할 수 없다. '돈 내주는' 손님이면 가타부타 안 따지고 깍듯하게 대한다. 그러니 '돈을 냈으니' 자신이 원하는 서비스를 받을 수 있다고 착각하는 사람들은 면죄부를 얻는다. 기고만장해진 이들은 상대의 약간의 퉁명스러움 같은 별일도 아닌 것에 "점장 나와!"라고 소리 지르고 "본사에 신고할 거다!"라며 막무가내로 협박한다. 그리고 이런 손님을 우려해서 서비스 업종 노동자들은 더 친절해지니 우리는 손님은 왕이라는 분위기가 '원래' 그런 건 줄 안다.

길들여지면 선을 넘는다

소비자라는 가면을 방패 삼아 자신이 일상에서 당한 설움을 폭발시키는 행동을 일부 못된 사람들의 그릇된 심리로만 이해하면 될까? 권리라는 말의 집단적 남용이 없었으면 불가능한 한국만의 놀라운 시스템이 있다. 'OO분 내 배달 보장'이 그렇다. 이는 치열한 요식업 세계에서 살아남기 위한 음식점의 자구책으로 오래전부터 있어 왔던 '신속배달'이라는 가치가 지나치게 업그레이드된 것이다. 소비자는 25분 걸리던 음식이 20분 걸려서 좋겠지만 배달하는 사람이 사고를 당할 확률은 높아졌다.

누구는 해외에 나가 보니 신속배달이 너무 그립다면서 이를 한국만의 장점으로 뽑지만 내게 '몇 분 내 배달 보장'이란 단어 조합은 누군가가—특히 청소년들이—죽을 수 있다는 뜻이기에 섬뜩하다. 실제로 죽는다. 배달부의 연이은 죽음을 취재한 방송에서 고등학생은 충격적인 말을 한다.

"방학 끝나면 오토바이 배달하다 한 명씩 죽어요."[3]

한때 특정 피자 업체에서 주문 후 30분 내 배달 완료를 자랑이랍시고 광고하다가 배달원이 죽어서야 중단된 바 있다. 하지만 '사람 목숨이 담보되었기'에 가능했던 총알 같은 서비스에 사람들은 이미 길들여졌다. 길들여지면 선을 넘는다. '빠른' 배달이 서비스의 기본으로 인식되어 '늦은' 배달이 소비자의 권리를 침해한 것처럼 이해되면, 조금의 지연도 참지 못하고 "늦게 와 놓고 돈 다 받으려고요?"라는 이상한 협상을 제시한다. 한 번만 더 늦으면 다시는 주문하지 않겠다면서 의기양양한 소비자의 눈치를 보느라 음식점은 '번개보다 빠르게' 배달을 해야 한다.

　고용 체계의 변화도 한몫했다. 최근에는 음식점에서 배달부를 직접 고용하지 않는다. 직접 고용을 하면 가게 사장 입장에서는 '빨리 배달 하려다 사고라도 나면 병원비니 뭐니 더 큰 손해 아니겠는가'라는 계산이 가능하다. 그래서 빈말이라도 "조심히 운전해라"라고 할 수 있다. 하지만 지금은 주문이 있을 때만 가게가 배달대행업체에 콜을 보낸다. 배달하다 사고가 나도 가게가 책임질 일은 없다. 그저 다른 사람 보내 달라고 하면 된다. 그러니 "늦게 배달되어 저희 단골 잃으면 책임지셔야 합니다"라는 격려(?)로 배달원들의 레이서 본능을 자극한다. 그러니 가게에서도 ○○분 배달제로 소비자를 유혹한다. ○○분이 지나면 자신의 권리가 침해되었다고 항의하는 사람들이 등장할 수밖에 없다.

　나는 중학생을 대상으로 한 사회학 소개서를 출간한 적이 있는데, 그 책에서 '왜 피자 배달원은 죽음의 질주를 했을까?'라는 물음을 통해 배달 시스템의 문제를 짤막하게 언급한 바 있다. 중학교에 저자 특강을 가면 주제에 공감한 학생들이 '앞으로 어떻게 해야' 상식적인 사회를 만들 수 있는지를 묻는다. 나는 우리가 일상에서 어떤 말을 사용해야 하는지, 하지 말아야 하는지를 아는 것이 중요하니 서로 의견을 나눠 보자고 했다. 학생들은 앞으로 배달을 시키면서 "빨리 갖다 주세요"라는 말을 하지 않겠다고 한다. 배달이 좀 늦었다고 "이렇게 늦으면 어떡해요!"라고 따지지 않겠다고 한다. 나는 '앞으로 많은 유혹이 있겠지만' 어른이 되어서도 그 마음 변치 않길 바란다며 강연을 마쳤다. 끝난 후에 다 같이 피자를 먹기로 했었나 보다. 선생님은 왜 아직도 피자가 안 오냐면서 다급히 전화기를 든다. 비에 젖은 배달원이 가쁜 숨을 내쉬며 도착하자 기어코 한마디를 한다. "제때 갖다 달라고 신신당부했건만……." 다른 선생님이 너무나 자연스레 말을 보탠다. "앞으로 다른 곳에 주문하죠."

지구를 향해 오는 소행성을 폭파시키기 위한 것도 아니고, 한국에서만 1년에 6억 마리 넘게 도계된다는 그런 (닭에게는 미안한 표현이지만) 사소한 치킨 한 마리 배달하다가 목숨을 잃을 수도 있는 무서운 사회 구조는 이렇게 완성된다. 사람이 죽을 확률이 높은 시스템을 애용하는 우리들의 부끄러운 민낯이다. 하지만 실제로 얼굴이 붉어지는 사람은 없다. 모든 게 그 대단한 '권리' 때문이다.

당신은
혐오하지 않습니까?

뚱뚱한 건 사실이잖아?

한국사회를 날카롭게 비판하는 그의 글은 딱딱하기 그지없는 다른 사회학자의 글과는 다르게 단어 안에, 문장 사이에 사람의 냄새가 가득하다. 그가 SNS에 긁적이는 글에는 잘못된 시대에 신음하는 인류에 대한 애정이 듬뿍 담겨 있다. 단, 한 종류의 인간만 빼고.

그에게 살찐 사람은 보편적 인류애의 대상이 아니다. 그는 '살찐 사람'이라는 건조한 표현도 쓰지 않는다. '뚱뚱한 돼지녀', '뒤룩뒤룩 살찐남' 등의 표현을 거리낌 없이 사용한다. 평소에 그는 신체 조건이 월등한 흑인을 가리키는 '흑형'이라는 표현만으로도 흑인을 분리지어서 이해하는 인종차별적 유산이 한국인에게 흐르고 있다고 주장하는데, 살찐 사람에 대한 노골적인 표현을 보면 도대체 같은 사람인가 하는 의구심이 들 지경이다.

그는 교묘했다. 자기 눈앞에 있는 사람이 뚱뚱하다고 이런 혐오를 무조건적으로 발설하지는 않는다. 하지만 그 뚱뚱한 사람이 '인간으로서 지켜야 할 보편적 예의'에 어긋난 행동을 할 경우, 마치 때를 기다렸다는 듯이 그 행동을 빙자 삼아 자신의 마음에 있었던 사람의 '살'에 대한 고정관념을 여과 없이 내뱉는다.

기차 옆 좌석에서 누가 양말을 벗고 발가락을 꼼지락거릴 때, 버스를 차례대로 타려고 줄을 서 있는데 누가 새치기를 할 때, 조용한 카페에서 아이스 아메리카노의 마지막 한 방울을 위해 얼음 사이의 액체를 지나치게 빨아 당기며 듣기 거북한 음향을 제공하는 누군가와 함께 있을 때 짜증나지 않을 사람은 없다. 그런데 이 '누군가'가 살찐 사람이었을 때, 이 사회학자는 현상에 대한 분노를 원인 제공자의 '몸'을 혐오하면서 표출한다. '저런 행동을 하는 이유를 모르겠다'는 짜증으로 그치지 않고 '내가 살이나 뒤룩뒤룩 찐 저 인간의 그딴 행동을 보고 있어야 하나'라며 비만인들을 모멸한다. 그리고 상대가 살이 더 쪘을수록 혐오의 수위는 증폭된다.

외모가 왜 언급되는지 차마 노골적으로 물을 관계가 아니기에 '교수님, 살찐 사람이 이 글 보면 가슴 아파요'라고 에둘러 내 불편함을 전했다. 교수는 답이 없었다. 다만 오피니언 리더를 추종하는 수많은 팔로워가 나를 잘근잘근 씹었다. 아프진 않았는데, 그들의 논리가 너무나 허술해서 슬펐다. 이들은 '뚱뚱한 건 사실이잖아'라는 말과 '솔직히 뚱뚱한 인간들이 미련해 보이는 건 부인할 수 없음'이라며 교수를 감 쌌다. 내가 '그러니 혐오를 인정하신다는 거네요?'라고 반문하자 이런 댓글이 달렸다. '지금 옷을 벗고 거울 앞에 앉아 보세요. 출렁거리는 뱃살이 보이시나요? 그것이 혐오스럽지 않다면 그건 당신의 눈이 정 상이 아니기 때문입니다.' 마치 어떤 유혹에도 흔들리지 않을 스님이 진리를 담은 법문을 읽는 느낌이었다.

그들의 생각은 엉성했지만 그래서 무서웠다. 이들은 '이 정도를 혐 오라고 할 수 있나?'라는 반론도, '자극 받아 살 빼면 좋은 거 아냐?'라 는 변명도 하지 않았다. 사람을 있는 그대로 보았을 뿐인데 뭐가 문제 냐는 식이다. 이들은 죄도 미워하고 사람도 미워한다. 사람의 행동보 다, 사람의 외형에 대한 혐오가 논리적으로 가능하다는 사람에게 '혐 오는 나쁘다'고 말해 봤자 무슨 소용이 있겠는가.

여기서 비만의 사회적 원인을 구구절절 설명하긴 싫다. 오히려 설명 할수록 '살이 찐 사람들'에 대한 일상적 불쾌감을 증언하는 이들이 많 아지고 이런 조각들이 모이면 누군가는 혐오의 대상으로 적격하다는 판정을 받는다. 그럴만한 이유가 무엇이든 내 대답은 간단하다. 그러 면 그래도 되나?

하지만 그래도 되는 분위기다. 북한의 김정은이 등장하는 뉴스에 대 한 반응은 어떠한가? 세습, 독재, 숙청, 핵미사일 등 인류의 보편적 기 준에서 한참이나 벗어난 그의 행보가 지탄의 대상임은 주지의 사실이 다. 다만 모든 욕에 '뒤룩뒤룩 살찐 돼지새끼'라는 추임새가 너무나 자연스럽게 붙는다. 그에 대한 증오인지 그의 '턱살'에 대한 혐오인지 분간이 어렵다. 한국인들에게 사람이 외모를 관리하지 못하는 것은 민주주의를 유린하는 것만큼 타도의 대상이다. 아니 그보다 더.

.

만만해서 그런 거라고 솔직하게 말하세요

그러면 안 되지만 그러는 이유는 간단하다. '많은' 이들이 그러기 때문이다. 많은 이들이 '일상적으로' 그러기 때문이다. 그 습관이 불쑥 튀어나온 다음 수습하는 꼴이란 우습다. 특히 외모 때문에 가장 혐오 받는 대상이라 할 수 있는 장애인을 대하는 태도가 그러하다. 도널드 트럼프 미국 대통령은 선천적 관절만곡증(태어날 때 여러 관절이 굳어져 있는 근골격계 장애)을 앓고 있는 뉴욕타임스의 서지 코발레스키 기자가 질문을 하자 팔다리를 흐느적거리며 일그러진 표정을 짓는다. 논란이 되자 트럼프는 '장애인' 기자를 비하한 것이 아니라 기자의 왜곡 보도를 문제 삼았을 뿐이라고 해명했다. 이 말이 그가 장애인을 혐오하고 있다는 증거다. 그럼 왜 그 의사 전달을 '특정 장애인'의 모습을 흉내 내면서 표현했을까? 차라리 가운데 손가락을 치켜들었으면 아무도 오해하지 않았을 텐데 말이다. 배우 메릴 스트립이 분노했다. 74회(2017년) 골든글러브 시상식에서 공로상을 수상하며 역사에 길이 남을 수상 소감을 남긴다. 소리 내서 읽자. 큰 소리로 읽자.

"공적인 자리에 있는 사람이 타인을 조롱하려는 본능을 드러내면 다른 모든 이의 삶에 퍼져 나갈 것입니다. 마치 다른 사람들도 그런 행동을 해도 된다고 승인하는 것과 같기 때문입니다."

트럼프만의 문제이겠는가. 우리들은 어릴 때부터 '바보 연기'를 하거나 본다. 시청자에게 웃음을 주기 위해 누군가가 모욕감을 느끼든 상관 않겠다는 예능 프로그램에 등장하는 바보 모습은 이렇다. 경직된 손가락, 구부러진 손목, 가슴팍에서 흐느적거리는 팔, 상하가 맞지 않는 입술, 과도하게 나온 턱, 주르륵 흐르는 침, 곧 쓰러질 듯 걷는 다리……. 아이와 친근해지려고 이런 모습을 흉내 내며 노는 아빠들이 많다. 누구는 장애인 흉내가 아니라 '좀비 놀이'를 했다고 말한다. 그럼 좀비는 왜 늘 한 유형으로 묘사될까? 애초에 좀비를 그런 모습으로 설정한 것이 인류의 장애인 혐오를 그대로 반증한다. 평소에 장애인을 '모습은 인간인데 차마 인간이라고 할 수 없는' 존재로, 그러니까 좀비처럼 본다는 말이다.

우습게 알기에 그들의 당연한 권리에 냉소한다. 마치 좀비가 사람 흉내 낸다고 화를 내는 꼴이다. 장애인 시설이 들어오면 동네 주민이 드러누워 결사반대를 외친다. '목숨 걸어' 재산권을 지키겠다는 그 결의를 보면 정말로 좀비 떼의 습격을 막겠다는 모습 같다. 집값 떨어진다는 게 결사항전의 이유인데, 가슴 한구석에 존재는 하되 차마 들키지 말아야 할 속물적 욕구를 당당히 드러내는 용기는 상대가 만만하기 때문이다. 학교 안에 장애인 직업 교육장이 들어선다고 하니 학부모들이 '우리 아이가 다칠 수 있다'는 이유로 막는다. 아마 가끔씩 들리는 지적장애인이 아이를 죽음에 이르게 했다는 뉴스를 보고 두 변수의 강력한 인과관계를 추론한 모양이다. 하지만 비장애인들이 장애여성에게 상습적인 집단 성폭행을 저지를 때와는 사뭇 다른 분석이다. 가끔보다 훨씬 자주 발생함에도 말이다. 그러니 다른 것도 아니고 학교를 짓는 데 주민은 자신들의 의견을 묻지 않았다며 난리다. 기어코 열린 공청회장에서 장애인을 자녀로 둔 부모들이 무릎을 꿇고 '제발 허락해 달라'고 애원해도 세상을 비장애인 기준으로 생각하는 이들은 콧방귀다. '연민'은 인간의 보편적 정서라는데 틀린 말이다. 사람들은 상대를 가려서 연민한다.

　장애인 시설은, 특히 그들의 사회적 활동을 돕는 시설은 무조건 많아야 한다. 그들이 이동의 제약을 받아서이기도 하지만 교육을 통해 장애인이 자꾸만 사회로 나와야지만 비장애인이 이들을 좀비가 아닌 같은 인간으로 바라보며 함부로 대하지 않게 된다. 옆에 있는 동료가 장애인이면 팔다리를 흐느적거리며 어눌하게 말하는 좀비 놀이가 왜 부끄러운지 알 가능성이 약간이나마 있지 않겠는가. 하지만 한국에서는 상가 출입구의 문턱에 휠체어가 올라오도록 간이 경사로를 설치하면 삐져나온 20cm 정도의 알루미늄 보철이 보행에 방해된다는 민원이 발생하고, 또 이상하게도 이런 민원은 적극적으로 해결된다. 비장애인이 스마트폰을 보면서 걸어도 무엇에 걸려 넘어지지 않는 인(人)

도를 만들기 위해 다른 사람(人)의 움직임을 전면 차단하다니 이게 말이 되는가. 그 상가는 평범한 서점이었다. 장애인이 꼭 밖으로 나와서 서점에 갈 필요가 있냐는 말도 안 되는 전제가 없었으면 불가능한 광경이다. 좀비가 무슨 책을 읽느냐는 생각이었을까? 분노하지 말아야 할 것에 분노하는 사람들의 목소리를 경청하면 이런 꼴이 난다. '구조적'으로 정의롭지 못한 사회가 완성되는 셈이다.

동성애자의 요구가 일관되게 묵사발당하는 것도 마찬가지다. 성적 지향에 따라 차별받지 않게 해 달라는 너무나 지당한 문구 하나를 인권 조례에 넣으려고 해도 온 국민이 대동단결해서 저지한다. 성적 지향을 문제 삼지 말아 달라는데 자신에게는 그런 지향을 싫어할 취향이 있다는 궤변이 난무할 만큼 이들은 자신만만하다. 어릴 때부터 특정 행동에 대해 "너 게이야?"라는 부정적인 물음을 시도 때도 없이 듣지 않았으면 불가능했을 것이다. '호모 새끼'라는 말이 평범한(?) 욕인 사회에서는 이런 말들이 나돈다. "소수의 인권을 지켜 주기 위해서 다수의 인권이 피해를 당하고 있다." 나는 도대체 이게 무슨 말인지 모르겠다. 이런 표현은 혐오를 나름 혐오스럽지 않게 표현하려다가 논리의 무리수를 둔 대표적인 경우다. 동성애자가 다수의 인권에 무슨 피해를 준다는 말인가? 동성애자는 동성애자와 사랑한다. 누군가가 이성과 사랑하지 않는다고 어찌 이성애자의 인권이 침해당한다 말인가? 이런 무리수가 가능한 건 그 상대가 늘 혐오의 대상이었기 때문이다. 차별하고, 혐오하고도 '괜찮다'는 사람이 많은 이유다.

백 번을 물어도 노키즈존은 혐오다

유럽이 테러로 몸살을 앓고 있다. 테러범들은 직접 아프리카나 중동 지역에서 건너왔거나 아니면 비슷한 지역에서 이민 온 가정에서 자라면서 '외로운 늑대'라는 자생적 테러리스트가 되었다. 가끔 백인들도 있는데, 피부색이 무엇이든 오늘날 테러의 상당 부분은 우리가 생각하고 있는 바로 그 종교와 관련되어 있다. 어떤 이들이 테러를 더 저지르는지는 명백하다. 그렇다면 사람의 목숨을 앗아가는 비열한 행동을 하는 집단과 이 집단이 추종하는 종교를 원천 차단하면 평범한 사람들이 피해를 당하지 않고 살아갈 수 있다.

하지만 그렇게 할 수도 없고 해서도 안 된다. '노-이슬람 존', '노-중동인 존'을 감히 만들 수는 없다. 사람이 할 수 있는 건 테러라는 행동을 차단하기 위한 노력뿐이다. 테러를 저질렀던 사람들의 배경(인종, 종교)을 근본 원인으로 지목할 수 없다. 테러는 단일한 요소로 발생하는 것이 아니라 세계질서를 주도하려는 여러 이해관계가 오랫동안 억척스럽게도 얽힌 결과물이다. 그러니 테러를 예방하는 방법은 입국심사와 치안을 '모든 이에게 차별 없이' 더 강화하는 것뿐이다. 대안이라서가 아니다. 사람이 싫다고, 그 사람의 속성을(인종, 종교, 성별, 소득 수준 등) 지닌 다른 자들마저 모조리 억압하다가는 더 큰 일이 발생하기 때문이다. 사람들은 '배제되어 마땅한 사람'을 일상에서 증오할 것이고 이렇게 고립된 누군가는 강력히 저항하게 된다. 약자의 저항은 강자가 만든 세상의 질서에 부합할 리가 없으니, 이는 약자를 향한 지금까지의 혐오가 정당화되는 증거가 된다. 사람의 행동이 아닌 사람 자체를 함부로 통제할 수 없는 이유다. 홍성수 교수의 표현을 빌리자면 "'저들을 좋아하지 않는다'가 '저들을 반대한다'가 되고 '저들을 반대한다'가 '저들을 박멸하자'가 되는 건 순간"[4]이기 때문이다.

그런데 한국에서는 한다. '노키즈존'을 보자. 얼마나 당당한 혐오인가. 나는 《그 남자는 왜 이상해졌을까》에서 노키즈존이 차별인지 아닌지를 놓고 찬반 토론이 가능한 현상이 이미 우리 사회가 갈 때까지 갔다는 반증이라고 밝혔다. 이건 그럴만한 이유가 있다고 허용될 성질이 아니다. 책을 본 독자라든가 강연장에서 만난 사람들은 내 얘기를 듣고 지금까지의 생각이 틀렸음을 알게 해줘서 고맙다는 말을 전한다. 하지만 일상으로 돌아가 카페에서 버릇없는 아이를 만나면 다시 화가 머리끝까지 치솟아 아이들 없는 공간을 찾게 되는 경우가 많다고 하소연한다. '찰나'의 이해로는 '하던 대로' 움직이는 몸과 정신의 버릇을 바꿀 수 없다.

백 번을 물어도 노키즈존은 혐오다. 글과 방송에서 내가 누차 강조했지만 그래도 물러서지 않는 이들을 위해 더 친절히 말하겠다. 일반 카페와 식당을 노키즈존으로 운영하는 건 수영장의 노키즈존처럼 정당화될 수 없다. 수영장에서는 아이를 차별적으로 대해 아이를 지킨다. 하지만 카페에서는 이 차별로 얻게 되는 성과가 어른들의 '생명도 아닌' 단지 기분이 나빠지지 않는다는 것뿐이다. 카페를 이용하는 사람들이 시끄럽거나 뛰어다니는 아이 때문에 짜증나는 순간들이 있었을 것이다. 나도 마찬가지의 감정을 그 순간에 느낀다. 하지만 아무리 기분이 나빠도 할 수 있는 건 '특정 행동은 타인에게 불쾌감을 줄 수 있으니 자제해 주시기 바랍니다'라는 권고뿐이다.

그래서 '노스모킹존(No smoking zone)'이 있는 것이지, 담배 연기와 냄새로 타인에게 불쾌감을 주는 사람들의 출입을 금지시키지 않는다. 나는 지방에 강연을 갔다가 돌아오는 기차 안에서 이 글을 쓰고 있는데 늦은 시간이라 그런지 다들 잠을 잔다. 고요하고 글쓰기가 아주 잘된다. 그런데 코골이가 너무 심한 세 명 때문에 짜증이 난다. 모두 어른이다. 물론 이 어른은 '개인'이지 '전체'로 통제되지 않는다. 이게 상식인데, 아이들에겐 왜 그러한가? 작가 은유는 이렇게 말한다.

"힘 있는 어른들은 자기보다 약자의 시공간을 임의로 강탈하면서 자기를 유지한다. 왜 아이들을 대상으로만 권리를 주장할까. 그래도 되니까 그럴 것이다."[5]

그런데 장애인, 성 소수자, 살찐 사람과 달리 아이를 평소에도 혐오하는 사람은 많지 않다. 그럼에도 차별이 가능한 이유는 아이들의 엄마, 즉 특정 여자에 대한 혐오가 만연하기 때문이다. '김치녀'가 무슨 뜻인지 부연 설명이 필요 없는 사회에서 '카페+대낮+전업주부+수다'가 조합되면 남편 뼈 빠지게 일할 시간에 비싼 유모차 끌고 카페에 모여 수다나 떠는 팔자 좋은 무임승차자가 탄생한다. 그런 여자들이 싫은데, 그 싫은 인간이 아이를 방치하고 심지어 똥 기저귀를 식탁 위에 턱 올려놓고 갔으니 꼭지가 돌 만큼 화가 나지 않겠는가. 이를 〈차이나는 클라스〉에서 말하니 노키즈존은 '부모' 탓인데 왜 여성혐오로 해석하느냐는 이들이 있었다. 아니올시다. 논쟁을 추적하면 "요즘 부모들"보다 "요즘 엄마들"을 성토하는 경우가 훨씬 많다. 참고로 "요즘 아빠들"을 들먹이는 경우는 없다.

누구는 주인이 자기 마음대로 하겠다는 게 왜 문제냐고 한다. 앞서 사적 재산권의 문제를 짚은 게 이 때문이다. 주인은 사회 '밖'에서 사는가? 개인에게 어떻게 사회가 지향해야 할 가치를 위반할 자유가 있단 말인가? 자신의 공간을 단지 장사에 최적화된 환경으로 만들기 위해 누군가에 대한 차별을 정당화할수록 일상에서 아이의 '저지레'를 예방하지 못한 엄마들은 혐오 받아도 마땅한 대상이 된다. 또 배제가 당연한 줄 알고 자란 아이들이 어떤 '노-○○존'을 만들지 걱정이다. 딱 한 걸음만 떨어져서 보면 말도 안 되는 생각과 행동을 타인을 향해 할 수 있는 용기, 이것이 혐오다. 그럴 만한 이유를 상대를 가려서 주장하는 사람, 혹시 당신 아닌가?

당신들 때문에 나는 요즘 식당에서 아이를 학대한다. 돌아다니지 못하게 하는 정도가 아니라 아무것도 못하게 한다. 행여나 주변에 방해될까 봐 '누구에게나 발생하는' 수저 소리 하나에도 엄하게 꾸짖는다. 내게도 학대한다. 식사 후에는 깨끗한 뒷정리 수준이 아니라 사람이

앉았다 갔는지 모를 정도로 흔적 하나 안 남기려고 노력한다. 아이의 표현을 빌리자면 이럴 바에 왜 식당을 갔을까 싶을 정도다. 이 예의 바름을 보고 식당에서는 물론 주변 손님까지 '진상 부모들과는 다르다' 면서 좋아한다. 나의 '지나친' 교양을 눈으로 목격한 이들은 앞으로 '사소한' 아이의 실수를 더 도드라지게 느껴 '요즘 개념 상실한 부모 많은 건 사실'이라면서 결코 노키즈존 찬성 입장을 철회하지 않을 것이다. 특히 어떤 엄마의 진상 행동을 한 번 목격했다면 천 번은 떠벌리고 다닐 거다. 망했다.

왜 '여'기자들은
내게 괜찮은지 물었을까?

말하는 대로 이룰 수 없는 사람이 훨씬 많다

〈말하는 대로〉(JTBC)에 출연한 바 있다. 길거리에서 연예인이나 혹은 나처럼 '누군지 궁금해할' 사람이 대중을 상대로 짤막하게 강연(방송에서는 '버스킹'이라고 표현)하는 예능 프로그램이다. 지금도 뻘쭘했던 그날의 기억을 잊고 싶다. 방송에서는 편집되었는데 사전 인터뷰와 녹화 당시에 의미 있게 접근한, 그래서 아쉬운 장면이 있다.

그날의 방송 콘셉트는 내가 진행자와 다른 패널에게 사회학이 무엇인지 소개하는 식이었는데, 내가 사회학을 세상을 비판하는 것을 즐겁게 여긴다는 뜻에서 '유쾌한 염세주의'라고 표현하자 "그러면 〈말하는 대로〉 프로그램을 비판해 달라"는 질문이 등장했다. 그때 나는 이렇게 말했다. 아니, 말하려고 신중하게 준비했는데 중구난방 잡설이 되었는지 결국엔 편집되었다.

"이 프로는 '말하는 대로' 이룬 사람들이 등장하여 말합니다. 절망했지만 꿈을 포기하지 않았고 열정을 가졌기에 여기까지 이르렀다고. 그러면서 처지를 비관하지 말고 긍정적으로 바라보는 힘이 중요하다는 메시지를 던지죠. 스스로를 사례로 든 것이니 사실일 겁니다. 그런데 사회학은 이들보다 더 많은 노력과 더 충만한 긍정적 사고로 무장해도, 말하는 대로 인생이 흘러가지 않는 사람에 주목합니다. 간절해도 문턱을 넘어서지 못하는 이유는 간단합니다. 그 사람이 흑인이기(백인이 아니기) 때문입니다, 여자이기(남자가 아니기) 때문입니다, 장애인이기(비장애인이 아니기) 때문입니다, 비정규직이기(정규직이 아니기) 때문입니다, 지방대 출신이기(명문대 출신이 아니기) 때문입니다. 그리고 가난하기(부자가 아니기) 때문입니다. 사회학은 같은 조건을 가진 사람들 중에서 성공한 '예외'에 주목하여 인생은 개인이 생각하기 나름이라고 결론 내지 않습니다. 개인이 아무리 간절해도 꿈을 이루지 못한 '평균치'가 함의하는 객관적인 불평등을 드러내는 걸 더 중요하게 여기죠."

너무 재미없는 말이라 편집되었겠지만 내가 유시민처럼 논리 정연하게 말을 했어도 방송되지 않았을 것이다. 이런 분석, 그러니까 책임의 소재를 개인에게 찾지 않는 분석을 세상은 좋아하지 않는다. 실패의 사회적 이유가 무엇인들, 이를 언급하면 사람들은 그저 '남 탓하는 소리로밖에' 안 듣는다. 불평불만이 일상인 자격지심 가득한 '투덜이 청개구리'의 신세한탄을 듣는 것을 한국인들은 싫어한다. 프롤로그에 등장한 직장인 A가 외톨이가 되어 회사를 그만둔 이유도 이 때문이다.

신세한탄은 내 특기다. 강연을 다니면서 일상적으로 마주하는 벽들에 나는 얼마나 답답해했던가. 나는 평균적으로 문제가 많은 사회에서 자신이 행복해지는 가장 효과적인 방법은 각자도생이 아니라 사회를 평균적으로 좋게 만드는 것이라는 강연을 한다. 사회가 좋아져야 내가 행복해진다는 말이 모호한 해법이 아니라 가장 효과적임을 이해했으면 해서다. 이때마다 '아닌 사례도 있다'며 항변하는 사람들이 반드시 있다.

부모의 경제력과 사교육의 투자 정도, 그리고 입시 결과의 상관성을 말할 때 "우리 아이는 학원 한 번 다닌 적 없지만 특목고 갔어요"라고 말하는 사람들, 지방(대) 출신을 바라보는 사회적 편견을 이야기할 때 온갖 수모를 참아내고 대기업에 합격한 자기계발서의 '남 탓 하지 않는 주인공'을 등장시키는 사람들……. 이들은 억지로 예외를 찾아서 '산다는 건 사람 하기 나름'이라고 주장한다. 이들은 타인의 상황이 어떠하든 "괜찮아. 열심히만 하면 다 괜찮아질 거야"라는 말을 남발한다. 고통받는 당사자들은 하나도 괜찮지 않은데 말이다. 단언컨대, 예외를 가지고 평균적인 불평등을 부정하는 사람들이 많은 사회는 반드시 나쁘게 변한다.[6]

그녀들은 나를 걱정했다

"괜찮으세요?"

《그 남자는 왜 이상해졌을까》를 출간하고 '여'(성) 기자들로부터 자주 들었던 말이다. 부제가 '부끄러움을 모르는 카리스마, 대한민국 남자 분석서'였던 내 책에 대한 악플을 본 기자, 그중 여성만의 걱정이었다.

나는 별 생각이 없었다. 실제 한 인터뷰에 달린 5천 개의 댓글 중 4천9백 개가 '오찬호 군대 갔다 왔냐?'는 식의 비아냥거림에서 출발하는 저질 악플이었지만(실제 '오찬호 군대'가 연관 검색어이기도 했다), 나는 '오호, 논란이 되니 책 좀 팔리겠구나'라는 순진한 생각을 했을 뿐이었다. 오히려 남자를 비판하면 유치하게 군대 운운하는 이런 반응이 한국사회의 남성성을 비판하는 내 주장의 핵심이었기에 사실을 입증했다는 기쁨도 있었다. 그러니까 나는 입에 담기조차 부끄러운 폭력적인 댓글을 보았다고 이를 몸이 움찔할 '공포'라고 느끼지 않았다. 정확히는 '느끼지 못했다!'

하지만 여성 입장에서는 아니다. 여성이 남성 문화를 '남자들 앞에서' 비판하기란 참으로 힘들다. 아무리 논리적인들 '군대 안 갔다 온 여자가 알 리가 없지'라며 외쳐대는 거대한 벽의 두께를 뚫지 못한다. 똥은 무서워서가 아니라 싫어서 피하는 게 상책이니 여성들은 찍소리 하지 않고 고분고분 사는 게 남는 장사라는 걸 '몸으로' 배웠다. 그래서 나에 대한 '온라인' 공간에서의 악플을 보면서 여성들은 자신들이

'오프라인' 공간에서 일상적으로 겪었던 유사한 경험을 떠올리며 공감했고 나를 걱정했다. 당연히 내게는 존재 않는 일상이다. 밤늦게 택시 타면서 단 한 번도 불안을 느껴본 적이 없는 나의 답변은 이것뿐이다. "저는 남자니까 괜찮을 수밖에요."

한국사회를 살아가는 여성들은 '평균적으로' 공포에 노출되어 있다. 남성들이 '군대 복무기간'에 단지 남자라는 이유로 공포에 노출되어야 하는 폭력을 경험했다면, 여성들은 그 억울한 남자들이 만들어 놓은 길고도 견고한 장벽에 일상적으로 움찔한다. 평균적으로 공포에 노출되어 있으면 상시적으로 불안하다. 누적된 두려움이 집단의 힘으로 분출된 경우가 강남역 10번 출구 근처 화장실에서 단지 여자라는 이유로 묻지 마(+무참한) 살해를 당했던 여성에 대한 유례를 찾아볼 수 없는 추모 열기였다. 누구나 한 번쯤은 가볼 만한 노래방의 화장실에서 여성이 '여자라는 이유로' 무참히 칼에 찔려 죽었다. 어찌 이를 남의 일이라고 여길 여성이 있겠는가. 그러니 생면부지의 사람을 위해서 메모를 남긴다. "우연히 살아남아 이곳에 왔습니다. 우연히 살아남아 집으로 돌아갑니다."[7]

우연히 살고 있다는 것은 여성들이 한국사회에서 인간으로서의 존엄성을 보장받으며 평범하게 살아가기 힘들다는 뜻이다. 강자의 비위에 거슬리지 않게 약자로서 숨만 쉬면서 살고 있다는 말이다. 강자의 문화를 옹호하고 직장의 꽃이 되어 화기애애한 분위기를 주도하는 그런 사람, 하지만 위기가 닥치면 제일 먼저 꺾여 버리는 그런 꽃으로서 여자는 존재한다. 기울어진 운동장에서, 두꺼운 유리천장 아래에서 여성들은 '평범한 삶을 우연에 맡겨야 하는' 약자다. 남성과 비교할 때 평균적으로 이는 명백한 사실이다.

하지만 객관적 공포는 예외적인 경우에 덮인다. 유리천장에 신음하는 평균적인 여자를 말할 때—직장 내 성폭력의 피해자가 늘 여성인 이유는 여성들의 노동의 지위가 항상 '을'이기 때문이다—그걸 뚫은 누군가를 굳이 언급하면서 한국사회에 남녀 불평등이 어디에 있냐고 말하는 사람이 많다. 흑인이 미국의 대통령도 하는데 인종차별이 웬 말이냐는 논리와 흡사한데, 여성 차별 문제는 객관적으로 존재하지만 주관적으로 부정되는 대표적인 사례다.

신문을 넘기다 보면 여성 CEO, 여성 임원, 여성 고위 공무원들의 인생 분투기가 종종 등장한다. 그런데 내용은 분투(奮鬪)가 왜 필요했는지 궁금해하면서 사회의 부조리를 드러내는 데 맞춰 있지 않고 '목숨 걸면' 여자라고 불가능은 없다는 식으로 흘러간다. 생리통을 피하고자 피임약 먹어 가며 프레젠테이션을 준비했다는 일화를 여성이 지녀야 할 당찬 의지의 표본처럼 포장하며, 괴물이 되어 버린 '예외적' 인물들로 객관적인 불평등을 덮으려는 집착 덕택에 한국은 '유리천장 지수'에서 언제나 OECD 국가 꼴찌를 기록 중이다.[8] 늘 꼴찌하기도 쉽지 않은데 구조가 탄탄하면(?) 가능한 일이다.

나쁜 사회구조가 견실하니 그 안의 개인들이 실상 유리천장을 뚫는다는 건 객관적으로 어렵다. 수천 대 일의 경쟁을 뚫고 메인 뉴스의 앵커가 된 여성이 있다. 한국인이 가장 존경하는 앵커 옆에서도 주눅 들지 않고 당당히 자기 위치를 지키는 모습이 마치 여자라도 못할 것이 없음을 세상에 증명하는 듯하다. 과연 그럴까? 뉴스가 종영된 후 기자들과 질문을 주고받는 인터넷 방송 시간에 이런 일이 있었다. 남자 앵커가 "○○ (여)앵커에게는 사드(THAAD)와 관련된 질문이 없느냐"고 하자 기자는 "사드랑 별로 관련 없게 외모가 그래 가지고"라는 해괴망측한 답을 한다. 여성과는 군대와 관련된 중요한 문제를 논할 필요가 없다는 말이다. 언론인으로서 예민한 시사 주제를 다룰 기회조차 얻지 못하면 개인의 업무 역량은 발전할 수 없고 그러니 유리천장을 뚫을 수가 없다. 실제 그렇다. 매일 옷을 바꿔 입으며 남성들의 마음을 설레게 하는 '여신 같은' 여자 앵커들은 딱 그럴 수 있을 때까지만 앵커를 한다. 사십이 넘어도, 오십이 넘어도 뉴스를 진행하는 자는 '매번 같은 옷을 입고' 등장하는 남자들이다. 어떤 예외가 있다 한들 두터운 유리천장이 깨지거나 얇아지지 않는 한 여성들은 평균적으로 불평등한 삶을 살아야 한다.

객관적인 불평등을 외면하는 '긍정적 사고'의 위험성

예외에 집중할수록 평균은 더 나빠진다. 더 큰 문제는 예외라는 말을 자주 할수록 평균의 고통을 '그럴 만하니 그렇지'라면서 인과응보처럼 받아들이는 데 있다. 빈곤 문제를 예로 들어보자. 서점의 자기계발 코너에는 '가난을 보란 듯이 이겨 낸' 사람들의 이야기가 많다. 하지만 평균적으로 가난은 '보란 듯이 이겨 내기' 힘들다.

> "비정규직과 같은 노동시장의 차별은 저소득층을 양산하고 이들의 건강, 교육수준, 생활수준 악화로 이어지며, 저소득층 자녀들의 자유롭고 유연한 사고의 형성과 역량의 실현을 막고, 이들의 건강, 교육, 생활수준을 재차 악화시키는 악순환 구조를 형성한다. 결국 빈곤이 빈곤을 낳으며, 경제적 소득이 낮아 지능을 발달시키지 못한 사람은 자녀의 지능에도 영향을 미쳐 부진이 부진을 낳는다.[9]

이 악순환이 누적되면 빈곤층은 무너진다. 세상에 대한 희망을 거두고 자포자기 상태에 이른다. 더 이상 나빠질 데가 없는 현실에서도 더 추락하는 건 사람이 나태해서가 아니다. 악순환을 내버려 둔 사회의 무자비한 칼부림 앞에 처절하게 패배했기 때문이다. 여기에 다다르면 인간의 의지가 불타올라 봤자 아무런 소용이 없다.

그런데 예외에 주목하면 이들이 참으로 나약하게 보인다. 스스로가 게을러서 저리 된 자들을 적극적으로 돕기 싫다. 나아가 이들의 삶을 구제해 주는 복지정책에 반감을 가진다. 열심히 일한 내 돈으로 술 마시고 노름하는, 지금 아니라면 앞으로 분명 그럴 인간쓰레기들을 도와주기 싫기 때문이다. 그러니 대통령이 되겠다는 정치인들은 상식적으로 수십 조가 필요한 복지 공약을 말하면서도 '증세'라는 단어를 결코 끄집어내지 않는다. 예외를 좋아하는 사람들이 만들어 내는 여론의 후폭풍이 두렵기 때문이다.

평균을 보지 못하면 타인과의 소통이 어렵다. 한 대학 교수는 '대학원생들이 경제적으로 힘들어하고 있다'는 말에 그저 인문학의 가르침대로 살라고 한다. 욕심 버리고 자기의 뜻을 굳게 가지고 부지런만 하면 만사가 형통 어쩌고저쩌고한다. 자신의 대학원 시절에는 장학금도 없었다면서 지나 보니 그때의 고통은 자신을 키우는 경험이었다고 강조한다. 과거를 추억 삼을 수 있는 예외의 삶을 말하려면 자신과 유사한 예외를 찾아서 해야 하지 않겠는가.

객관적으로 존재하는 불평등의 평균치를 부정하는 조언은 한국인들의 대표적인 언어적 습관이다. 누구나 살면서 듣거나 말한다. 어릴 때는 주로 듣는다. 부모님, 선생님들 그리고 미디어에 시도 때도 없이 등장하는 청춘의 멘토들은 마치 종교 부흥회를 하듯이 예외적인 사례를 알려주거나 아니면 자신이 예외임을 강조한다.

주술은 효과가 있다. 사람들은 나이가 들면서 어른에게 배운 대로 흉내를 내야지만 어른인 줄 착각한다. 논리의 결핍은 '긍정적 사고'라는 그럴싸한 말로 포장한다. 이들은 평균적으로 존재하는 불평등을 긍정하지 않는, 세상 이치를 정말로 부정하는 사람들이다. 격려 차원에서 그럴 수 있는 거 아니냐고 하겠다. 하지만 좋은 사회란 예외가 되지 않더라도 행복한 개인들로 넘쳐나야 한다. 이는 객관적 불평등을 직시하는 시민의 구체적인 노력이 모여, 마치 벽돌이 한 장 한 장 쌓여가듯이 정의로운 사회구조가 탄탄해져 갈 때만 가능하다.

네이버에 '시민'이라고 치면 《Basic 고교생을 위한 사회 용어사전》이 검색된다. 고등학생도 시민의 뜻을 이렇게 배운다. "시민은 민주 사회의 구성원으로 권력 창출의 주체로서 권리와 의무를 가지며, 자발적이고 주체적으로 공공 정책 결정에 참여하는 사람을 뜻한다." 무시무시한 말인 것 같지만 어떻게 살면 시민답지 못한 것인지는 쉽게 유추가 된다. 예외에 집착하면 만인의 평등이라는 민주 사회의 가치를 수호함에도, 약자를 객관적으로 도와주는 공공 정책의 확산에도 전혀 도움이 되지 못한다. 시민 되기 쉽지 않다. 그러나 시민이길 포기한다면 그것보다 더한 부끄러움이 있겠는가.

여기서는 누구나
꼰대가 됩니다

대한민국은 꼰대 천국

내 친구의 결혼식장에서 목격한 일이다. 친구는 결혼식을 생각하면 10년도 넘게 지났지만 지금도 화를 감추지 못한다. 친구는 하객들이 본격적으로 오기 전에 신부 대기실에서 사진 촬영을 하고 있었다. 그 때 갑자기 예식장이 쩌렁쩌렁 울릴 정도의 소리가 들려왔다.

"이 자식아! 뭐하는 거야? 앞에서 어른에게 인사해야지!"

지금도 정확한 촌수 관계를 모른다는 집안의 어르신 아무개는 자기 서열에 걸맞은 의전이 없었다는 이유로 친구를, 신부를, 신부 대기실에 있던 나를 포함한 지인들을 그리고 사진사를 당황케 했다. 친구는 얼굴이 빨개졌고 우왕좌왕하며 입구로 향했다. 막무가내인 그는 친구의 등짝을 때리면서 계속 씩씩거렸고 정중히 인사를 받고 그제야 분을 삭였다. 볼일을 마친 그는 함께 온 무리를 이끌고 다른 곳으로 향해 군대놀이를 이어갔다.

화가 난 이유도 이해불가지만 화가 났다고 화풀이를 반드시 하겠다는 심보도 이해불가다. 결혼식의 주인공에게 모욕감을 주면서도 어떻게 일말의 부끄러움도 없을 수 있을까? 그는 '어쩌다 보니' 가문의 어른이 되어 있었을 뿐이다. 태어나 보니 그냥 높은 사람이었을 뿐이다. 친구의 계산법이 맞다면 그의 할아버지, 아버지가 어쩌다가 아들 귀한 집의 장남이었는데, 이게 그가 고래고래 고함을 지를 수 있는 유일한 이유다.

대한민국은 꼰대 천국이다. 꼰대는 어디서나 일관되게 산다. 나이가 많다는 이유로 어린 사람을 하대하고, 남자라는 이유로 여성을 우습게 여기며, 직급이 높다는 이유로 아래에게 무리한 요구를 하는 전통적 꼰대들은 누구나 생애 과정에서 마주친다. 내가 만난 꼰대를 당신도 만날 수밖에 없다. 돈 좀 많이 번다고 저임금 노동자에게 훈계하고, 손님이랍시고 일하는 사람에게 막말을 하고, 어른이랍시고 '나도 다 참고 살았다'는 말을 조언이라며 건네는 꼰대를 만나지 않고 한국에서 살기란 어렵다.

내가 만난 최강 꼰대는 K대 교수 아무개다. 그는 강연료는 말도 하지 않고 내가 쓴 책을 학생들이 '읽었으니' 와서 특강을 '할 수 있는지 묻는 게 아니라' 하라 했다. 낌새가 이상했지만 학회에서 마주치면 그에게 깍듯하게 인사를 해야만 했던 나였기에 거절하기가 어려웠다. 그리고 당시는 내가 작가로 막 활동을 하기 시작했을 때, 그러니까 여전히 대학에 미련이 약간은 있을 때여서 '돈 밝히는 사람'으로 소문나서 아쉬울 사람은 당연히 나였다. (왜 '그래서'인지는 모르겠지만) 그래서 강연료를 묻지 못했다. 일반적으로 대학에서 지급되는 특강비가 어느 정도인지 알고 있었기에 그러려니 했다.

무더운 날이었지만 나는 독자를 만나는 즐거운 자리라 생각하자며 갔다. 지하철 1시간, 마을버스 20여 분, 그리고 내려서 오르막을 한참 걸어 땀범벅이 되어 강의실에 도착하니 교수는 없었고 학생 20여 명만이 '내게 전혀 관심 없는' 태도로 작가와의 만남을 기다리고 있었다. 교수가 한 타임이라 해서 50분인 줄 알았는데 알고 보니 100분이었다. 그래도 열심히 했다. 학생들은 열심히 '다른' 수업의 과제를 하기에 바빴다. 이들이 내 책을 미리 읽었다는 어떤 흔적도 발견할 수 없었다. 굴욕감이 들었지만 '돈'을 생각하며 꾹 참았다.

어색한 강연이 끝나가자 조교로 보이는 사람이 들어왔다. 십중팔구 강연료 지급 관련 서류에 서명을 받으러 왔을 거라 생각했다. 이제야 나의 노동이 '얼마'인지 알겠구나! 하지만 내가 마무리 인사를 하자 조교는 내 귀를 의심케 하는 헛소리를 했다. "오늘 작가님께 강연료도 못 드리는 대신 정성스레 작성한 독후감을 드리자고 지난 시간에 교수님께서 말씀하셨죠? 얼른 제출해 주세요." 오! 마이! 갓!

상황을 정리하면 이랬다. 교수는 오늘 다른 일정이 있었다. 이미 그런 식의 강의 빠지기가 빈번하여 휴강도 불가해지자 만만한 내가 필요했다. 명분을 만들고자 학생들에게 독후감 과제를 냈다. 내용은 안 보고 제출 여부로만 평가하는 형태였다. 인터넷에 떠도는 글들 베껴서 제출 시늉만 해도 점수를 주겠다는 거였다.

전혀 정성스레 작성되지 않은 종이 쪼가리가 내 손에 전해졌다. 오늘의 강연료였다. 차별받는 비정규직이 연말 보너스를 '치킨 쿠폰'으로 받았다면서 논란이 되었다는 이야기를 들어 보았는데 오늘은 내가 승자(?)다! 나는 단 한 글자도 읽지 않고 (소심해서 학교에서 그러지 못하고) 지하철역 쓰레기통에 버렸다. 그는 여전히 K대 교수라는 직함을 달고 여기저기 학회에 초대받는 유명 인사다. 발표 제목에 '경제 민주화'와 '대기업의 횡포'라는 말이 있다.

젊은 꼰대들도 많습니다

꼰대는 세상이 어떻게 변하는지 몰라서, 정확히는 이를 알려고 하지 않기에 꼰대다. 백 번 양보해서 누군가의 연륜이 타인에게 도움이 되었던 모두가 농사짓던 시절이라면 예식장에서의 그런 어른의 모습이 놀라운 일이 아닐지도 모른다. 박사라 하면 세상 사람들이 우러러보았기에 박사와 교수의 관계가 지적 공동체 안에서 긍정적으로 이루어졌던 시절이라면 '독후감을 강연료로 받아도' 기꺼이 지식 노동자의 보람이라고 자위할 수 있다.

하지만 시대는 변했다. 내가 굽실거려 무엇을 보상받는지의 문제를 떠나 나이, 성별, 지위를 막론하고 인간은 누구나 존엄성을 가진 인격체라는 당연한 사실에 대한 사회적 관심이 달라졌다. 그래서 과거처럼 남자아이 고추 만지고 여자아이 엉덩이 때리다가는 큰일 난다. 친하든 말든, 손자, 손녀가 생각이 나든 말든 큰일 나는 게 마땅하다. 이런 시대의 흐름을 감지하지 못하고 내 방식대로 살겠다면서 변화하지 않으면 어떻게 될까? '꼰대의 전설'이 될 가능성이 짙다.

그런데 노인이거나 혹은 회사 직급이 높은 남자 사람만이 꼰대가 되는 것일까? 자기 식으로 세상을 살아가겠다는, 그러니까 사는 대로 생각하겠다는 사람들은 남녀노소 상관없이 존재한다. 이들은 꼰대를 혐오하면서도 본인이 꼰대인 줄 모르는 경우가 많다.

내가 아는 40대의 무명작가는 주변의 모든 조언을 "나이를 이 정도 먹으면 자기 생각이 있는 거야. 나한테 이래라저래라 간섭하지 마"라고 받아친다. 그러니 '유명의' 작가들은 그에게 어떤 정보도 말해 주길 꺼린다. 무슨 말을 해도 꼰대 취급을 당하기 때문이다.

그는 20대일 때부터 '나이를 이 정도 먹으면'이란 표현으로 타인의 다가감을 막았다. 이후 "서른 넘은 사람에게 함부로 말하지 말라", "곧 사십인데 그런 소릴 들어야 되겠어?"라는 말로 스스로를 더 고립시켰다. 지금은 "이제 어떤 유혹에도 흔들리지 않아야 하는 불혹을 훌쩍 넘긴 나이인데, 어찌 주변 반응에 일희일비하고 살겠어?"라면서 사는 대로 생각하며 살고 있다. 평생을 이렇게 사니 당연히 그의 주변에는 사람이 서성거리지 않는다. 아무도 조언을 해 주지 않으니 이 무명의 작가는 누군가로부터 이야기를 듣는 것 자체를 낯설어한다. 그래서 기회를 주겠다는 일생일대의 조언조차 죄다 걷어차 버린다.

한국에는 늙은 꼰대뿐 아니라, 자신을 우주의 중심인 줄 착각하는 젊은 꼰대도 많다. 이들은 "감정이 움직이면 이성은 정서적 결정의 부속물이 될 뿐이다."[10] 원래의 생각을 추호도 반성하지 않고 살겠다는 거다. 특히 이들의 여행과 패션에 대한 자유로운 모습에는 단지 신세대로서의 발칙함이 아닌 구시대를 혐오하는 꼰대 시각이 듬뿍 배어 있다.

여행을 통해 진정한 자유를 찾겠다는 젊은이들이 많아졌다. 덩달아 자신과는 다른 스타일의 여행을 마치 '틀린' 것처럼, 무슨 문제가 있는 것인 양 규정하는 사람들도 많아졌다. 본인이 싫으면 '나는 이보다 저게 좋다'고 하면 될 일인데, 꼭 '패키지여행은 식상하다', '주요 관광지에 가서 인증샷만 찍고 오는 게 무슨 여행이냐'면서 그럴 만한 사정이 있는 여행자를 머쓱하게 만든다. 패키지여행을 선택한 누군가의 자유를 비웃을 권리가 자유여행자에게 없는데 말이다.

경험상 이런 꼰대와는 절대 여행을 가면 안 된다. 억지로 야생을 느끼라 하고 현지인과 함께 밥을 먹지 않으면 그게 무슨 여행이냐고 타박한다. 그리고 '환호하라고' 강요한다. 머뭇거리면 '여행의 의미를 모르니' 뭐니 그러면서 조롱한다. 과학적 진실도 아니고, 민주주의 가치를 수호하자는 것도 아닌데, '여행하는 법'에 이런 경직된 이분법을 적용하니 황당하다. 이들이야말로 자신의 경험을 절대 진리라고 생각하고 타인을 계몽하려는 꼰대다.

자아도취가 심하면 우스움을 자아낸다. 현지 체험 위주의 여행을 좋아하는 이들을 취재한 기사에는 이런 말이 등장한다. "유명한 유럽의 성당 같은 곳은 기억에 전혀 안 남았지만, 이런 경험은 잊을 수가 없다. 성취감도 크다."[11] 아무리 생각하기 나름이라 할지라도 유럽의 성당이 기억에 전혀 남지 않는 건 아무래도 건축물의 사회적 맥락을 이해하지 않으려는 그 사람 탓 아니겠는가. 우리가 '지성'을 무기로 비(非)지성을 차별해서는 안 되지만 그렇다고 반(反)지성을 떳떳하다고 할 수는 없지 않을까?

패션의 '탈'꼰대화를 추구하는 사람들에게도 계몽적 마인드를 볼 수 있다. 우리 주변의 자칭 패셔니스트 중에는 '나는 이런 스타일을 좋아한다'는 자유로움이 아니라 '저런 스타일은 패션 테러다'라며 특정 스타일을 혐오하는 경직된 사고를 드러내는 경우가 많다. 이들은 옷을 바라보는 기성세대의 구태의연한 모습에 혀를 내두르는데, 마찬가지로 옷을 가지고 사람을 재단한다. 자유가 아니라 '잘못되면 큰일이다'라는 강박에 빠져 있는 셈이다. '꼰대 패션 탈출법'이라는 요상한 기사를 보니 아니나 다를까 기괴한 분석이 있다.

패션은 '꼰대' 여부를 판단하는 중요한 기준 중의 하나다. 패션은 자유이지만, 꼰대의 성향상 '내가 편하다'는 이유로 시간과 장소에 맞지 않는 스타일을 고수하는 경우가 다반사이기 때문이다. 일례로 유행에 뒤처진 헐렁한 슈트도 모자라, 와이셔츠 안에 메리야스를 받쳐 입고 하얀 양말까지 고수한다면 꼰대일 확률이 높다. 신발이 안 보일 정도로 길이가 긴 바지를 선호한다거나 청바지·면바지 등 캐주얼 차림에도 정장 구두를 매치해야 직성이 풀린다면 100% 꼰대다. (……) 자신의 체형보다 큰 크기의 옷을 선호하는 경우도 마찬가지다.[12]

패션은 자유라면서 이들은 하나도 자유롭지 못하다. 그저 '입지 말아야 할' 규정을 많이 알고 있을 뿐이다. 패셔너블하다면 '양말의 색깔', '바지 길이'가 무엇이 중요하며 청바지에 정장 구두면 어떠할꼬. 젊은 세대의 눈에 만점 코디가 아닐지는 몰라도 옷 좀 평소대로 입었다고 어찌 꼰대가 될 수 있단 말인가.

시간과 장소에 맞는 격식을 따지는 기성세대를 꼰대라 하면서 와이셔츠 안에 속옷 좀 입었다고 고개를 절레절레하는 모습이라니. 그 오지랖과 훈계야말로 꼰대의 대표적인 특징 아니겠는가. 나의 반박에 평소 옷 좀 잘 입는다는 자들은 아마 이럴 것이다. "패션에 대해서 뭘 안다고!"

오, 꼰대가 자주 하는 말이다.

사는 대로 생각한다면 누구나 꼰대

나이가 많다고 다 꼰대가 아니다. 특정한 권력 관계를 악용해 상대의 모든 걸 간섭할 수 있다고 생각하기에 꼰대다. 나이가 젊다고 다 꼰대가 아닐 이유도 없다. 자유라는 명목으로 주변의 타당한 비판에 귀를 닫거나 개성이라는 달짝지근한 단어를 남발하며 자신의 기준 '외'의 것을 다 구린 것으로 바라본다면—특히나 '옷'처럼 도무지 사람의 격을 판단하기에는 적합하지 않은 기준으로—그 사람이 꼰대다.

꼰대는 사는 대로 생각한다. 그래서 사회의 변화를 감지하지 못한다. 그런 사람이 정치인이 되겠다면 큰일이다. 아직도 한국사회에 여러 후진적 모습들이 남아 있는 것은 지금껏 정치인들이 죄다 꼰대였기 때문이다. 한국의 국회의원은 크게 두 부류로 나눠 볼 수 있다. 꽃길을 걸었거나 흙길에서 열심히 투쟁했거나. 전자들은 자신을 꽃으로 만들어 준 세상을 너무 사랑한 나머지 객관적으로 존재하는 시대의 이면을 부정한다. 후자들은 함께 고생했다는 이유만으로 동료와의 의리를 지키는 것만이 정의라고 착각해 유연한 사고로 시대의 변화에 호흡하지 못한다.

좀 달라 보여 2012년 대통령 선거를 앞두고 돌풍을 일으켰던 한 정치인도 결국 꼰대 습성을 숨기지 못하면서 몰락했다. 그는 '새 정치'의 아이콘이었고 나도 참으로 좋아했었다. 하지만 그가 세상을 읽어 내는 방식을 알게 되니 한때나마 환호했던 내 자신이 부끄러웠다. 그는 지하철역에서 스크린도어를 정비하던 열아홉 살 노동자가 열차에 치여 죽자, '사는 대로 생각하여' SNS에 글을 남긴다. 사망자의 가방에 있던 컵라면을 보고 그는 이런 소회를 밝힌다. "가방 속에서 나온 컵라면이 마음을 더 아프게 합니다. 조금만 여유가 있었더라면 덜 위험한 일을 택했을지도 모릅니다."

네티즌은 분노했다. 이 사고는 하청업체의 특성상 근무환경은 열악했고 그래서 2인 1조 현장 안전수칙을 지키는 게 불가능한 현실 때문에 발생했다. 컵라면으로 끼니를 때워 가며 바삐 움직이며 주말과 시간 외 수당까지 받아도 월급이 고작 114만 원이라는 사실에 많은 이들이 먹먹해했다. 추모객들은 '왜 이런 일을 한다고 해서 더 위험해야 하냐!'는 메모를 남기면서 분통을 터트렸다. 이 와중에 그런 시스템의 문제를 해결해야 하는 정치인이 저딴 소리를 했으니 화가 나지 않았겠는가. 사망한 노동자가 여유가 있어 '덜' 위험한 일을 선택한들 '다른' 노동자가 마찬가지 이유로 사고를 당했을 것인데, 이 무슨 괴이한 추모란 말인가.

새 정치를 표방하던 정치인은 자신이 살아온 대로 세상을 이해했다. 별 볼 일 없는 일들은 위험한 것이 많다. 약자에게 가혹한 현실은 개인이 어쩔 수 없는 것이니 해법은 스스로 노력하는 것뿐이다. 이런 식으로, 그러니까 어릴 때부터 본인이 무수하게 들었던 대로 세상을 이해했을 것이다. 개천에서 난 용들에게 감흥하며 용이 되지 못한 개천 사람들의 참혹함을 어쩔 수 없는 세상이치로 바라보았던 버릇을 그는 감추지 못했다. '진심'으로 추모한 것이겠지만 진심이라고 상식이 될 수 없다.

시대는 변했고 더 이상 개천에서 용이 나지 않는다. 젊은이들이 내뱉는 '흙수저', '노오오오오력' 등의 말은 과거 패러다임에 대한 전면적인 부정이자 용이 안 나는 개천을 보듬지 않았던 기성세대를 향한 강한 항의 표시다. 새로운 정치를 표방하던 정치인은 새로운 세상을 읽어 내려고 노력하지 않았다. 유명세를 타자, 시대 변화를 '오독'하는 것에 대한 주변의 합리적 비판을 무작정 '구 정치'라면서 멀리했다. 그러니 망자를 조롱하면서 이를 추모라고 착각하는 부끄러움도 모르는 사람이 되고 말았다. 어떤 일을 안전하지 못한 환경에 노출시킨 책임을 느끼지 않고, '어쩌다가 그런 일을 해서'라고 생각하는 것이야말로 낡은 정치 아니겠는가. 이런 사람 주변에 참 많다.

차별한 적
없다고요?

모두의 목숨이 소중하다고?

20대 청년이 미국 뉴욕의 백화점에서 우리 돈 37만 원 정도의 벨트를 고르고 계산대에서 신용카드를 건넨다. 그런데 백화점에서는 고객을 다른 방으로 끌고 가 '이 카드 어디서 났는지'를 취조한다. 그가 흑인이기 때문이다. 흑인은 대부분 게으르고 그래서 가난해서 범죄를 자주 저지른다는 여러 고정관념이 결합한 일상 속 인종차별이다. 버스에 백인 좌석, 흑인 좌석 따로 있던 킹 목사 시절이 아니라 2013년의 일이다. 있을까 말까 한 일도 아니다. 흑인이 자기 집 앞에서 열쇠를 못 찾아 두리번거리면 도둑 침입인 줄 알고 이웃 주민은 신고하고 경찰은 체포한다. 이 지경이니 비무장 용의자가 경찰이 쏜 총에 맞아 죽는 경우의 태반이 흑인이라는 사실이 놀랍지 않다. 흑인 가정에서 '백인 경찰이 검문할 때는 따지지 말고 절대 움직이지 말라'는 교육을 자녀가 어릴 때부터 철저히 하는 게 이해가 된다.

사례들이 의미하는 바는 명징하다. 미국사회에는 인종차별이 존재한다. 누구는 모든 흑인이 이런 대우를 받는 것은 아닌데 지나친 일반화 아니냐고 입을 삐죽거릴 게다. 하지만 상대가 자신의 '피부색만 보고 지레 의심하는' 상황 때문에 모멸감을 느끼는 사람의 절대 다수가 흑인이라는 사실은 분명하다. 여기서 *끄집어내야* 할 일반화는 '백인 모두가 차별하는 건 아니다'는 폭력적 기만이 아니라 '흑인 모두가 차별의 대상일 수 있다'는 상식적 추론이다.

황당한 사람의 주장을 들었다. 국내 라디오 시사 프로그램에서 미국의 흑인 시위를 논하면서 현지 분위기 파악 차 교민을 전화 연결했다. 그는 직함만으로도 성공한 한인 사업가로 보였는데 다짜고짜 이런 말부터 늘어놓았다. "아니, 요즘 미국에 인종차별이 어디에 있다고 그래요?" 근거는 빈약했다. 과거처럼 흑인이 따로 화장실을 사용하지도 않고 농구선수들 중에 억만장자는 죄다 흑인인데 차별이 어디 있냐나 뭐라나. 흑인이 과거처럼 노예가 아니니 평등하다는 이 놀라운 논리는 일상에서 그가 어떤 차별을 일삼는지를 적나라하게 설명한다. 사회자가 그래도 인종차별의 정서가 있으니 흑인을 범죄자로 오인하거나 과잉 검문이 있는 거 아닐까 물으니 대답이 더 가관이다. "그건, 그럴 수밖에 없어요. 흑인들이 범죄 많이 저지르는 건 사실이잖아요."

아마 이런 사람이 'Black lives matter(흑인의 목숨은 소중하다)'라는 피켓을 들고 있는 절박한 흑인 옆에서 'All lives matter(모두의 목숨은 소중하다)'라는 피켓을 들면서 '나는 차별한 적이 없다'고 떠벌리지 않았을까? 겉으로는 아무런 문제가 없는 문구처럼 보이지만, 차별에 항의하는 사람 옆에 나란히 서게 되면 '왜 너희들만 힘들다고 난리냐?'라는 뜻을 발현한다. 객관적인 차별을 희석시키니 그 팻말은 굉장히 차별적이다.

과연 태평양 건너의 이야기일까? 노예제처럼 인종차별의 역사가 선명한 나라에서만 다룰 주제일까? '여자의 생명은 소중하다'는 피켓을 들고 여성 혐오 범죄에 항의하는 사람들 옆에서 '남자의 생명도 소중하다'는 피켓을 든 한국사람들은 화성에서 왔던가? 경력단절의 태반이 여성인 현실에서 요즈음은 여자가 살기 좋아졌다고 하는 한국사람은 머나먼 행성에서 갑작스레 이주라도 했을까? 임대 아파트에 사는 주민들과 어떻게든 섞이지 않으려고 철조망을 치고, 심지어 아이들의 놀이터 이용도 사적 재산권 운운하면서 통제하는 사람은 미국 사람인가? 흑인 분장을 한 코미디언이 등장하는 예능 프로그램을 보면서 깔깔거렸던 사람은 누구였던가? 인종이 '웃음의 소재'로 사용되어서는 안 된다고 비판하면 '재밌자고 한 일인데 죽자 살자 달려든다'면서 비아냥거렸던 사람은 평범한 우리의 이웃 아니었던가. 한국은 차별을 차별이 아니라고 하는 부끄러운 사람이 그냥 많다. 그냥 많다는 말은 사회의 시스템이 차별에 반대하지 않는다는 말이다. 이런 곳에서 자연스럽게 살다 보면 누구나 차별에 둔감한 사람이 된다.

차별당한 사람은 있는데 했다는 사람은 없다

나의 첫 책 《우리는 차별에 찬성합니다》는 제목에서부터 논쟁적이었다. '괴물이 된 20대의 자화상'이라는 부제 때문인지 "20대가 차별에 찬성하는 괴물이라는 거야?"라는 반감을 가진 이들이 많았다. 나는 노력을 강조하는 능력주의 만능사회에서 경쟁에 최적화된 20대가 모든 결과를 '오롯이 개인의 탓'으로 받아들이다 결국엔 자신들이 위계화된 학력주의의 덫에 걸려 허우적거림을 비판했다. 호불호가 선명하게 갈릴 수밖에 없는 주제이기에 출간된 지가 꽤 되었지만 지금도 이 책을 가지고 토론하는 대학이 많다.

가끔 토론회 심사자로 초대되어 가 보면 세 그룹의 사람을 만난다. 찬성파와 반대파, 그리고 부정파다. 찬반 쪽에서는 의견은 달라도 비슷한 이야기를 한다. 찬성 쪽은 '알고 보니 내가 괴물이었다'와 '내 주변에 그런 괴물 여럿 있다'는 반응이 대부분이다. 불가능은 없다는 식의 긍정이 과잉되면 누군가의 불행을 노력의 부족으로 보는 차별에 찬성하는 인간이 등장할 수밖에 없다는 입장이다. 반대도 다르지 않다. 다만 이들은 '경쟁을 피할 수 없어서 아등바등 살아갈 뿐인데 그걸 괴물이라고 하는 건 너무 가혹한 것 아니냐?'는 동정론을 설파한다. 경쟁의 폐해는 전적으로 경쟁을 과잉시킨 사회의 잘못이지 왜 사람 보고 뭐라고 하느냐는 식이다. 나 역시 그런 괴물을 만든 사회를 비판했으니 사실 반대도 아닌 의견인 셈이다. 이나저나 현대사회가 차별에 둔감한 개인을 길러 내는 것임은 분명해 보였다.

하지만 차별이란 행위 자체가 없었다면서 모든 것을 부정하는 사람들이 있다. 꽤 많다. 많은 이유는 내가 없는 사실을 주장해서가 아니다. 가해자가 그만큼 많기 때문이다. 나는 존재하는 차별에 힘들어하는 사람들을 발견하고 귀납적으로 원인을 찾아갔는데 이들은 '그런 적 없다'는 말만 되풀이한다.

예를 들면 이렇다. 사회 배려자 전형으로 대학에 입학한 학생들이 느끼는 벽이 있다. 기회균등, 지역균등 그리고 농어촌 특별전형으로 입학한 사람들은 '실력도 안 되면서 운 좋게 이 학교에 다니는 주제에'라는 사람들의 편견이 자신 앞에 맴돌고 있는 공포를 토로한다. 이런 차별적 시선이 실재한다고 피해자가 증언하고 있음에도 '차별 부정자'는 자신은 그런 말을 해 본 적도 없고 또 차별하는 사람을 실제로 목격한 적도 없다면서 차별은 존재하지 않는다고 주장한다. 그 사람들이 너무 예민한 것이지 문제 될 것이 없다는 입장이다.

하지만 차별은 피해자가 느끼는 것이지 가해자가 해명하는 것이 아니다. 피해자는 괜히 예민한 것이 아니다. 이들은 가난에 대한 그릇된 사회적 고정관념과 이들에게 도움을 주려는 여러 복지 정책에 대한 사람들의 불신이 응축되어 나타나는 '부정적 시선'을 어릴 때부터 마주하며 살아왔다. 이런 시선들은 대개 편견으로 변해 특정한 배경을 가진 사람을 괴롭힌다. 많은 이들이 자신이 이 차별의 공기를 제공한 주범인 걸 부정한다. 차별받는 사람만 있고 차별하는 사람은 없는 이유다. 차별을 일삼는 자들이 역차별 운운하는 비극이 탄생할 수밖에 없다('All live matter' 문구 역시 자신의 입장에서는 역차별에 항의하는 것 아니겠는가). 이런 논쟁이 대학 커뮤니티에서 일어나면 언제 어디서든 등장하는 논리가 있다. '솔직히 말해서, 실력 미달인 자들 뽑는다고 원래 들어와야 할 사람이 피해 본 건 사실 아니냐?'

무장애 놀이터, 선한 의도의 나쁜 결과

차별은 누군가의 얼굴을 마주보고 비아냥거릴 때만 이루어지는 것이 아니다. 누군가에게 수치심을 안겨 줄 때, 혹은 그런 배경을 형성하는 데 기여할 때 시작된다. 진화생물학자 존 휘트필드는 《무엇이 우리의 관계를 조종하는가》에서 수치심을 나쁜 사람이 된 느낌이라고 한다.[13] 차별받는 사람에게 '너만 차별받아?', '그게 차별이야?'라고 하면 당사자는 자신이 타인의 고통에는 아랑곳하지 않는 이기적인 사람인 양 느낄 수밖에 없다.

수치심을 느낄수록 사람은 위축되기에 사회로부터 점점 배제되어 차별에 쉽게 노출될 수밖에 없다. 가난해서 억울한 것인데 억울한들 아무도 인정해 주지 않으니 뭐라 말을 할 수도 없다. 이와 비례하여 약자에 대한 사회적 배려가 줄어드니 가난한 이들은 가난이 결정적 원인이 되어 경쟁에서 뒤처진다. 그러니 수치심을 제공한 누군가 때문에 누구나 누려야 하는 평범한 삶에서 배제된 차별받은 사람이 등장했다는 것은 결코 비약이 아니다.

문제는 우리들이 '그런 의도가 아니어도' 결과적으로 누군가가 수치심을 느낄 수밖에 없는 상황을 끊임없이 만든다는 거다. '무장애 놀이터'가 그렇다. 장애인이 놀이터 이용을 마음껏 하자는 취지로 만들어진 이 놀이터는 (실제 기능적으로 그러한가의 문제는 차치하고) 기업의 후원 아래 2000년대 중반부터 지자체에서 많은 관심을 표하고 있다. 취지는 좋다. 장애인을 조금도 배려하지 않은 일반적인 놀이터에서 그들은 수많은 차별을 경험했을 것이고, 이를 '생각해 준 것이' 무장애 놀이터인데 무엇이 문제냐고 할 만하다.

이 놀이터는 차별의 시작이 '분리'로부터 시작됨을 간과한다. 차별의 해소는 차별이 발생하는 곳에서 이루어져야 한다. 장애를 가진 아이가 집 앞 놀이터에서 여러 차별을 느낀다면 '누구나 갈 수 있는' 그 놀이터가 변해야 한다. 이를 무시하고 '저기 어딘가' 놀 만한 곳을 만든다고 사회는 달라지지 않는다. 오히려 일상적인 놀이터에서 발생하는 차별은 면죄부를 받는다.

무장애 놀이터가 있다는 사실은 보통의 놀이터는 '비장애인 전용', 즉 '노(No) 장애인 존'이 되어도 문제가 아니라는 인식을 심어 준다. 앞으로 비장애인이 동네의 평범한 놀이터에 가서 자신의 신체에 관한 당연한 권리를 주장하기는 머쓱해진다. 그곳에서 장애인이 비장애인의 동선을 방해하거나 불편하게 하면 '너희 놀이터는 따로 있는데 왜 이곳에 왔느냐'는 핀잔을 들을 가능성이 높아진다. 장애인은 그저 놀러 갔을 뿐인데 '남의 권리를 침해한 듯한' 나쁜 사람의 느낌을 받는다. 이때부터 고작 놀이터를 가기 위해 '저기 어딘가'로 차를 타고 이동해서 장애인들하고만 만난다. 자연스레 일상의 모든 공간은 비장애인을 위한 것, 한쪽 구석의 요만큼은 장애인을 위한 공간이 되고 '요만큼'을 보장해 주었으니 '이만큼'의 차별은 차별이 아닌 것이 된다.

무장애 놀이터를 생각한 사람들이 차별주의자는 아니었을 것이다. 하지만 일상에서 '꿀 먹은 벙어리', '눈 뜬 장님', '절름발이' 등의 표현을 아무렇지 않게 사용할 수 있었던 사람들이 생각해 낸 아이디어는 딱 그 수준이다. 편해문 놀이터 비평가는 이렇게 말한다.

"스스로 하는 일이 선하다고 생각할 때만큼 무서운 것은 없다."[14]

이런 곳에서는 차라리 아무것도 하지 않는 것이 더 나을지도 모른다. 차별하면서도 차별한 적이 없다고 느끼게 되는 사회에서 '누구든지 생활의 모든 영역에 있어서 차별을 받지 아니한다"는 헌법 제11조 1항은 참으로 낯설다.

'사랑의 매'가
폭력입니다

헬조선에서는 스스로 왕따를 예방해야 한다

아이의 담임은 "계속 저러면 나중에 왕따를 당할 수가 있다"고 했다. 나는 아이가 친구들에게 해코지라도 하는 줄 알고 가슴이 철렁했다. 친구들의 개인정보를 북한에 넘기거나 교실에 사제 폭탄이라도 설치했으니 모두가 집단으로 한 명을 경계하지 않았겠는가. 하지만 고쳐야 할 우려스러운 태도가 무엇인지 알고 나니 기가 막혔다. 쉬는 시간에 친구들과 놀지 않고 책만 본다는 것, 교사가 발견한 이유는 이뿐이었다.

"아니, 학교에서 아이가 책 본다고 왕따를 당하는 게 말이 됩니까? 선생님은 왕따를 조장하는 아이들을 훈육시켜야 하는 거 아닌가요? 어떤 경우에도 폭력은 허용될 수 없다고 교육을 시킬 사람이 아무런 잘못도 없는 아이가 자신이 무슨 문제라도 있는 것처럼 느끼게 하면 안 되죠!"라는 말은 차마 입 밖으로 내지 못했다. 초등학교 저학년인 아이의 담임과 난투를 벌인다면 '그러다가 선생이 아이에게 편견을 가질 수도 있는데 부모가 자기 욕심에 저러면 안 되지'라는 주변의 핀잔을 들을 것이 귀찮아서였지만 실제로 그리 될까 봐 두렵기도 했다. '폭력'에 대해 이토록 나태한 생각을 상담이라고 하는 교사와 마주해야 하는 현실이 참으로 서글펐다.

초등학교에서 왕따를 '누가 피해자가 될 행동을 하는지'에 초점 삼아 접근하는 것은 워낙 왕따 문제가 비일비재하니 누가 가해자인지를 따져봤자 소용이 없음을 뜻한다. 1990년대 후반 IMF 외환 위기를 거치면서 등장한 '집단 따돌림' 현상은 그때만 해도 과거의 '놀림' 수준을 뛰어넘는 것이어서 모두가 혀를 찰만 했다. 하지만 이제는 그냥 반마다, 학년마다 또래로부터 노골적으로 배제당하는 학생 한두 명 정도가 존재하는 건 별수 없다고 생각한다. 왕따만으로는 부족해서 그것이 원인이 되어 자살이라도 발생해야 세상이 관심을 갖는데, 이조차도 한국사회의 워낙 높은 자살률 때문에 이미 내성이 생겨 버린 사람들에게 외면받는다. 관심이 있다 한들, 그저 폭력을 '안 당하는 것'에만 초점을 맞추고 살아온 사람들답게 '야무지게 좀 살지'라는 전혀 도움 되지 않는 조언이 전부다.

왕따의 피해자는 그럴 만한 아이가 아니다. 1990년대 말부터 사람들의 유전자가 갑자기 심약하게 변했을 리도 없다. 전부터 늘 교실에 있던 한두 명의 평범한 아이들이다. 앞으로도 이삼십 명이 같은 공간에 모이는 한 그럴 것이다. 달라진 건 이들을 대하는 다른 이들의 태도다. 그것이 약자에 대한 무시인지, 다름에 대한 혐오인지 혹은 누군가를 집단으로부터 배제시키면서 얻게 되는 심리적 안정인지는 중요치 않다. 중요하더라도 한 발 물러선 사회비평가들끼리 따져봐야 할 문제다. 현장 안에서 적용되어야 할 원칙은 하나다. 그건 '하는 자'가 잘못이다. 하지만 우리들은 집단 따돌림을 '하는' 자가 누구인지는 관심이 없고 혹은 알아도 어떻게 하기에는 그 수가 너무 많으니 소수의 피해자에게 '다 그럴 만한 이유'가 있다면서 책임을 전가했다. 그 덕분에 폭력은 피해자가 예방하는 것이 되어 버렸다.

"성아는 인터넷 상담 게시판에 어떻게 하면 왕따를 벗어날 수 있는지 물었다. 그 게시물에 열 개도 넘는 댓글이 달렸다. 모두 진지했다. 가장 긴 댓글은 살을 빼고, 머리는 어깨까지 기르며, 앞머리는 귀여워 보이게 짧게 잘라 이마를 가리라고 일러 줬다. 또 어떤 댓글은 옷을 빨 때 섬유유연제를 넣어 옷에서 은은한 향기가 나도록 해야 한다고 충고했다. 뚱뚱하면 공부라도 열심히 해서 아이들의 콧대를 꺾어 줘야 한다면서 중학교에 들어가면 어떻게 공부해야 하는지 친절하게 알려 준 사람의 아이디는 '왕년의 왕따'였다. 중학교에 들어가면 저절로 괜찮아질 거라고 위로한 글에는 절대 그럴 리 없다, 초등학교 때 왕따는 중학교 가서도 왕따라고 지적한 댓글이 여러 개 달려 있었다."[15]

김해원의 단편소설 〈구토〉의 한 장면이다. 왕따 학생이 수학여행에서 자살을 해도 '별 재수 없는 일'이 발생한 정도로 인식하는 학교의 공기에서 주인공은 자신이 과거에 어떻게 왕따를 당했고 벗어났는지를 회상한다. 스스로 해결하지 않고서는 아무도 도와주지 않는 세상이라 주인공은 간절함을 통해 공포를 한때의 과거로 만들었지만 책임을 희생자에게 물어 억울한 사람이 부당한 것을 극복해야만 하는 상황에서 희생양은 늘 존재할 뿐이다.

소설 속 이야기만이 아니다. 얼마 전 온라인 커뮤니티에 '헬조선의 왕따 예방법'이라면서 올라온 사진이 있었다. 관공서에서 제작한 것으로 보이는 끔찍한 예방법은 이렇다. '일찍 혹은 늦게 등교하는 방법도 생각해 보고 다른 등굣길을 생각하라', '나를 험담하는 별명이 있다면 그것에 익숙해져라', '친구들과 유사하게 행동하고 생각하도록 노력하라.'[16]

이 지경이니 폭력의 가해자가 교정 치료를 받는 게 아니라 피해자가 해결책을 알려 달라면서 인터넷에 상담을 요청할 수밖에 없다. 비단 내가 만난 초등학교 교사만이 아니라 서점에서 만날 수 있는 온갖 자기계발서의 내용도 언제나 알아서 조심하라는 말뿐이다. 폭력은 객관적으로 존재하는데, 사람을 갈기갈기 찢어버린 가해자에게 관대하고 이미 거적때기가 된 피해자를 두 번 죽이는 이런 풍토에서 폭력은 유유자적 그 위세를 넓혀 나갈 뿐이다. 괜찮지 않아야 될 사람이 괜찮게 살아가는 세상의 민낯이다.

"그래도 맞고 다니는 것보다 낫지"

윤가은 감독의 영화 〈우리들〉에는 모든 어른들이 두고두고 명심해야 하는 대사가 등장한다. 영화는 인간관계의 삭막함에 지쳐가는 초등학교 4학년 어린이들의 일그러진 심리를 에두르지 않고 드러낸다. '당해 봐서 다 아는' 주인공은 경험에서 우러난 세상 이해를 한다. 현실은 냉정하다, 당했다면 그대로 갚아야 한다. 그래서 어느 날 다섯 살 동생이 친구와 놀다가 한 대 맞고 상처가 나서 돌아오자 화를 내면서 "너도 때려야지! 왜 맞고만 다녀!"라고 소리친다. 하지만 동생은 그걸 조언이랍시고 하느냐면서 퉁명스럽게 말한다.

"계속 때리기만 해? 그럼 언제 놀아? 친구가 때리고 나도 때리고 나도 때리고 친구가 또 때리고……. 난 그냥 놀고 싶은데."

얼굴이 화끈거렸다. 이 영화를 본 열에 아홉은 이 장면을 보고 '아차' 하고 생각한다. 순간 웃음이 나다가 주체할 수 없는 여운이 감돈다. (물론 '아홉'이나 이랬으면 좋겠다는 것은 희망사항이다.) 평론가들은 사실상 어른들에게 "그러지 마! 사람들끼리 그러는 거 아니야!"라면서 따끔하게 혼내는[17] 이 대사를 '영화 속 명대사'로 꼽는 걸 주저하지 않는다.

어른들이 스스로를 부끄러워해서일 게다. 아이들은 어른들에게 세상을 살아가는 법을 배운다. 그런데 한국의 어른들은 자신이 직면한 문제를 인류가 추구해야 하는 방식이 아닌 철저히 개인의 가치 안에서 풀어낸다. 맞은 아이에게 어른들이 내뱉는 "너 그때 맞고만 있었어?"라는 원시적인 반응은 과연 일부의 경우일까?

아마 나와 마주했던 교사의 소신을 잘(?) 이해한 부모들은 삶의 목표를 폭력을 '당하지 않는 것'에만 관심을 가질 거다. 당연히 아이들은 어릴 때부터, "그래도 맞고 다니는 것보단 낫지"라는 부끄러운 말을 내뱉는 부모가 만들어 놓은 사회에서 숨을 쉬며 살아간다. 어른들은 자녀가 친구에게 상처를 준 객관적인 사실이 있어도 "너 정확히 말해! 진짜로 그랬어?"라고 다그치면서 '사실'을 답하면 맞아 죽을 것 같은 공포를 아이에게 전달한 후 기어코 가해가 있을 만한 이유를 찾아낸다. 그러고는 단지 '미안하다'는 말 한마디를 원하는 상대에게, "들어 보니 그쪽도 원인이 있다! 우리 애가 절대 그럴 리 없다!"면서 적반하장을 실천한다. 주변에서 괜히 싸움을 크게 키우지 말고 이 기회에 '사과하는 법'을 자녀에게 가르쳐 준다 생각하라고 하면 이런다. "무슨 소리냐, 그러다가 애 기죽는다. 함부로 사과하는 거 아니다. 요즘이 어떤 세상인데, 그러다가 물러 터졌다는 소문나면 모두가 만만하게 본다."

완고한 교육철학을 가진 부모 밑에서 아이들은 '어떤 경우에도' 폭력이 용인될 수 없다는 이치를 몸으로 학습할 절호의 기회를 놓친다. 오히려 폭력에는 피해자에게도 원인이 있을 수 있다는 논리 체계가 저장된다. 그렇게 성장하면 자신의 행동을 늘 정당하다고 해석하는 습관이 길러지고 결국 얼굴이 화끈거려야 할 순간을 알지 못한다. 도리어 잘못을 뉘우치는 걸 굳이 먼저 할 필요가 없는 쓸데없는 행동으로 이해한다.

이 공기, 우리와는 무관한가? 한국인들은 폭력에 관대하다. 이들은 예외를 들먹이며 민주공화국에서 절대로 허용할 수 없는 '사적 복수'가 일상 곳곳에 흐르는 것을 대수롭지 않게 여긴다. '쟤가 그래서 그랬다'는 논리는 싸움이 잦은 중학교 교실 뒤쪽에서만 등장하지 않는다. 도로에만 나가 보면 '상대가 먼저 잘못을 했다'는 이유로 갑작스레 상대 차 앞으로 끼어들어 급정거를 하거나, 옆으로 차를 바짝 붙여서 죽일 듯한 시선으로 폭력을 가하거나, 창문을 내려 욕을 하는 언어폭력은 비일비재하다. 블랙박스에 다 찍히고 있음에도 분노를 조절하지 못하고 무자비한 폭력을 태연하게 행사하는 것은 자신이 폭력을 당했으니 이에 상응한 대응이 정당하다고 생각하기 때문이다. 이런 에피소드가 공개되어도 만약 보복 운전의 원인이 '있다면' 사람들의 반응은 명료하다. "운전을 잘못했으니 저러는 거지. 화날 만하네." 운전을 잘못한 건 보복의 이유가 될 수 없다. 하지만 원인이 있으면 '당해도 된다'고 생각하는 사회에서는 충분한 이유다.

이런 일도 있다. 길을 걷던 청년이 경찰의 오해로 무자비하게 체포되었다. 여기저기 부상을 당한 청년이 부당함을 호소해서 세상이 시끄러워지자 경찰은 이렇게 해명한다. "용의자인 줄 착각했다. 그가 몸부림을 치는 등 저항이 심했다."

아니, 용의자라면 그렇게 해도 된다는 말인가? 반항을 했으니 길에다 메다꽂아도 잘못이 아니란 말인가? 이런 변명을 하는 이유는 폭력을 '경우에 따라' 이해하는 사람들을 설득할 수 있다고 보았기 때문이다.

최근 정당방위의 범위를 엄격히 제한하는 법정의 판결을 두고 네티즌이 비아냥거리는 것도 같은 이치다. 집주인이 도둑을 제압하다 사망에 이르게 한 사건에 대해 법정이 정당방위를 인정하지 않고 유죄를 선고하자(대법원에서 집행유예로 최종 판결), 네티즌은 판사도 한번 당해 봐야 정신 차린다면서 '도둑을 때리는 것'이 도대체 무엇이 문제냐는 반응을 보였다. 사람이 죽은 원인은 누군가의 가해였다. 이를 자신을 지키려고 했던 사람의 진정성을 이해하자면서 '실형은 가혹하다'고 비판할 수는 있지만, 가해 전에 도둑질이 있었다는 이유만으로 죽음의 가장 무거운 원인이 사라질 수는 없다. 폭력에 대한 유연한 해석 없이는 불가능하다. 사람들은 "너는 집에 도둑 들어오면 넋 놓고 있을 거냐"고 물을 게다. 진짜로 넋 놓지 않아야 하기에 삶은 고민의 연속이다. 그 긴박한 상황에서도 이성적으로 생각하고 행동해서 정당방위의 수위마저 경계 밖으로 벗어나지 않도록 노력하는 거, 이는 본능을 억제하고 살아온 호모 사피엔스의 역사이기도 하다. 신경 써야 될 것이 많은 피곤한 삶, 그게 사람의 삶인데 어찌하겠는가.

딸을 성추행한 교사를 계획적으로 '찾아가서 준비한 흉기로 휘둘러' 죽음에 이르게 한 부모에게 중형이 내려졌을 때도 네티즌은 "자기 딸이 당해 봐야 정신 차리지"라며 재판부를 조롱했다. 부모 마음으로서 십분 공감하지만 폭력을 경우에 따라 개인이 사적 복수를 위해 사용할 수 있도록 내버려 두는 '법'은 존재할 수 없다. 그만큼 폭력에 예민해야 하는 이유가 있다.

'사랑의 매'가 폭력의 시작입니다

그럴 만한 이유가 있었다고 치자. 그러면 그 이유에 근거하여 누구나 자신의 정당한 권리 행사를 할 수 있을까? 절대 아니다. 복수를 할 수 있는 자와 복수에 노출되는 자는 정해져 있다. 피해자는 대부분이 '그럴 만한 이유가 없는' 약자다. 사적 복수 어쩌고 하는 사람들은 불의 앞에서는 상대가 누구라도 참지 않는 정의를 부르짖을 거라 하지만 "폭력을 쓰는 사람들은 보통 자신이 마음대로 다룰 수 있거나 저항하지 못할 것 같은 사람들을 목표물로 삼는다."[18]

보복 운전을 하는 차량은 패턴이 정해져 있다. 큰 차일수록, 비싼 차일수록, 특히 고급 외제 차일수록 낯짝 두꺼운 사람이 많다. 폭력을 정의로 둔갑시킨 사람을 만나기 싫어서 차를 경차에서 SUV로 바꾼다는 사람이 있을 정도다. 하긴 차량에 부착하는 블랙박스 광고를 보면 '증거가 없으면 목소리 큰 사람이 이기니 미리 대비하자'는 식이니 말 다했다. 복수의 패턴은 학교에서도 마찬가지다. 왕따를 일삼는, 그러니까 대부분의 학생들은 '쟤가 잘난 척을 했으니'라면서 인과응보를 강조한다. 새빨간 거짓말이다. 외모가 출중하거나 돈이 많거나 공부 잘하는 애가 잘난 척하면 아무도 건들지 않는다. 특히 부모가 대단한 이들은 잘난 척은 물론이고 나쁜 짓을 해도 응징당하지 않는다. 기분이 나빠도 강자를 건드릴 수는 없기 때문이다. 하지만 약자에게는 다르다. 쥐뿔도 없는 게 자기 분수도 모르고 설치니 꼴불견이라는 거다.

연인 간의 사적 복수도 마찬가지다. 사랑하다 누군가 상처받을 수는 있는데 상처받았다고 복수하겠다는 사람은 이상하리만큼 죄다 남자다. 이는 여자를 상대로 한 범죄에 대한 반응에 꼭 '여자가 잘못했네', '꽃뱀이었네' 등의 해괴망측한 분석이 일상적으로 등장하는 토대가 있기에 가능하다. 이는 폭력의 예외 조항이 강자가 약자를 제압하는 도구로만 정당화됨을 뜻한다. 전우영 심리학자의 표현을 빌리자면 "힘을 가진 사람의 자기 합리화는 그 사람이 가지고 있는 힘의 크기만큼 위험할 수 있다."[19]

폭력에는 예외가 없어야 한다. 훈육이랍시고 체벌이 유야무야되는 가정과 교육공간에서도 허용될 수 없다. 두 가지 이유가 있다. 먼저 모두가 '절제된' 체벌을 할 리 없다. 길에서 어떤 부모가 아이의 옷을 완전히 벗기고 꾸중하는 걸 목격한 적이 있다. 나는 용기를 내서 "아이에게 이러면 안 된다"고 했는데 돌아온 대답은 "남의 가정에 신경 쓰지 마라. 훈육 중이다"였다.

폭력이 절대적으로 금지되지 않은 사회에서 훈육은 주관적일 수밖에 없다. 본인의 기분에 따라, 특히 약자가 맘에 들지 않을 때 이 훈육은 폭력으로 어그러진다. 그러니 어린아이를 굶기고 락스를 뿌린 부모들도, 세 살 남짓한 아이를 밥 빨리 안 먹는다는 이유로 뺨을 때리고 바닥에 내동댕이치는 어린이집 교사는 "훈육을 했을 뿐이다"라고 말할 뿐이다. 즉, 폭력의 예외를 발견하려는 버릇이 있는 사회에서는 절제할 수 없는 소수로 인해 약자들은 폭력에 상시적으로 노출된다. 이를 막을 방법은 하나다. 체벌이 허용되는 훈육은 '없다'는 강력한 사회적 합의, 그리고 이는 타협의 대상이 아니라는 확고한 신념을 몸으로 느껴야지만 '욱한다고' 욱하지 않는 절제된 개인이 될 수 있다.

현실은 어떠한가? 뉴스에 등장하는 절제하지 못한 괴물을 핑계 삼아 '우리'는 평범하다 착각하고 있지는 않은가? 많은 이가 체벌을 빙자하여 (물리적이든, 언어적이든) 자기 아이에게 폭력을 행사하고 있으면서도 '저 정도는 아니기에' 괜찮다고 생각한다. 대부분의 학부모가 자기 아이는 누구에게 입에 담지 못할 욕설을 직접 하거나 돈을 직접적으로 뺏지 않았기에 아무런 문제가 되지 않는다고 생각한다. 가장 나쁜 놈보다는 '안 나쁘니' 괜찮단다. 덕분에 누구는 하나도 괜찮지 않은 고통의 하루하루를 보낸다.

기울어진 운동장을
부정하는 사람들

사랑이 넘치는 불평등한 우리 집

강연 요청이 오면 나는 스케줄이 가능한지 체크한 후 두 지점만을 고려하여 수락할지 말지를 고민한다. 강연료가 내가 생각한 최소 금액 이상인지, 강연 장소가 너무 멀지는 않은지 외에는 따져 볼 게 없다. '강연 시간'은 단 한 번도 고려된 적이 없다. 낮 시간에 진행되는 학교 특강만이 아니라 평일 조찬 강연이든 직장인을 대상으로 하는 저녁 강연이든 마다하지 않는다. 다른 일정이 있다 한들 겹치지 않으면 한다. 주말 지방 강연도 마다하지 않는다. 얼마 전에는 제주의 한 고등학교에서 아침 시간에 강연할 수 있는지를 묻는 연락이 왔는데, 교통비도 별도 지원되고 강연료도 괜찮았다. 그래서 1박 2일 코스로 스케줄을 잡았다. 남는 시간에는 오름에도 오르고 일출도 보고 '우도 땅콩

막걸리'도 마셔 볼까 했다.

　이 과정에서 단 한 번도! 단 한 번도! 어린 두 아이를 누가 돌봐야 하는지 고민한 적 없다. 그건, 아내가 하니까. 내가 새벽부터 나갈 수 있는 건 '그 시간에!' 아내가 아이들을 깨우고 먹이기 때문이다. 내가 밤 늦게 들어와도 되는 건 '그 시간에!' 아내가 아이들을 데려오고 먹이고 씻기고 숙제까지 확인하기 때문이다. 내가 주말에도 기차를 두어 시간이나 타고 어디로 이동할 수 있는 건 '그 시간에!' 아내가 아이들에게 책도 읽어주고 블록 놀이도 하기 때문이다. 이 글을 쓰는 지금도 난 카페에 있고 아내는 집에서 아이들과 퍼즐을 맞추고 있다.

　아내의 외부 일정은 막내가 유치원에 있을 시간에만 가능하다. 저녁 약속은 아예 없고 '저녁 이후 남편에게 아이들을 맡기고 만나는' 모임에는 가끔 나간다. 물론 내가 스케줄이 있으면 못 나간다. 최소 2~3일 전에는 내게 "나갈 거다!"가 아니라 "나가도 되나?"라고 묻는다. 그걸 왜 물어보냐면서, 내가 집에 있을 때는 마음대로 하라면 "고맙다"는 말을 결코 빼먹지 않는다. 남편에게 배려받는다고 생각하지 않고서야 불가능한 반응이다. 내가 집안일 개의치 않고 외부 스케줄을 소화하는 걸 당연하게 생각하고 있으니 아내 역시 집안일 개의치 않을 수 없는 심정을 자연스럽게 가진 것 아니겠는가. 참고로 나는 늦은 밤 약속을 '사전' 허락받지 않는다. 아내는 가끔 밖으로 나가며 내게 미안해하고 나는 다른 남편들만큼 밖에 안 나간다고 뿌듯해한다.

　아, 나도 애들 자주 돌본다. 정확히는 스케줄이 없는 날 중 몇 날을 아이와 함께할 뿐이다. 그런데 나는 괜찮은 남편 소리를 듣는다. 평일에 한두 번, 주말에 가끔 아이의 동선에 맞추어 남자가 바깥에 노출되는 것만으로도 주변에서 '다정다감한 남편'이라고 치켜세운다. 아내 고생에 비할 바냐고 하면 누구는 그 정도도 '대단하다'면서 "아내가 부럽다"는 말까지 한다. 이러다 보니 아내가 하는 '모든' 집안일의 '일부'를 하면서도 나 스스로 대견하다고 착각한다. 가끔 삼시세끼 요리를 내가 할 때가 있는데 그 다음 날 "어제 밥은 내가 다 했잖아"라는 말을 여기저기 하고 다니는 거, 설거지 다하고 그릇 가득한 식기 건조대 사진 찍어서 SNS에 올리는 거(살면서 이 사진을 올리는 여성을 본 적이 없다), 사진 보고 누가 '자상한 남편이네요'라는 댓글을 달면 '이 정도는 기본이죠'라고 답하는 것 등이 그렇다. 아내에겐 지극히 평범한 일상이 누구에겐 또 다른 상징을 확보하는 효과까지 있다. 하지만 원고 마감이 코앞이면 내 밥도, 아이들 밥도 결국은 아내가 다 한다. 내게 집안일은 가끔 돕는 개념일 뿐이지 '함께'가 아니다. 아내는 다른 남편에 비하면 복받았다면서 '가끔' 도움받는 것도 '항상' 도움받은 것처럼 고마워한다.

결혼 전에 아내는 학습지 교사로 일했다. 결혼과 출산이 이어지면서 집 '밖'에서 경제 활동을 이어가는 게 여러모로 어려워졌다. 아내와 나는 어떤 강요도, 차별도 없이 너무나 자연스럽게 '남자가 가계를 부양하고 여자가 가정을 보살피는' 구조를 선택하고 화목하게 지냈다. 둘째를 출산한 후 아내는 일을 하려고 했다. 하지만 아이들이 집에 없을 제한된 시간에 맞추어 일을 구하려니 제한된 일을 선택해야 했다. 나는 해본 적 없는 고민, 이를테면 '5시에 칼처럼 퇴근 못하면 끝장인 데'와 같은 고민을 여자인 아내는 해야만 했다. 파트타임도 가능하다는 프랜차이즈 커피전문점에 면접을 보기도 했다. 면접을 볼 때도, 몇 시간 집에 없는 게 걱정된 아내는 내게 스케줄을 비울 수 있냐고 부탁했다. 나는 흔쾌히 그렇게 하라 했지만 면접 당일 아내의 귀가가 늦자 '할 일 많은데 왜 안 오는 거야'라는 문자를 연신 보냈다. 일을 시작했지만 아내는 불편했다. 시간을 유연하게 사용할 수 없는 '엄마' 노동자에게 카페 매니저는 까탈스러웠다. 할 수 있는 시간대만큼 다 일할 수 있는 것도 아니니 최저임금 받으며 버티고 버텨 봤자 배보다 배꼽이 더 큰 상황만 이어졌다.

아내와 나는 고민을 거듭했다. 오랜 대화를 한 결과, 아내는 일을 그만두고 내가 더 열심히 일하는 게 가족의 행복이라고 합의했다. 수평적인 입장에서 대화하는 우리 가족은 사랑이 꽃핀다. 강제된 희생도 합의된 분업이라 생각할 수 있으니 사랑은 위대하다. 별수 없다. 부부가 얼굴 붉히고 살 수는 없으니 서로 그저 그러려니 하고 살아간다. 그저 그러려니, 예전부터 내려오는 이 빌어먹을 성차별 가득한 사회구조를 받들며…….

불평등이 심하면 통계가 단순해도 드러난다

〈차이나는 클라스〉(JTBC) '페미니즘' 편에 내가 강의를 한다는 예고가 나돌자 내게 통계자료 인용 잘 하라면서 글 하나를 링크시켜 연락하는 여러 남자들이 있었다. 남녀 격차를 드러내는 각종 통계 수치가 '날조'되었다는 게 항의자의 공통된 의견이었다. 이들은 통계가 객관적이지 않고 편의에 따라 취사선택되어 본질을 흐린다면서 논리적으로 자신만만이다.

기고만장한 이들은 자신이 링크 건 글이 소설 《82년생 김지영》이 통계를 잘못 사용했음을 적나라하게 까발리고 있다고 했다. 나는 '오죽했으면' 여러 통계 수치를 제시하며 맥락을 짚어야 했을까 싶을 정도로 안쓰러웠던 소설의 독특한 전개 방식이 누군가에게는 해부의 대상이었나 보다. 글쓴이는 소설이 인사 담당자 설문조사를 소개하면서 '비슷한 조건일 때 남자를 선호한다'는 응답이 44%지만 '여성을 선호한다'는 사람은 한 명도 없었다는 것까지만 밝히고 실제 조사에 있었던 '남성이든 여성이든 상관없다'는 응답 56%가 소설에서 쏙 빠져 있다고 지적한다. 글쓴이는 극단의 수치만을 강조하는 것을 경계하고 단지 인식을 물은 결과를 실제 차별처럼 포장하지 말라고 한다.

그러나 차별은 인식으로부터 시작된다. 글쓴이는 56%라는 비차별적인 요소를 밝히지 않았다고 우려하는데, 차별 없는 인식을 보여 준 경우가 56%에 불과하니 절망이다. 그저 생각을 물었다면 실제 어떠한들 남녀 상관없다는 경우가 100%가 되는 게 정상이다. 하지만 기울어진 운동장이 당연하면 56%도 '무려 절반 이상'이라 느껴질 수 있다. '여자가' 입사 지원을 100군데 해도 44곳에서 단지 성별만으로 서류가 걸러질 가능성이 높은 건 그냥 차별이다. 내 아내가 여기저기 기웃거렸지만 최저임금의 커피 전문점을 선택할 수밖에 없었고 급여가 낮으니 '계속 일할 필요'에 대한 고민이 시작된 것처럼 말이다.

이처럼 성별 급여 차이에는 분명한 차별적 과정이 흐르는데, 많은 남자들이 칭송하는 그 글은 이 맥락을 이해하지 않는다. 소설이 한국 여성 노동자의 임금이 남성에 비해 62% 수준이라는 통계를 '그대로' 인용해 문제가 많다는 지적이 뒤따른다. 근속기간, 노동시간을 고려하지 않았다는 거다. 풀어 말하자면 여성들이 '오래' 일하지 않고, '고소득이 가능한 위험한 일'을 하지 않으려고 해서 나타난 차이는 차별이 아니라는 거다. 차별은 같은 일을 하고도 급여가 다를 때를 말한다는 친절한 설명까지 곁들인다. 근속기간, 노동시간이 빌어먹게도! 왜 차이가 나는지, 위험한 일, 그래서 소득이 높은 일에 빌어먹게도! 왜 여성이 발을 들이지 못하는지 한 번만 생각했다면 도무지 가질 수 없는 의문인데 말이다.

통계는 아무것도 감추지 않았다. 그저 여성의 '근속기간, 노동시간'이 짧으니 급여가 낮을 뿐이다. 문정희의 시(詩) 〈그 많던 여학생들은 어디로 갔을까〉의 한 구절처럼 배울 만큼 배운 여성들이 "크고 넓은 세상에 끼지 못하고 부엌과 안방에 갇혀" 있기 때문 아니겠는가. 내 아내도 결혼한다고 경력단절이요, 애들 키워야 하니 노동시간이 길 수가 없었다. 이런 커리어로는 무슨 일을 악착같이 하더라도 급여가 낮은 일자리를 구할 가능성이 높으니 전업주부에 충실한 게 가정의 화목을 위해서 차라리 나은 역설이 발생한다.

앞에서 '유리천장'을 언급하며 살펴보았지만 바늘구멍을 뚫고 괜찮은 일자리로 진입해도 마찬가지다. 승승장구할 수 있는 부서로 마음만 먹는다고 진입할 수 없다. 대부분이 남자인 회사의 상층부는 동일한 역량이면 해외 출장에도 자유롭고 야근도 자유로운 사람을 선호하는데 그 사람이 공교롭게도 남자다. 누구도 성별을 차별한 게 아니라 사람의 역량으로 차등적 대우를 했을 뿐이라고 말한다. 그 역량을 쌓는 게 '출장을 가든, 야근을 하든' 집안일 걱정 안 할 사람이 절대적으로 유리하다. 반대쪽에선 시간이 지날수록 역량이 부족해지고 그래서 '높은 곳으로 비상하지 못하니' 해고 위험은 높아지고 버티더라도 자존감은 떨어진다. 그래서 그 빌어먹을 근속기간이 짧다. 짧으니, 업계는 빨리 그만두는 사람을 꺼려하는 게 왜 문제냐면서 '계속' 남자를 선호한다. 상황이 이러니 부부가 출산 후 육아 때문에 고민할 때 "그래, 이왕이면 남자가 일하는 게 소득 면에서 집안에 유리하니 여자가 그만두자"는 자연스런 합의가 등장한다. 남편이 아내를 '혐오'해서 남자는 일하고 여자가 희생하는 게 아니다. 서로 사랑해서 내린 결정이다. 악순환의 완벽한 선순환은 이렇게 완성된다.

성별 임금 격차가 틀렸다는 사람들은 남녀의 평균 임금 통계가 '단순해서' 오류가 있다지만 한국사회는 단순하게 들여다봐도 불평등이 심하다. 일하는 사람 모아 놓고 보니 그 빌어먹을 '근속기간, 노동시간'이 왜 성별에 따라 다르냐는 말이다. 유독 왜 한국이 다름이 크냐는 말이다. 한국 여성들이 기질적으로 일하는 걸 싫어해서가 아니란 말이다.

갈 길이 너무 멀다

글쓴이는 경력단절이라 하더라도 자발적인 선택인지 비자발적인 감수인지 알 수 없다고 한다. 하지만 '자발적'이라고 보이는 선택이 과연 자발적이었는지를 묻는 게 우선일 게다. 내 아내는 하루 종일 아이를 보아도 밤늦게 들어온 나를 집안의 가장이라고 격려하고 육아 스트레스가 아이들에게 전이되지 않기 위해 '웃으며' 산다. 그 웃음 뒤에는 눈물이 많다.

통계가 말하고자 하는 냄새를 제대로 맡아야 한다. 많은 남자들이 여성의 경제활동 비율이 60% 아래라는 사실에서 '독박육아'라는 개념을 확장해 남녀차별을 운운한다면 남성의 경제활동 비율이 90%가 넘는 사실에서 '독박노동'을 마찬가지로 언급해야 형평에 어긋나지 않는다고 따진다. (여기서 논하는 그 글에서도 여지없이 등장한다.) 그러다가 '산업재해로 죽는 사람은 죄다 남자다'라는 식의 논의를 펼친다.

독박육아는 독박노동이라는 사실로 희석될 문제가 아니다. 독박육

아는 자발적이든 아니든 경제활동에서 '배제' 혹은 '소외'된 자들이 하지만 독박노동은 육아에서 '배제된' 실천이 아니다. 두 통계에서는 같지만 다른 냄새가 난다. 모두가 '힘들게' 살고 있는 건 맞지만 한(恨)의 냄새는 한쪽에서만 가득하다. 이를 마찬가지라면서 이해하자는 역사가 바로 아빠가 출근할 때 뽀뽀뽀, 엄마가 안아줄 때 뽀뽀뽀 아니겠는가. 산업 재해의 문제가 왜 안 중요하겠는가. 이때의 분노는 어디를 향해야 하는가. '여자는 일하다 안 죽으니' 남자가 여자보다 억울하다고 하면 문제가 해결될까? '노동자'가 일하다가 죽었다면 그 책임은 기업에 있다. 여기에 분노해야 마땅하다. 제대로 분노해야 할 시간에 찬물을 끼얹는 것도, 엉뚱한 곳에 분노하는 것도 재주다. 누구도 따라하면 안 되는 위험한 재주다.

내겐 지긋지긋한 질문들이었다. 11년간 대학에서 성차별을 논할 때마다 '틀에 박힌' 반론을 거침없이 제기하는 이들을 자주 만났다. 차근차근 설명하면 대부분 자신의 논리가 '한국사회에서 자연스럽게 살다가' 형성된 고정관념에서 비롯된 것임을 받아들이고 고마움을 표한다. 남학생 한 명이 강의평가에 했던 말이 기억에 남는다. 그는 박완서의 단편소설 《부끄러움을 가르칩니다》의 한 구절을 인용하면서 자신의 아집이 틀렸음을 깨달았던 순간을 표현했다.

"전신이 마비됐던 환자가 어떤 신비한 자극에 의해 감각이 되돌아오는 일이 있다면, 필시 이렇게 고통스럽게 돌아오리라. 그리고 이렇게 환희롭게."[20]

나는 이 표현이 너무 좋다. 고정관념을 깨면서 흥분할 수 있는 건 만물의 영장이니 가능한 특권 아니겠는가. 고통이지만, 기쁠 수밖에 없는 고통이다. 그러나 이것만으로는 세상이 좋아지지 않는다. 화목한 나의 가정이 얼마나 불평등한지를 떠올리기 바란다. 정말로 달라지려면 몇 배의 노력이 더 필요할지어다. 오랜 기간에 걸쳐 퇴적물이 쌓여 지층이 형성되듯이 '다른' 사회구조 역시 지난한 시간을 포기하지 않고 견뎌 내야지만 도래할 수 있다. 갈 길이 이리 먼데 매번 같은 질문에 답해야 하니 답답하다.

누구보다
부지런했던 나였다

L교수는 왜 나를 능멸했을까?

"오 박사, 요즘 뭐해?"

1년에 한 번쯤 우연히 만나게 되는 L교수는 내게 늘 같은 질문을 한다. 나는 글 쓰고 강연 다니기 시작한 4년 전부터 늘 "글 쓰고 강연 다니면서 산다"고 답했는데 교수에게 그건 '뭐'에 해당되지 않는 모양이다. 교수는 습관처럼 대화를 이어간다.

"오 박사, 그러다가 학교에 자리 잡겠어? 열심히 논문 쓸 생각을 해야지, 그렇게 시간 허비하다가는 나중에 누가 시간강사 자리도 안 줘. 그런데 요즈음 TV에는 왜 그리 자주 나와? 보니까 출간하는 책들도 시시껄렁하던데, 그렇게 한가해? '시시껄렁' 뜻 알지? 모르면 사전 찾아보고."

나는 사람을 능멸하는 L교수가 오래전부터 싫었다. 그는 박사과정 대학원생부터 시간강사 그리고 교수까지 하나의 줄로 연결된 운명 공동체라 생각했고 또 모두가 같은 상황에서, 같은 목표로 공부하고 있다고 가정했다. 그에게 박사과정에 들어온 사람은 모두 교수를 목표로 공부한다는 뜻이었다. 그래서 관문을 뚫은 자신이 대학원생들과 교수가 아닌 박사들에게 인생의 선배 노릇을 하는 걸 당연하게 여겼다. 교수의 천박한 자신감은 누구든지 열심히 노력하면 박사과정의 굴레에서 벗어나 '박사' 타이틀을 받을 수 있고, 부지런하게만 살면 오욕의 시간강사 생활을 청산하고 '교수' 칭호를 수여받을 수 있다는 믿음에 있었다.

자신은 '부지런해서' 교수가 되었다고 확신하는 그에게 '부지런하지 못해서' 교수로 임용되지 못한 박사들은 죄다 자신의 졸개였다. 졸개가 이 대학 저 대학을 떠도는 시간강사 생활로 시간을 낭비하고 있었으니 한심하게 보였나 보다. 11년이나 시간강사 생활을 청산하지 못하고 있는 나, 청산하려면 논문을 써야 하는데 매번 학술 점수조차 얻지 못하는 대중서적만을 출간하는 나, 심지어 교양을 가장한 예능 프로그램에 얼굴을 내비치는 나는 그의 영원한 술안주 소재로 안성맞춤이었다.

나는 박사과정 때부터 시간강사 생활을 했다. 남들이 책 읽을 시간에 강의 준비를 하고 논문 쓸 시간에 거리에서 시간을 보내야 했다. 일주일에 두 번씩 강의를 하며 처음 받은 월급은 40만 원이었다. 그때 L교수는 내가 그런 푼돈조차 필요한 이유에는 관심 없고 "그깟 푼돈에 집착하는 이유가 뭐냐?"면서 비아냥거렸다. 그리고 내가 결혼을 하고 자녀가 생기면서 생활비 마련을 위해 강의 시수를 늘려가자 그는 다른 졸개들을 모아 놓고 "오찬호 돈독 올랐다"면서 나를 '바람직하지 못한' 학문 후속 세대의 전형이랍시고 이리저리 떠벌리고 다녔다. 얼마나 심했냐면 다른 교수가 내게 "너 L교수에게 무슨 잘못한 거 있어?"라면서 걱정할 정도였다. 그에게 나는 부지런히 논문을 쓰지 않아 변변한 자리 하나 못 잡고 변변치 않은 일에 시간을 허비하는 사람이었고, 그러니 방송에나 기웃거리며 '나돌아 다니는' 한심한 사람에 불과했다.

L교수는 모든 이야기에서 자신이 서울대를 졸업하고 미국 아이비 리그 대학원 출신이라는 배경이 이후 자신의 삶에 어떤 영향을 끼쳤는지에 대해서는 의미를 부여하지 않았다. 이러한 이점 덕택에 자신이 유학 후 1년도 되지 않아 대학의 전임강사 자리를 얻을 수 있었다는 상관성을 함구했다. 처음부터 끝까지 성실하고 우직하게 노력한 결과라는 말만 했다. 또한 그 1년 남짓한 시간에 고작 3학점(1과목)만 강의를 하면서도 4인 가족의 주거 및 생계 걱정을 할 필요가 없었다는 현실이 자기 아버지가 변호사라는 배경 덕택이었다는 너무나도 중요한 사실은 인정하지 않았다. 중요한 인과관계를 덮어 두고 그저 다른 거에 신경 끄고 꾸준히 공부에 매진했다는 표피적인 경험만으로 그는 교수와 교수가 아닌 자를 재단하고 한쪽을 유린했다.

L교수는 시간강사인 내게 다른 일에 목숨 걸다가는 이도저도 되지

않는다고 11년간 말했다. 맞다. 나는 아무것도 되지 못했다. 여전히 TV 프로그램 1회 출연료보다 낮은 비용을 한 달 급여로 받으며 시간 강사 생활을 하고 있고 대학이나 연구소에 고용되어 정기 월급을 받지 않으니 틀린 말은 아니다. 하지만 그는 틀렸다. 내가 이렇게 사는 건 너무나 부지런했기 때문이다.

나는 누구보다 부지런했다

새벽 4시 50분, 휴대폰의 알람이 울린다. 아내가 깨기 전에 번개처럼 알람을 끄고 조심스레 거실로 나와 천근만근인 몸을 이끌고 화장실로 향한다. 대충 씻고 냉수 한 잔 마신 후 주섬주섬 옷을 걸쳐 문을 나서면 5시 15분이다. 그래야지 5시 30분에 출발하는 지하철 첫차를 탈 수 있다. 집에서 지하철까지는 빠른 걸음으로도 13분 정도니, 1분만 늦어도 대전에 있는 대학의 1교시(9시) 강의 시간을 맞출 수 없다. 현관문 앞에 떨어진 신문을 돌돌 말아 가방 옆구리에 쑤셔 넣고 한적한 새벽길을 바삐 걷는다. 나는 3년간 매주 목요일마다 지하철 첫차를 탔다.

집에서 역까지 걸어가는 15분 동안 쥐새끼 하나 없었지만, 도착해 보면 전철 안에는 어디서 나타났는지 늘 적당한 인원이 이미 앉아 있다. 3년 내내 그랬다. 이곳까지 걸을 때는 '나'만이 새벽을 여는 유일한 사람처럼 느끼다가 매번 '오? 이 시간에 이렇게 사람이 많아?'라는 생각을 하며 겸손해진다.

나는 '8-4'칸에 앉는다. 그래야지만 환승 시 동선 최소화가 가능하다. 이를 고려할 정도로 부지런함을 떨어야지만 6시 30분에 출발하는 KTX를 겨우 탈 수 있다. 1시간 정도가 흘러 대전역에 도착하면 대합실에서 파는 1,500원짜리 '성심당 튀김 소보로'를 아침으로 먹으면서 (서글프긴 하지만 진짜 맛있다!) 다시 지하철을 탄다. 열두 개 역을 지나 하차하여 다시 버스를 타고 20여 분 가면 학교 앞이다. 그리고 10분 정도 광활한 캠퍼스를 가로지른 후 터벅터벅 계단을 몇 층 올라가면 강의 10분 전에 강의실 앞에 도착한다. 출근에 무려 3시간 30분이 사용된 셈이다. 시간 좀 줄이고자 차를 몰고 간 적도 있었는데, 안개 자욱한 중부 고속도로를 꾸벅꾸벅 졸면서 운전하는 나를 발견하고 3시간 30분의 출근길을 선택했다.

첫차를 타면 기분이 묘하다. 정확히 말하면 첫차를 '가끔' 타니 기분이 '잠시' 묘하다. 몸은 으스러질 정도로 피곤한 상태지만 이상하게도 '내'가 좋다. 성취감 같은 것일까? 일어나자마자 첫차를 타러 온 것 외에는 실제 아무것도 한 것이 없으니 이 뿌듯함의 이유는 그냥 첫차에 몸을 실었다는 사실뿐이다.

보람은 오래 안 간다. 딱 두 정거장이 지나기 전에 나는 잠든다. 그저 조는 수준이 아니라 침을 질질 흘리는 숙면의 상태다. 3년 내내. 첫차란 그런 거다. 잠시나마 어제에 대한 반성과 오늘에 대한 각오를 하지만 '첫차를 타야 했기 때문에' 더 피곤한 육체의 상황을 정신이 거부할 순 없다. 일어나야 될 때쯤이면 피곤은 절정에 이른다. 이렇게 '녹다운'된 신체를 느끼는 순간, 조금 전의 다부진 마음은 온데간데없고 '나는 왜 첫차를 타고 살아야 하나. 이러려고 시간강사가 되었나' 하는 자괴감이 주체할 수 없을 정도로 밀려온다. 지금 이 순간만큼은 내가 한국에서 가장 열심히 살고 있는 것처럼 보이는데, 결국에는 이렇게 살지 않는 사람이 나보다 훨씬 앞서 나가 있을 것이 분명하다는 생각이 든다. 아, 보람찬 기운의 결말은 절망이구나.

성실한 것은 '성실' 그 외에는 아무것도 아니다. '굳이 첫차를 타야 하는', 그러니까 성실해야만 하는 그 절박한 상황이 겹쳐진 사람일수록 투자한 대가를 얻기란 쉽지 않다. 나는 첫차를 탔기에 논문을 쓸 시간이 없었고 그러니 대학 안에서 제때 월급 받는 일자리를 구할 수 없었다. 출퇴근에만 7시간을 허비하는 일정이 일주일에 꼬박꼬박 한 번씩 반복되는데 무슨 연구를 한단 말인가.

단지 강의를 하는 하루만의 문제가 아니다. 체력이 탕진된 다음 날도 비몽사몽이다. 또 첫차를 타야 하는 전날에는 '다음 날이 두려워' 무엇을 제대로 할 수가 없다. 뜬눈으로 밤새 논문 쓰다가는 다음 날도, 그 다음 날도 꼬인다. 그리고 굳이 서울에서 대전까지 내려가서 강의해야만 하는 절박한 사람이 다른 날이라고 호연지기를 누리겠는가. 시간강사를 하면서 가족을 부양하려면 시간을 허투루 쓸 수가 없다. 11년간 전국의 11개 대학과 대학원을 돌아다녔다. 하루에 네 곳의 대학을 다니는 일정이 있는 날에는 식사도 제대로 하지 못한다. 벤치에 앉아 처량하게 삼각김밥으로 끼니를 때우는 수준이 아니라 먹을 시간 자체가 없다. 하지만 나는 시간을 허투루 쓴 '연구 성과 없는' 사람이다. L교수의 표현대로라면 '공부하지 않는 박사'로서 학문 생태계의 암적인 존재일 뿐이다. 찬밥 더운밥 가릴 처지가 아니었던 나는, 무엇이 잘못되었는지 알지만 고리를 끊을 수 없었던 나는, 이 가혹한 평가에 결코 동의할 수 없다. 확실한 건 "가난한 사람은 바빠서 가난하다."[21]

'오늘만' 성실한 이들이 '매일' 성실한 그들보다 더 부유하리라

　나보다 더 바삐 움직여야 하는 사람은 나보다 더 가난할 것이다. 그나마 나는 일주일에 '하루만' 시간을 허비하지만 매일 첫차를 타는 사람들은 어떨까? 첫차를 탈 때마다 느끼는 놀라운 풍경은 지난주의 그 사람이 같은 옷을 입고 내 앞에 앉아 미동도 하지 않은 채 졸고 있다는 거다. 아마 어제도 저 옷이었을 것이고 내일도 같은 옷을 입고 졸고 있을 게다. 첫차를 타는 사람들에게는 첫차를 타야만 하는 형편이 있다. "첫차는 하루 벌어 하루 먹는 사람들의 발"[22]일 뿐이다.
　언젠가 항상 나와 마주보는 자리에 앉는 두 분의 대화를 우연히 엿들었다. 두 분 역시 초면이었는데, 단번에 동류의식을 느끼셨는지 말들을 이어간다. 대화는 건너편 나의 귀에 고스란히 전해진다. 드문드문 사람들이 있지만 모두가 숙면을 취하고 있고 휴대폰 만지는 소음도 없을 만큼 조용한 공간이라 더 잘 들린다. 한 명은 자신이 왕십리에 있는 빌딩에서 청소를 한다고 했고 다른 한 명은 광화문에서 청소한다면서 이것저것 대화를 이어간다. 얼마나 일하는지, 반장은 괜찮은 인간인지, 휴무는 어떻게 보장받는지, 그리고 급여는 얼마인지 등을 상세히 주고받는다. 어차피 다른 일을 하더라도 이 바닥을 벗어나지 못한다는 체념을 전제로 유용한 정보들을 주고받게 되어 즐겁다는 표정이었다.

광화문 아주머니는 지금 노조를 한창 만들고 있는데 회사의 방해가 장난이 아니라면서 속에서 열불 난다는 말을 반복했다. (상대방은 '노조'가 무엇인지 정확히 이해하지 못하는 얼굴이다.) 그러면서 한숨을 내뱉으며 말한다. "이것도 17년째야. 첫차 타고 출근한 게 17년째인데, 최저임금에서 200원만 올려 달라고 하니 관두라잖아. 어떻게 사람을 이런 식으로 대할 수 있나 하는 생각이 들더라고. 그때 노조 만들어 보자는 이야기가 나오더라. 그래서 지금 한창 진행 중이야. 이판사판인 거지. 내 권리 내가 챙겨먹으려는데 힘드네……." 이 말에 대한 다른 아주머니의 답변이 압권이었다. "그래도 좋네요. 나는 최저임금도 받아 본 적 없는데……."

이들은 (감히 비교하자면 '나처럼') 부지런함의 역설이라는 덫에 걸려 힘들어하는 중이다. 빈곤층을 25년간 추적하여 빈곤이 대물림되는 이유를 "가난을 설명하는 데 가난 그 자체만큼 설명력을 가진 변수는 없다"[23]면서 명쾌하게 설명하는 책《사당동 더하기 25》에서 조은 교수는 가난의 지난함을 단 한 문장으로 발췌해 낸다. 할머니가 가난하여 아버지도 가난하고 그래서 자신도 가난한 손자는 말한다.

"돌고, 돌고 또 돌고 계속 그 자리만 머물게 되고……. 꿈이 있어야 하는데……."[24]

이들이 가난한 건 너무 돌고 돌기 때문이다. 나 역시 정말 여기저기 많이 돌고 돌았고 11년간 제자리다. 책을 쓰고 강연을 다니면서는 이런 곳이 있었나 싶을 정도인 곳까지 간다. 시골 중에는 배차가 드문드문하여 서울에서 아무리 새벽에 움직여도 도착할 수 없는 지역도 많아 전날부터 움직이는 경우가 허다하다. 그럴수록 L교수가 젊었을 때 가졌다던 그 대단한 포부를 나는 꿈꾸기도 어렵다.

나는 청년들의 삶을 오랫동안 추적했고 책도 여러 권 집필했다. 이들은 부지런함의 역설을 적나라하게 증명했다. 보증금 500만 원에 월세 40만 원을 내고 학교 앞 원룸에 살던 대학생이 있었다. 등록금과 생활비를 마련하면서 월세까지 냈다던 학생은 진짜 부지런했다. 그 덕택에 1년간 월세 한 번 밀린 적 없다. 하지만 계약이 만료되니 주인은 월세를 10만 원 더 내든지, 아니면 보증금을 700만 원으로 올리겠다고 통보한다. 저축은 언감생심이었던 그는 학교에서 '더 멀리' 떨어진 곳으로 주거 공간을 옮겨야만 했고 통학 시간이 길어졌으니 더 부지런해졌다. 그리고 1년 후에는 더 부지런해져야 할 것이다.

첫차를 타면 가끔 '오늘 하루만' 성실한 몇몇을 만난다. 여행 가는 사람들과 출장 가는 사람들이 가끔 첫차의 풍경을 바꾼다. 이들은 새벽에 떠나는 비행기나 기차를 타야 하기에 평소와는 다른 발걸음을 했을 것이다. 여행 가는 사람들은 첫차의 공간에 어울리지 않는 여행용 가방을 끌면서 멋쩍어한다. 일용직 노동자가 분명해 보이는 사람이 땅바닥에 던져 놓은 큼직하고 먼지 묻은 가방과 참으로 대비된다. 출장 가는 이들이 입고 있는 고급 원단의 슈트도 묘한 이질감을 선사한다. 특히 가죽이 숨 쉬는 듯한 구두는 '오늘도' 성실해야 하는 다른 이들의 때 묻고 오래된 운동화와 참으로 다르다. 장담컨대 '오늘만' 성실한 이들이 '매일' 성실한 그들보다 더 부유하리라. 지금도, 앞으로도 말이다. 첫차를 굳이 타지 않아도 되는 박사들이 논문을 계속 쓸 것이고 교수가 될 것임이 자명하다. 반대로 성실한 시간강사들은 더 가난해질 것이다. 그런데 L교수는 부지런함의 역설을 알 턱이 없으니 막말을 내게 하고서도 늘 괜찮다. 나는 안 괜찮은데.

꼼수 권하는
사회

건강보험료를 절약하는 사람들

22만 2,740원. 내가 매달 납부하는 건강보험료이다(장기요양 보험료 포함). 많이 벌어서가 아니다. 납부할 금액의 절반을 책임져 줄 회사를 다니지 않는 지역 가입자들은 매달 생계를 걱정하는 수준이어도 평균적으로 10만 원이 넘는 보험료를 납부한다. 10만 원이면 세전 월 300만 원을 수령하는 직장 가입자가 내는 본인 부담금보다 높은데, 이들 중 그만한 월 소득이 있는 경우는 없다.

연봉을 세전 8천500만 원 정도 받는 직장인이 22만 원이 약간 넘는 건강보험료를 본인이 부담한다. 나는 매달 월급으로 570여만 원을 실수령하는 사람과 삶의 질은 전혀 동급이 아니지만 동급의 건강보험료를 납부하는 셈이다. 내 소득은 지역 가입자의 소득 분류표 전체

75등급에서 아래에서 열여섯 번째이고 재산은 전체 50등급 중 아래에서 열세 번째이다. 중간에서도 한참 아래라는 말이다. 한 대 있는 자동차는 아반떼 구형 모델이다. 나는 소득이 도시 근로가구 평균 이상이면 퇴출되는 임대 아파트에 산다. 여기에 거주하는 사실이 나의 소득을 증명하지만, 직장인과는 달리 가진 것 전부를 합산해서 보험료를 산정하니 중산층 이하로 살아도 중산층 이상의 금액을 내야 한다. 8월은 방학이라 대학 강의도 없고 휴가철이라 대중 강연을 할 기회도 없는 경우가 많은데, 작년에는 60만 원 벌어서 20만 원을 납부했다.

정치권에서는 매번 건강보험료 징수 문제를 해결하겠다지만 쉽지 않다. 실제 벌어들이는 소득을 중심으로 지역 가입자에게 보험료를 산정하겠다고 하면 10억짜리 아파트에 살면서 100만 원 버는 사람이 원룸에 살면서 200만 원 버는 사람보다 적게 내니 문제고, 가지고 있는 부동산 자산으로 하자니 '가진 건 집밖에 없는' 사람들의 원망이 자자하기 때문이다. 그래서 개혁이 있다 한들 단번에 피부로 체감할 정도의 변화가 있을지도 미지수다.

정책이 지지부진하니 납부자들은 매달이 유혹이다. 스스로 아낄 방법을 찾는 게 마땅해 보인다. 직장인들은 유리지갑에서 매달 꼬박꼬박 자동으로 빠져나가는 세금을 어찌 요리할 엄두를 내지 못하겠지만 프리랜서들은 날아오는 고지서를 보고 '직접' 이체 버튼을 클릭해야 하니 고민할 빈틈이 있다. 그래서 매번 무슨 방법이 있을 거라 생각하고 검색에 몰두한다. 이런 고민을 나만 하면 '그래도 세금은 내야지' 하고 말겠는데, 인터넷에는 하소연과 각종 처방전이 수두룩하다.

방법은 복잡하지만 의지의 한국인에게 불가능은 없다. 나중에 청문회에서 고초를 겪어가며 장관이 될 욕심만 없으면 어떻게든 꼼수가 가능하다. 누구의 피부양자가 되는 고전적인 방법부터 부동산 소득을 감추는 방법까지 각양각색의 매뉴얼이 즐비하다. 지나치다 싶기도 하고 가능할까 하는 의문이 드는 찰나 꼭 성공(?)한 사람들의 후기를 만난다. 읽으면 실천하고픈 의지가 샘솟는다. 유령 1인 회사를 차린 후 지인 한 명을 최저임금으로 고용한 척해서 20만 원 내던 보험료를 2만 원으로 줄였다는 누군가의 친절한 설명을 보고 있으면 처음에는 '이런 놈들 때문에 나라가 이 모양이지'라고 생각하지만 곧 '이러다가 나만 봉 되겠다'면서 자책한다. 그중 일부는 호구 같았던 자신의 삶을 자책하며 선배의 발자취를 밟는다. 미지의 세계를 내딛는 사람이 많아질수록 꼼수는 어엿한 '건강보험 절약하는 법'으로 포장된다.

아쉽다고 모든 게 정당화될 수 없다

하지만 나는 절약하라는 유혹을 매번 이겨 내고 나라가 내라는 돈을 다 낸다. 부당한 시스템에 대한 저항으로 '수정'을 요구하는 것과 현실이 썩었다면서 '꼼수'로 타인을 기만하는 것은 전혀 다른 문제다. 건강보험료가 적절하게 산정되었는가의 논의는 차치하고 공적 가치가 어떻게든 돈을 아끼겠다는 개인의 절약정신으로 굳건히 유지될 리 만무하다. 그래서 나는 건강보험을 절약하여 일상을 풍요롭게 하는 방식이 아닌, 건강보험을 꼬박꼬박 제때 내기 위한 일상의 절약을 실천 중이다. 내 삶의 다운사이징이 불편할 수도 있지만 공적 가치에 기여한다면 감당할 수 있다. 분명하게 짚고 가야할 점은 나의 절약과 어떻게든 건강보험료를 아끼려는 사람의 절약은 결코 같지 않다는 것이다.

건강보험은 '우리'를 튼튼하게 하기 위한 사회복지제도다. 아파도 돈 걱정에 쩔쩔매지 않고 누구나 치료받을 수 있는 사회에서 '희망의 미래'를 꿈꾸는 개인이 많은 건 당연하다. 한국은 1980년대 후반에야 '모두로부터' 매달 돈을 모아 아파하는 '일부를' 도와주는 것에 합의를 했다. 늦었지만 그 덕택에 한국인들은 미래를 내다볼 수 있게 되었다. 내가 아파도 무너지지 않는다는 확신이 있어야지만 노력할 의지가 북돋아지고 그래야 사회는 정체되지 않는다. 건강한 '우리'가 많아야 사회는 발전하며 '내'가 그 혜택을 받는 건 당연하다.

그래서 내게 건강보험료를 이체하는 순간은 굉장히 성스러운 순간이다. 별 볼 일 없는 나지만 이 사회의 공공성을 구조적으로 튼튼히 하는 대업에 미약하게나마 기여하고 있다는 순간을 매달 느낄 수 있기에 나는 시민으로서의 자존감을 유지한다. 몇십 억을 기부하는 부자 앞에서도 내가 당당할 수 있는 이유다. 공공과 내가 연결되어 있음에 의미를 부여하는 건 호모 사피에스만의 희열 아니겠는가.

하지만 우리는 어떻게든 돈 아껴보겠다는 사람들 덕택에 의료의 공공성이 요원하다. 이 문제의 책임을 납부자에게 전적으로 돌릴 수는 없지만 '공적 복지'가 개인의 적극적인 참여 없이 견고하게 구축될 리 없다. 건강보험 보장률 63.4%는(2015년 기준) OECD 평균 75%에 비해 턱없이 낮은 편이며, 그렇기에 중병에 걸려 보험 적용 안 되는 수술이라도 받으면 '집을 팔아서' 치료비를 내는 경우도 발생한다. 잔꾀는 부메랑이 되어 돌아온다. 이제 한국인들은 건강보험만으로는 불안하니 직장 가입자, 지역 가입자 모두 '민간 보험'에 돈을 쓴다. 특히 서민일수록 의료의 사각지대에 빠졌을 때의 피해가 더 우려된다. 그래서 나는 22만 원의 건강보험료를 내면서도 가족 네 명의 실비보험으로 매달 20만 원 이상 지출한다. 공공성의 평균적 수치를 올려놓기 위한 사회 전체의 노력이 모아지지 않으니 혹시나 잘못될 수 있는 순간을 대비한 다른 지출이 필연적으로 발생하는 셈이다. 홈쇼핑에서는 하루에 한 번은 '치료받다가 재산 탕진할 거냐?'면서 실비보험을 광고하고, 일주일에 한 번은 '아파도 가족들에게 피해 주지 않도록 도와주는' 좋은 보험을 소개하겠다는 전화가 걸려 오는 건 우리 스스로가 불안한 사회를 적극적으로 만들었기 때문이다.

절약 정신 투철한 한국인들의 버릇은 실비보험을 꼬박꼬박 지출하는 억울함을 어떻게든 보상받으려는 괴기스러운 집착으로 이어진다. 병원에서 본전을 뽑겠다는 사람들이 많다. 어차피 환급이 되니까, 안 맞아도 되는 기괴한 주사들을 피로회복제라면서 맞고 굳이 필요가 없는 물리치료를 단지 '어차피 공짜나 마찬가지'라는 이유로 받는다. 병원에서도 '어디가 아파서 왔느냐'보다 '실비보험 들었느냐'를 먼저 묻는다. 들었다고 하면 별도의 패키지(?) 코스가 있다면서 '사실상 공짜인데 안 하면 바보'라는 식의 뉘앙스를 전하며 병상에 드러누우라고 유도한다. 이런 과잉 진료 덕분에 실비보험은 매년 오른다.

인상된 실비보험은 당연히 부담이다. 그럴수록 건강보험은 너무 '비싸' 보인다. 직장 가입자들이 납부하는 소득 대비 6.12%의 보험료는 (여기서 절반을 근로자가 부담) 독일(15.5%), 일본(9.5%)에 비해 낮지만 —그래서 보장률의 한계가 있지만 — 직장인 중 사회 전체를 위해 건강보험료를 더 납부할 의지가 있다고 말하는 낭만적인 사람들은 별로 없다. 대개 보험료 인상을 생돈 뺏기는 느낌으로 받아들인다. 그러니 의료의 공공성을 제대로 갖추기 위한 조치라고 아무리 말해도 '인상'이라는 단어 하나가 머리에 입력되는 순간 화들짝 놀랜다. 놀랄수록 현재의 보험료 시스템을 불신한다. 적(敵)이 된 사회보장 제도로부터 피 같은 내 돈 지키는 건 당연하다. 그렇게 시작되는 당당한 절약이 내공이 쌓이면 세금도 무조건 적게 내는 게 능력이 되면서 탈세가 절세라는 어엿한 이름을 얻는다. 지나치다면서 고개를 갸우뚱하는 사람에겐 '이게 재테크'라면서 냉소를 보내며 자기들끼리 끊임없이 제도의 빈틈을 찾아 진화한다. 그릇된 열정을 가진 사람들이 많은 사회의 평균적 '삶의 질'이 좋을 리 있겠는가.

절약이라는 미명 아래 타인을 기만하지 마세요

단지 세금 잘 내자는 이야기가 아니다. 무엇이든 아끼는 게 능사라는 가치관이 일상을 지배하면 부끄러운 행동을 하면서도 그런 줄 모르게 된다. 절약이란 미명 아래 평범한 시민을 바보로 만드는 사람들이 많다.

나는 딸아이가 일곱 살(만 6세) 생일날부터 어린이용 교통카드를 사용케 했다. 그게 기준이었으니 당연했다. 교통비를 납부하는 건 그 비용의 적절성 논의를 떠나 '대중' 교통의 사회적 가치를 대중이 지지하는 기초적 행동이다. 사회적 수혜를 받는 '나'는 나의 비용 지출이 있음으로서 가능하다. 나는 어릴 때부터 '정당하게 납부하는 것'을 자연스럽게 몸에 익히는 것이야말로 시민으로 성장하는 데 있어서 중요한 요소라 생각한다.

하지만 '초등학교 입학 전에' 왜 억지로 돈을 내냐면서 의아해하는 사람이 많았다. 이들은 내가 만 6세부터 지불하는 게 원칙이라고 하면 "에이, 아이가 몇 살인지 누가 알아요. 그냥 타면 되지"라면서 내가 '혹시나 잘못될까 봐' 두려워해서 원칙을 포기하지 못하는 겁 많은 사람인 양 대했다. 심지어 '아낄 돈은 아껴야지'라는 표정으로 나를 절약정신이 부족한 것처럼 바라보는 이들도 많았다. 누구는 초등학교 2학년까지는 안 내고 탈 수 있다면서 자기 아이는 누가 물으면 태연히 원래 나이보다 어리게 말하도록 훈련시켜 놓았음을 자랑인 것처럼 떠벌린다. 내가 '그건 좀 아니다'라는 반응을 보이면 돌아오는 대답은 싸늘하다. "아껴야 잘 살지." 영화감독 민규동의 표현을 빌린다.

> "원칙을 경직됨으로 평가절하하며 그 빈틈마다 본인의 상대적 기준을 들이미는 순간, 유연함의 이름으로 포장된 예외의 남발을 막을 길이 없다."[25]

'그럴 수 있는데' 안 하는 걸 낭비라고 이해하는 사람들은 평범한 사람들을 머쓱하게 만든다. 단체에서 한 명에게 하나씩 주는 사은품을 슬쩍 두 개 타오는 아빠는 어깨를 으쓱거리고 엄마는 '무인도에 가서도 살 사람'이라면서 뿌듯해한다. 아이들 용품일 때 이런 요행은 적극적으로 실천된다. 이때 자녀들은 아빠가 최고라면서 '엄지 척' 포즈를 남발한다. 회사에 있는 비품을 자기 집 물건인 양 사유하면서 '이거 하나 없어진다고' 문제 될 것이 없다고 변명하고, 자동차 보험료 본전을 뽑기 위해 '비상 주유 서비스'를 고의적으로 이용한다. 기름이 떨어진 줄 모르고 운전하다 운행이 중지되는 평생에 한 번 있을까 말까 하는 급박한 순간을 '일부러' 만들어 기어코 공짜 기름 몇 리터를 받아 내고 내 권리 챙겨 먹었다며 뿌듯해한다. 상식을 지키는 보통 사람들의 보험료까지 상승되는 건 당연하다. 하긴 3~4천 원 주차 요금 아깝다면서, 길가와 인도에 주차를 하는 사람들 때문에 차들이 엉키고 보행자가 알아서 조심하는 게 일상인 나라답다.

이런 사람들이 책값 비싸다고 투덜대는 건 당연지사다. 그러니 책은 서점에서 보는 거고 필요한 부분은 요령껏 사진 찍으면 된다고 생각한다. 수십 장을 찍고 돈 아꼈다면서 떳떳해한다. 책을 이런 식으로 대하니 공공의 가치가 어떻게 유지되는지 알 턱이 없다. 책을 읽지 않으니 그런 것이기도 하고 책을 사지 않는 걸 당연하게 여기는 사회에서는 '재미 위주의 가벼운 책들만 출간해야 하는' 출판 생태계의 어그러짐이 발생하기에도 그러하다. 공공? 그게 중요한지 아닌지를 떠나 그런 책은 아무도 읽지 않기에 사라져 버린다. 절약정신이 투철해서 우리가 이만큼 살게 된 것이 아니라 쓸데없는 절약정신 때문에 딱 요만큼만 사는 거다.

모든 것을 아껴 보겠다는 사람들이 사회의 여러 공동체에서 대활약할 때, 그 사회는 끔찍해진다. 학급 회비를 슬쩍 빼돌려 떡볶이 사 먹는 반장, 취업 특강을 개최한다면서 뒤로는 기업으로부터 찬조금을 챙겨 차를 구입하는 대학 총학생회 간부, 회의비를 부풀려 유흥비를 마련하고 안 한 야근을 했다고 조작하여 받을 수 있는 최대치의 수당을 챙겨 가는 걸 당연하다고 생각하는 공무원들 그리고 정치 잘하라고 주는 여러 특혜를 자기 가족에게 사용하는 정치인 등, 이런 꼼수 좋아하는 사람들 덕택에 한국인은 '공동체 안에서 자신이 보호받는다'는 생각을 하지 않는다. 착하게 살아온 자신이 한심해 보이고 앞으로 바보처럼 살지 않겠다고 다짐한다. 각오를 다지는 사람이 많아질수록 '모두가 행복한 사회' 어쩌고를 운운하는 사람이 바보로 취급받는 건 당연하다.

 '이기적인' 공동체에서 '이타적' 개인이 존재할 리 없다. 결국 각자도 생만이 해법이기에 '나'는 우리로 뭉치지 못하고 원자화된다. 연결되지 못한 원자들은 '약하기에' 어떻게든 자신이 짊어져야 할 부담을 최소화하는 걸 상책으로 여긴다. 그것이 의무라도 말이다. 공공선을 파괴하는 행동을 감히 절약이라고 부르는 사람들이 많은 곳에서 우리의 불안은 결코 줄어들지 않을 거다.

그러면 안 되는데
그러는 이유

내게 수치심을 안겨 준 그들은 부끄러워하고 있을까?

십수 년 전 신문배달을 할 때의 일이다. 동틀 무렵에 신촌의 먹자골목을 나만 맨정신으로 돌아다니면 기분이 묘하다. 모두가 컬러 화면인데 나 홀로 흑백 처리된 유령이랄까. 내가 누군가에게 두들겨 맞아도 관심 가져 줄 사람 한 명 없을 듯했다. 나를 붙들고 술주정하는 사람, 괜한 시비 거는 깡패들, 100원짜리 동전 하나 던지면서 신문 가져가는 사람들까지 그 공간에서 나는 만인에게 만만한 존재였다. 아무도 내게 그래선 안 되는 거지만 그랬다.

그날은 연고전 기간 중 하루였다. 새벽까지 뒤풀이를 거하게 한 연세대 학생들이 곳곳에서 마지막 의식을 거행 중이었다. 다 큰 성인이 '아카라카' 어쩌고 하면서 공중도덕을 저리 무시하는 모습은 참으로

109

꼴사나웠다. 애써 무시하고 가게 안에 신문을 건네주고 나오니 사단이 났다. 다 함께 파란색 옷을 입은 무리가 내 오토바이를 둘러싸고 "○○일보는 쓰레기다!"를 외치고 있는 것이었다. 흥분한 이들은 오토바이를 발로 차서 넘어트리고 배달해야 하는 신문들을 허공에 막 집어던졌다. 내가 이게 뭐하는 짓이냐면서 무리를 비집고 들어갔지만 소용없었다. 우두머리로 보이는, 그러니까 제일 만취한 인간은 나를 바라보며 꼬인 혀로 '부역자', '친일파' 어쩌고 그러면서 중얼거렸고 그 요상한 응원 구호를 몸동작까지 곁들이며 외쳐 댔다.

요즘처럼 모든 것을 촬영하겠다는 생각도 못했지만 나를 도와주겠다며 촬영을 하는 사람도 없었다. 나는 지나간 쓰나미의 자리에서 망연자실했다. 세월이 많이 흘렀지만 아직도 근처를 지날 때마다 그날의 악몽이 떠오를 정도로 내겐 엄청난 트라우마로 남아 있다. 그들의 폭력이 무서워서가 아니라 별다른 저항을 하지 못했다는 점, 경찰을 불러야 했는데 뭐가 달라지겠냐면서 적극적인 후속 조치를 하지 않은 점, 그리고 이 소극적인 나의 모습을 그저 신문배달부의 팔자 탓이라면서 빨리 잊어버리자고 스스로에게 주문을 걸었던 기억 때문이다. 불의를 보고도, 겪고도 신세타령이나 했던 모습이 떠오를 때마다 나는 수치심에 허우적거린다. 괴로울 지경의 부끄러움을 뜻하는 '참괴(慙愧)'라는 말이 딱 내 심정을 대변한다. 미치겠다. 정작 괴로워야 할 사람들은 내가 아닌데 말이다.

그들이 부끄러운 행동을 서슴없이 할 수 있었던 이유는 무엇일까?

지금쯤 30대 중후반이 되었을 그들 중 자신의 행동으로 인해 누군가 가 오랫동안 아파하고 있다는 사실을 아는 사람이 있을까? 사람을 함 부로 대하면 안 된다는 건 초등학생도 다 안다. 그럼에도 왜 그랬을 까? 그냥 분위기가 그래도 되었기 때문이다.

부끄러움 불감증 사회

부끄러움은 인간만의 감정이다. 자신의 생각과 행동이 의도했든 아 니든 상대에게 실질적 피해를 줄 때는 물론이고 마음에 상처를 입히 는 모든 순간마다 예외 없이 느껴야 하는 겸연쩍은 감정이 바로 부끄 러움이다. 이해 못할 자가 있겠는가. "인간의 완성으로 가는 길에 반드 시 거쳐야 할 일이 '부끄럼타기'"[26]라는 말을 낯설어하는 사람은 없다. 맹자는 無羞惡之心 非人也(무수오지심 비인야), 부끄러움을 모르는 자는 사람이 아니라 했다.

사회는 사람들이 부끄러움을 제대로 느끼게 하기 위해 노력했다. 언 제 어떻게 부끄러움을 느껴야 하는지를 교육시켰다. 당연한 말 같지만 여기에 부끄러움의 본질이 있다. 외부의 힘에 구애받지 않고 스스로 느낄 수 있을 것 같은 이 감정은 실상 사회가 무엇을 어떻게 강조하는 지에 지대하게 영향을 받아 형성된다. 특히 '문화가 그러한 걸 어쩐란 말이냐', '현실적으로 다른 방법이 없다' 등의 말이 여기저기서 등장하는 한국사회에서 부끄러움은 제각각의 형태로 존재한다. 그래서 뻔뻔스럽고 부끄러움이 없다는 뜻인 '후안무치'라는 사자성어로 설명되어야 할 사람이 적반하장으로 타인을 윽박지르기도 한다.

정치인들은 여당일 때와 야당일 때 말이 너무 다르고 이를 문제 삼으면 언제 그랬냐고 천연스럽게 거짓말을 한다. 그러다가 선거 때가 되면 다시는 안 그러겠다면서 큰절을 한다. 부모들은 학부모의 가면을 쓰는 순간 폭력을 훈육을 위한 체벌이었다고 변명하고, 아이가 저지른 타인에 대한 '분명한 잘못'을 '잘못 없다'면서 덮으려 한다. 모두를 사랑으로 대한다는 교사는 '될 사람'만 밀어주는 방식으로 차별을 일삼는다. 갑질을 겪고도 참아야만 하는 서러움에 목이 메인 노동자는 소비자라는 가면을 쓰는 순간 다른 노동자 앞에서 기어코 왕 노릇을 한다. 또 운전대만 잡으면 자기가 세상의 보안관인 양 착각하는 사람들은 얼마나 많은가. 보복 운전의 가해자들은 버럭버럭 우긴다. 자신이 피해자라고.

'여측이심(如廁二心)'이라 했던가. 우리의 삶은 화장실 갈 때와 나올 때가 참으로 다르다. 그런데 이를 반성이라도 하자면 주변에서는 '대범하지 못한 성격'이라면서 수군댄다. '억울하면 출세해라', '모로 가도 서울만 가면 된다'는 말이 자연스레 남발되는 세상에서 부끄러움의 기준이 귀에 걸면 귀걸이고 코에 걸면 코걸이임을 비판하면 돌아오는 대답은 차디차다. "거 참 말 많네."

인간다움의 조건이라는 부끄러움이 원칙 없이 팔색조로 응용된다는 것은 일상생활에서 부끄러움이 그다지 인간성을 결정짓는 요소가 되지 않음을 뜻한다. 타인을 배려하지 못함에 부끄러움을 느끼는 게 아니라 부끄러워할 필요가 없다는 합리화만이 강하기 때문이다. 내게 수치심을 안겨 준 술 취한 명문대 학생들도 이런 분위기에 길들여졌을 것이다. 게다가 이들은 혼자가 아니라 집단이었다. 문제가 있다 한들 책임이 분산되니, 보수 언론에 대한 평소의 소신을 분노로 전환할 수 있었을 게다. 지금도 당시의 자신을 떠올리며 정의로웠던 혈기왕성한 모습을 추억할지 모를 일이다.

폭력이 '지조'로 포장될 수 있는 곳에서 차별을 차별이 아니라 하는, 폭력도 때론 필요하다는, 혐오를 할 만한 이유가 있다는 사람을 만난다는 건 놀라운 일이 아니다. 가난으로 힘들어하는 사람에게 자꾸만 예외적인 이야기를 꺼내며 성실, 노력 어쩌고 등의 말 같지도 않은 단어로 우롱하고, 자기 권리랍시고 타인을 조롱하는 사람들이 만연한 이유는 다 그래도 되기 때문이다. 교과서에서 배운 대로 사는 사람이 바보가 될 뿐이다.

한 걸음만 떨어져서 보면 너무나 부끄러워 얼굴이 화들짝거리겠지만, 문화라는 오래된 습속에 길들여지면 원래의 길에서 한 걸음조차 옆으로 내딛기가 힘들다. 나아가 타인이 다른 방향으로 한 걸음만 옮기려는 것도 쉽사리 용납하지 않는다. 한국인들은 사람이라면 정말로 필요한 부끄러움을 자의적으로 해석하며 누군가를 상시적으로 아프게 한다.

눈여겨봐야 할 것은 얼굴 붉어져야 하는 순간을 모르는 사람들이 실제 생활에서는 '부끄럽다'는 말을 부단히도 내뱉는다는 거다. 타인에게 상처 준 것에 대한 반성이 아니다.

차별을 차별이 아니라는 차디찬 현실에서, 폭력에 그럴만한 이유가 있다는 폭력적인 사회에서 사람들은 자칫 발을 잘못 디뎌 천 길 낭떠러지로 추락하는 것을 예방하고자 스스로에게 가혹한 채찍질을 하며 산다. 사회에 기댈 수 없는 곳에서 자신을 보호하고자 각오와 다짐들이 잦아지고 이것이 강박이 되면 사소한 어긋남에도 자괴(自愧)한다. 혼자 부끄러워만 하면 다행이겠지만 사람이 강박에 갇히면 주변 사람들이 제일 힘들다. '내가 괜찮기 위한' 노력이 다른 이를 괜찮지 않게 하는 셈이다. 우리의 부끄러운 일상을 더 파헤쳐야 하는 이유다.

하 나 도
괜 찮 지
않 습 니 다

PART
02

그게 다 강박인 줄도 모르고
별 걸 다 부끄러워하라는 사회

습관 가운데서도 가장 바꾸기 어려운 것이
정신의 습관이다.

.

정수복, 《한국인의 문화적 문법》중에서[1]

남자다움,
여자다움에 집착하지 마세요

'억울한' 남자는 어떻게 탄생하는가?

아내가 다섯 살 막내를 엄하게 꾸짖는다. "남자가 여자 때리면 안 된다고 했지!" 요즘 막내는 불의를 보면 다 때려 부수는 정의의 사도들 이야기를 자주 접했는지, 주먹으로 누군가를 '때리려는' 자세를 잘 잡는다. 누나가 안 놀아 준다고 이런 포즈를 취하자 아내가 따끔하게 혼내는 모양이다. 남매 있는 집에서는 익숙한 일상, 하지만 내게는 불편한 상황이라 기어코 아내에게 한 마디를 한다. "여기서 남자, 여자가 왜 나와? 사람이 사람 때리는 것을 부끄러운 거라고 가르쳐야지."

아내는 왜 집에서도 사회학 선생질이냐는 표정이지만 나로서는 아이들이 '돈 안 되는 사회 비판 책을 집필하는' 아빠를 둔 장점이 조금이라도 있길 희망하니 물러설 수 없는 지점이다. '사람'이 들어갈 자리에 남자, 여자를 자꾸만 집어넣으려는 인류의 습관을 내 아이들은 낯설어했으면 좋겠다. 쉽지는 않다. 아내도 나도 '남자답게', '여자답게'라는 말을 오랫동안, 그리고 자주 들으며 성장했다. 태중에 있을 때부터 나는 블루, 아내는 핑크로 불렸다. 세상에 나오니 어른들은 내게는 로봇을, 아내에게는 인형을 손에 쥐어 주었다. 가정과 학교에서 나는 "사내자식이 왜 우냐"는 말을, 아내는 "여자아이가 왜 그리 칠칠맞냐"라는 얘기를 일상적으로 들었다. 지금의 나는 이 모든 과정을 거쳐 온 '나'다. 젠더 감수성을 향상시키기 위해 여러 노력을 하고 있지만 현미경으로 일상의 순간순간을 관찰해 보면 우리는 남자답지 않은 게 두려워서, 여자답지 못할 때가 민망해서 '몸이 익숙한 대로' 살고 있을 거다. 이것이 그러려니 하고 넘어가야 할 '평범한 일상'에 자꾸만 균열을 일으켜야 하는 이유다.

남자든 여자든 '때릴' 권리는 없다. 누구도 '맞지 않을' 권리가 있으니 당연하다. 하지만 '남자가 여자 때리는 거 아니야'라는 건 폭력 자체에 엄중한 경고보다 왜 '강한' 남자가 '약한' 여자를 배려하지 않느냐면서 문제의 본질을 다른 맥락으로 전환시켜 버린다. 오히려 '남자라면' 지당 참아야 한다는 느낌에는 경우에 따라 '맞을 만한, 그래서 때려도 되는 상황'이 있을 수 있다는 뉘앙스다. 여기에 젖어 들면 "네가 여자라서 참는다"는 해괴망측한 의지 표현을 자랑이랍시고 떠벌리고 다니는 이상한 남자가 탄생한다.

참기라도 하면 다행이다. 이상한 의지로 버티는 남자들은 여자를 잘 때린다. 당연히 하지 말아야 할 짓을 '참는다'고 이해하면 '손해 본다', '그래서 억울하다'고 생각이 확장되기 때문이다. 데이트 폭력의 99.9%가 남자가 여자를 때리는 형태다. "헤어지자!"는 말은 남녀 모두가 다 할 터인데, 열받는다고 상대를 때리는 사람은 왜 어릴 때부터 '남자가 여자 때리는 거 아니야'라는 말을 줄기차게 들었을 남자일까? "감히 네가 나한테 이럴 수 있냐!"는 데이트 폭력의 현장에서 빠짐없이 등장하는 말이다. '강자라서' 배려를 하다 보면 배려받는 자는 만만한 '약자'로 인식되어 상황이 급변하면 '감히 네가'라는 생각이 자동적으로 튀어나온다. 배려한 만큼 배려하는 쪽이 사랑을 좌지우지해야 하는데 상황이 반대로 흘러가니 자신이 '억울하다'고 생각하고 뚜껑이 열린다.

남자들만 이상하게 성장해서가 아니다. "남자가 여자 때리는 거 아니야"라는 말은 '여자인' 아내가 아들이 '쪼잔하고 좀스러운' 남자가 되지 않길 희망해서 한 말이다. 그리고 '딸'도 들었다. 누구나 무례한 사람을 싫어하지만, 여자들은 '남자의' 배려 없음을 더 싫어한다. '매너가 꽝인 남자다'라는 표현이 이상하리만큼 특정 성별에게만 적용되는 이유다. 아내의 걱정대로 딸도 남자를 바라보는 기준을 굳건히 만들어 "이 정도는 남자가 해야지", "뭘 이런 걸로 남자가 화를 내?"와 같은 말을 할지 모른다. '사람'이 들어갈 자리에 남자, 여자를 넣어 보자고 다 같이 '협심'하니 어찌 우려가 안 되겠는가.

배려가 배제로

　요즘 세상에 남자다움, 여자다움을 누가 강요하느냐는 사람도 있다. 과거처럼 남자들은 밥 먹고 여자들은 접시 나르는 모습으로 명절 풍경을 묘사하던 삽화가 교과서에 등장하지는 않으니 변화의 조짐이 있다고는 하겠으나, 현장에서 달라진 흔적을 발견하긴 힘들다. (성차별 가득한 교과서 삽화가 일부 수정된 것이 고작 2008년이다.) 예나 지금이나 학교 운동장에서 자유롭게 뛰어다니는 아이들의 성별이 확연히 한쪽인 것처럼 남녀가 '자연스럽게' 구분되어 있는 공간들은 여전히 많다. 딸아이가 다니는 학원에서는 가끔 토요일마다 간식 먹으며 영화를 보는 시간이 있다. 영화 보고 온 아이가 말한다. "아빠, 오늘 여자는 나밖에 없었어." 영화의 제목은 〈레고 닌자고 무비〉였다. 검색하면 멋진 닌자 캐릭터들과 '아빠와 아들을 위한 맞춤 영화'라는 평들을 곳곳에서 볼 수 있다. 아직 '삽화 교체'의 효과는 없나 보다.

　그래도 21세기에 육아를 하게 되었으니, "예전에는 이런 거 남자만 좋아했는데 요즈음은 많이 달라졌어"라고 말하는 현장을 자주 목격할 줄 알았다. 하지만 '어휴, 여전하구먼'이란 표현이 적합한 순간순간을 종종 접한다. 내가 방송에서도 말한 바 있는 딸아이 로봇공학 포기 사건도 남자다움, 여자다움을 여전히 강요하는 사회의 결과다. 딸은 방과 후 수업으로 로봇공학 과목을 신청했다. 그런데 교실에 가보니 남녀차별 없다는 요즘 세상에 '혼자' 여자였다. 요즘 세상에 아이의 관심사를 '여자라는 이유로' 짓밟는 가정은 없을 게다. 하지만 남자가 여자 때리면 안 된다고 말하는 데 익숙한 사람들은 딸이 양치질하다가 치약 거품 한 방울 옷에 떨어진 걸 보고 "넌 여자가 왜 그렇게 조심성이 없냐!"고 말했을 거다. "여자가 말투가 왜 그래?"라는 말도 일상적이었을 거고 '조신하다'는 표현도 성별 '가려' 사용하지 않았을까? 이 차이는 곧 관심사의 차이로 이어져 로봇공학 교실에 "사내아이라 로봇 좋아하는 거 봐라"라는 말에 익숙한 남자아이가 많고, "얘는 천생 여자다" 소리를 들으며 귀여운 앞치마 두르고 앙증맞은 자세로 쿠키를 만들었던 여자아이가 희박한 결과를 만든다. 초등학교 방과 후 교실에서의 성별 차이는 고스란히 공대에는 남자들이 득실대는 현실로 이어진다. '문송('문과라서 죄송합니다'의 줄임말)'이라 할 정도로 취업이 힘들어 허덕이는 문과에 여자들이 많은 이유이기도 하다.

내 딸은 어찌 되었을까? '남자가 여자 때리는 거 아니다'라고 생각하는 세상에서 딸은 여러 배려를 받았다. 교사는 홍일점이 대견하게 보였는지 끊임없이 도움을 주었고 딸은 그런 배려에 익숙해졌다. 스스로 극복해야 할, 깨우쳐야 할 순간순간마다 딸은 '여자라고 배려해 주는' 사람들 덕택에 늘 2% 부족하게 배웠다. 1년이 지나니 실력이 '부족한' 자신의 모습을 발견한다. 옆에 남자아이들은 만들고 부수고 응용하고를 반복하는데 자신은 여전히 설계도를 보고 끙끙거린다. 결국 스스로가 재능이 없다고 판단, '포기' 선언을 한다. 앞으로 '과학'은 자기 적성에 맞지 않는다고 생각할지도 모른다. 교실 안에서 누구도 여자를 무시하지 않았다. 차별이 아니라 배려가 꽃피고 있었지만 딸아이는 앞으로 경제활동에서도 배제될 확률이 높아졌다. 관심 좀 가져 보려다가 싹이 잘린 자신의 경험을 바탕으로 '여자는 안 되더라'는 생각을 가지면서 여자아이에게 로봇 쥐어주는 걸 어색하게 여기는 어른이 될 수도 있다. 자연스레 "남자라면 그런 것쯤은 할 줄 알아야지"라는 말도 자주 뱉을 게다.

힘들 일을 하지 않은 여자들은 과연 좋을까?

대학생들에게 인기 많은 해외봉사 동아리가 있다. 기업의 후원이 좋아 스케일이 크다. 가난한 나라 어디로 날아가 현지 공무원의 도움을 받으며 안전하고도 체계적인 봉사활동을 한다. 스펙과 스토리에 목말라 있는 대학생들에게 일타쌍피의 효과가 있다. 이 동아리에서 활동했다는 것만으로도 입사지원서가 도드라지고 자기소개서에는 적을 말이 많다.

동아리가 요즘 내홍이 깊다. 남자들이 '여자들은 봉사활동 와서 편한 일만 한다'면서 불만을 지속적으로 제기하고 있어서다. '봉사활동을 어디에서 했다'는 기록은 동일한데, 실제 고생 차이는 너무 다르니 이런 역차별이 어디 있냐는 거다. 여자들은 노력도 안 하고 챙겨만 먹는다나 뭐라나. 남자라고 '당연히' 고생을 더 해야 하는 건 부당하니 틀린 말은 아니다. 그런데 과연 남녀 모두 같은 보상을 받고 있을까?

봉사활동 현장만을 놓고 보면 남자들이 훨씬 땀을 많이 흘리는 건 사실이다. 동아리 시스템은 성별에 따라 최적화된 임무를 각자에게 부여한다. 20년 동안 동아리를 거쳐 간 남녀들이 자연스레 만들어 놓은 규정이다. 로봇공학 잘하는 남자들은 현지에서도 스케일이 '큰' 일에 투입된다. 단순히 힘 좋다고 힘든 일을 하는 게 아니라 봉사활동의 수준을 넘어서는 일을 한다. 현지 관계자의 도움을 받아 가며 도로 포장, 집짓기, 우물 파기(지하수 개발) 등이 주요 업무다. 일은 진짜 고되다. 땡볕에서 엄청난 중장비 사이를 오가는 위험천만한 봉사활동이다. 반면에 여자들은 타지에서도 남자에 비해 여러모로 배려를 받는다. 주로 하는 일이 빨래, 음식 제공, 영어 교육, 건물에 페인트칠 정도다. 객관적으로 여자는 남자에 비해 '다칠' 확률이 낮은 봉사활동을 한다. 늘 배려해야 하는 존재인 남자는 죽을 맛이다.

그런데! 역차별은 놀라운 반전으로 이어진다. '남자는 힘든 일 좀 할 줄 알아야지'라는 빌어먹을 고정관념 때문에 죽도록 고생했던 남자들은 '남자가 힘든 일은 잘하지'라는 고정관념을 가진 기업들로부터 러브콜을 받는다. 이들이 남자라서가 아니라, 남자라서 가능했던 '죽도록 고생했던' 경험 때문이다. 취업 준비생들은 기업이 제시한 몇 가지 항목에 맞추어 자기소개서를 작성해야 한다. 물음이 이렇다. '불가능하다고 여겼던 일을 극복한 경우를 구체적으로 작성하시오', '본인의 삶에서 가장 전문적인 영역에 대한 성취가 무엇인지를 구체적으로 작성하시오.' 도로 포장, 집짓기, 우물 파기가 빛을 발하는 순간이다. 지하수가 샘솟았던 순간을 경험한 남자들은 적을 내용이 많다. 그리고 배려 받았던 여자들은 강렬함이 약한 '빨래'로는 '우물 파기'와 맞설 경쟁력이 부족하기에 바늘구멍 통과가 어려워진다. 겨우 통과하더라도 여자들은 '도로 포장' 같은 막중한 업무를 맡지 못하니 다음 라운드에서 위태롭다. 승진 속도가 성별에 따라 괜히 다르겠는가.

페미니즘을 주제로 강연을 하다 보면 "남자가 군대 다녀와서 무슨 이익이 있습니까!"라는 항의를 받는 경우가 있다. 제대할 때 무슨 돈이라도 준다는 말이 아니다. 하지만 '군 복무'가 '남자다움'의 웬만한 평균치를 보장한다는 징표가 되면서 남자들은 '군대 갔다 왔으니' 조직을 이끌어 보길 권유받고(복학생은 대학 조모임에서 십중팔구 조장이 된다), '군대 갔다 왔으니' 극한의 일을 경험한다. 남자는 자연스럽게 리더십을 배우고 도전정신은 물론 주어진 일을 종합적으로 고려하여 체계적으로 해결해 나가는 능력을 갖춘다. 기업은 남녀를 차별하지 않고 '리더십', '열정', '구체적인 문제해결능력'을 중요하게 평가한다. 그러니까, 그게 결국은 남녀차별이 된 셈이다.

차별이 지속되면 권력의 크기가 달라지니 남자와 여자는 결국 강자와 약자의 다른 말이 된다. 자연스레 '배려의 역설'이 끊임없이 반복될 수밖에 없다. 기업 잘못이겠는가. 남자는 화성에서 왔고 여자는 금성에서 왔으니 남자는 이성적이고 여자는 감성적이라는 말이 여전히 부유하는 사회의 당연한 결과물일 거다. 남자다움, 여자다움이라는 강박

에 사로잡힌 우리들의 평범한 일상이 성찰되지 않는 한 변화는 어렵
다. '남자가 여자 때리면 안 된다'는 표현에 화들짝 놀라는 건 그 시작
일 뿐이다.

제발 혼자만
열심히 사세요

성과 없는 성실은 앙꼬 없는 찐빵

1978년에 태어난 그녀는 평범하게 살았다. 초·중고 12년간 한 번도 부모님께 걱정 끼친 적도 없다. 지방에서 대학을 다니며 장학금도 곧잘 받았다. 다만 세상은 특별한 게 없는 자를 보잘 것 없는 인간으로 취급했다. 그저 성실하게 산 자에게는 평범조차 보장하지 않았다.

여성, 지방대, 그리고 인문 계열이라는 그녀의 조건은 (언제나 그랬지만) 2000년대 이후의 취업 시장에서 절대적으로 불리했다. 겨우겨우, 그것도 간헐적으로 130만 원 언저리의 급여를 받는 일자리를 구했다. 물론 비정규직이었으니 2년 이상 근속하지 못했다. 어쩌다 보니 그저 사람 좋은 게 장점인 동네 오빠와 결혼하고 출산도 했다. 아, 경력은 당연히 단절되었다.

그녀는 자신의 천성이 낙천적이라 생각했건만, '굶지만 않아도 행복하다'는 식의 정신적 의지만으로는 현실의 물질적 고충이 사라지지 않았다. 생계는 점점 어려워졌고 '돈 없으니' 행복의 크기도 쪼그라들어 '언젠가 잘될 거야!'라는 자기암시도 공허하게 느껴졌다. 다시 일을 하기로 결심했지만 10년 동안 살림만 한 마흔 살 여성이 선택할 수 있는 일자리로 무너진 삶의 토대를 개선하기는 어려웠다. 행복해지려고 일을 했는데 상황이 나아지지 않으니 일을 할수록 짜증만 늘어나는 날들의 연속이었다.

그녀가 친구를 만난 건 육체와 정신이 무너질 때쯤이었다. 친구는 딱 맞는 일자리가 있다고 한참을 떠들더니 마침 그 회사가 채용설명회를 하는 중이라며 그녀를 끌고 갔다. 친구가 말한 회사는 '다단계 영업'으로 익히 알려져 있었다. 그녀도 이미 몇 번이나 할까 말까를 고민하다가 리스크가 너무 커서 단호히 포기했었다. 그래서 친구에게 이게 뭐냐고, 왜 이런 곳에 자신을 데리고 왔냐고 화를 냈지만 친구는 눈 한 번 깜빡거리지 않고 "우리의 네트워크 영업 시스템을 베낀 후발 주자들이 돈에만 눈멀어 불법 다단계 영업을 한 것이 문제지. 사람들이 잘못 생각하는 지점이 꽤 많아. 여긴 차원이 달라"라고 말한다. 마치 상황을 기다렸다는 표정으로 친구는 '머리에 입력된' 말을 능숙하게 내뱉는다. 그녀는 이 말을 자신도 즐겨 사용할 줄 그땐 몰랐다.

강사는 다단계에 대한 오해 A부터 Z까지를 풀어주겠다고 했고 막힘없는 신통방통한 설명에 그녀는 오해가 하나둘 풀려 가기 시작했다. 강사는 어떤 말이든 결론은 "이걸 안 할 이유가 없다"였다. 이 역시 그녀가 나중에 자주 하는 말이 되었다. 강연이 끝나고 며칠이 지나자 친구는 마음이 흔들리는 그녀를 다음 코스로 안내했다.

가 보니 이 바닥에서 전설이 된 사람의 강연이 진행 중이었다. 역시나 그녀의 머릿속에 있는 궁금증을 어떻게 저리 잘 알고 있을까 싶을 정도였다. 칠판에 곱하기 표시가 여러 개 등장하고 사다리가 몇 개 그려지니 처음 시작한 금액이 어마어마하게 불어났다. '시작은 보잘 것 없어도 끝은 창대하다'는 말은 이런 경우였던가. 그녀는 '과연 돈을 벌 수 있을까' 하는 의심을 누그러트렸다. 강사의 과거는 그녀보다 더 비루했다. 하지만 독하게 마음먹고 독하게 살면서 모든 게 달라졌단다. '독'이 족히 수백 번은 등장했다. 하이라이트는 통장 공개의 순간이었다. 수백 명의 사람이 "우아~"라고 합창하며 탄성과 침묵을 교차시켰다. 몇 년 전까지 하류 인생을 살던 사람이 1년에 1억 이상의 수익을 올리는 모습을 눈으로 직접 본 그 순간이 그녀 인생의 터닝 포인트였다.

그녀는 반성했다. 왜 나는 현실에 안주했을까. 그저 열심히 살았으니 된 거 아니냐면서 하루하루를 낭비한 자신이 부끄러웠다. 성과 없는 성실은 앙꼬 없는 찐빵에 불과하다. 삶을 버틴다는 수준으로는 어림도 없다. 미래를 개척하기 위해 더 독해져야 했다. 독하게 산다는 건 다른 거에 대한 관심을 끊고 '하나의 목표'만을 생각하고 살아야 함을 뜻했다. 사람 가려가며 영업해서도 안 되고 윤리 따져가며 설명해서도 안 된다. 돈을 버는 방법을 가르쳐 주겠다는 주변의 독설에는 익숙해져야 하고 부모든 절친한 친구든 다단계 영업을 약간이라도 부정적으로 생각하는 조언을 건넨다면 무조건 귀를 닫아야 한다. 독하지 않으면 이 바닥에서 성공할 수 없다. 그녀는 '어차피 바닥이니 도전하지 않을 이유가 없다'고 생각했다. 자신보다도 변변치 못했던 자가 눈앞에서 '억'이 찍힌 통장을 보여주고 있는데 무엇을 망설인단 말인가. 그녀는 달라졌다.

그녀는 독하게 영업했다

내 휴대폰에 저장되어 있지 않은 번호로 전화가 걸려 왔다. 알고 지낸 지는 20여 년이지만 그리 친분이 없던 사람이었다. 얼굴 본 지는 10년쯤 되었을 게다. 상대는 안부 인사도 없이 내일 특별한 일 있는지를 물었고, 별 약속 없다고 하자 다짜고짜 "그럼 됐네. 나 서울 가니까 보자"면서 북 치고 장구 쳤다. 당황스러웠지만 그렇다고 매몰차게 거절할 만큼의 관계는 아니어서 나는 이런 식으로도 봐야지 사람 인연이 계속되는 것 아니겠냐며 애써 즐거운 마음으로 약속 장소로 나갔다. 누구의 아내인 그 사람은 누구의 남편인 나를 보자마자 팔짱을 끼면서 과하게 반가워하더니 무작정 어디로 끌고 갔다. 나를 불러낸 사람은 좀 전의 '그녀'다.

그곳은 그녀가 일하는 회사의 축제(?)가 진행되는 대형 전시장이었다. 인기 가수들이 노래를 부르고 있었고 여러 부스에서 자사 제품들을 사은품으로 뿌리고 있었다. 주변 사람 끌고 와서 영업하라는 취지의 행사였다. 엄청난 규모라 화려하고 전문적인 느낌이 물씬 풍기니 다단계 영업을 상징하는 회사 브랜드에 대한 보통 사람들의 고정관념을 희석시키기에는 안성맞춤이었다. 이를테면 '너희들 생각처럼 우리가 음지에서 이상한 물건이나 거래하는 줄 아느냐'고 당당하게 말하는 느낌이랄까.

그녀는 행사장 한 쪽에 (전화했을 때처럼) 막무가내로 나를 앉혀 놓고 '독한 영업'을 시작했다. 그녀는 (강제로 구입한) 상황별 고객응대 요령이라는 책자와 CD를 통해 배운 대로 내게 설명했다. 종이에 그림을 열심히 그렸는데 동그라미와 화살표가 많이 등장하더니 조직도 느낌의 표가 뚝딱 완성되어 갔다. 허무맹랑한 다단계가 아니라 논리적인 네트워크 영업이라는 걸 증명해 보이겠다는 강박이 느껴질 정도였다. "A라는 사람이 있어, 이 사람에게 물건을 사면 사는 사람에게도 돈이 생겨. 그런데 B라는 사람은 아니야." 대강 이런 식이었다. 자신에게 물건을 사라는 건지, 아니면 나도 물건을 파는 사람이 되라는 건지 알 수 없었지만 어쨌든 이걸 하지 않을 이유가 없음을 골백번은 강조했다.

나는 만남의 목적을 알았을 때부터, 그러니까 만나자마자 불쾌한 반응을 보였지만 그녀는 끈질겼다. 아랑곳하지 않았고 예의는 눈곱만큼도 없었다. 초반에 물러서면 아무것도 이룰 수 없다는 다짐을 독하게 실천하는 모습이었다. 그녀가 믿는 건 일상에서 반드시 구입해야 하는 소모품을 자신을 통해서 구입하면 '돈을 쓰고도 돈을 버는데', 사람이라면 이를 외면하지 않을 거라는 확신이었다. 나는 몇 번이나 모든 사람들이 경제적 효율성에 근거한 소비만을 하는 건 아니라고 정중하게 설명하며 이제 '그만하라'는 신호를 끊임없이 보냈지만 통하지 않았다. 그녀는 자기가 구입한 '누구나 억대 연봉자가 될 수 있다'는 제목의 CD를 주면서 일단 한 번만 들어보고 결정하라면서 한발도 물러서지 않았다.

진짜 독했다. 독했으니 몇 명의 고객을 확보했을지 모르겠다. 독해서 고객이 생기고 그래서 수입이 늘어날 때마다 그녀는 왜 진작 독하게 살지 않았는지 후회하면서 타인을 막무가내로 대하는 자신의 현재를 정당화할 것이다. 관계가 끊어져도 다짐은 변치 않는다. 한 명이라도 자기 그물에 걸리게 하기 위해 여러 명을 일단 찔러 보는 건 문제도 아니었다. 포섭되지 않은 나는 앞으로 그녀를 결코 만나지 않을 거다. 단지 그녀가 나를 성가시게 해서가 아니다. 그녀는 자신의 목적을 이룬다는 목표로 나의 '소비 철학'을 우습게 보았다. 억대 연봉자가 되겠다는 꿈이 아닌 다른 의미를 부여하며 소비하는 사람들은 바보일까? 내가 종종 구입하는 사회적 기업에서 생산한 제품들이 그러하다. 정말 내 삶에 유용한지, 품질과 가격의 적정성을 따져 보지 않고도 사회에 기여한다는 의미만으로도 인간은 소비할 수 있다. 본능이 이기적이든 말든 이타적인 게 중요함을 배웠고 실천할 수 있기에 사람이다. 이 선택은 내 고유의 것이고 그래서 누구에게도 무시당할 수 없다. 고유해서만이 아니라 사회 전체를 이롭게 하는 가치마저 있기에 존경까지는 아니지만 존중받아 마땅하다고 생각한다. 하지만 '독한' 그녀는 나의 가치관을 자신이 최고에 오르기 위해서는 반드시 뚫어야 하는 장벽 정도로 이해했다. 아마 성공했다면 회사의 모범 사례가 되어 여기저기서 강연을 했을 게다.

독함은 인간에게 권장될 수 없다

서점을 가 보면 무시무시한 제목의 책들을 쉽게 만난다. 잘 팔리니 눈에 잘 띄는 곳에 노출되고 그러니 더 팔리고 더 노출된다. 독설, 독해져라, 독하지 않으면 살아남을 수 없다, 인생에 한 번이라도 독해 본 적이 있는가, 독해서 불가능한 것은 없다, 독하지 않은 자들이 핑계를 댄다, 독한 공부, 독한 영어 정복, 독한 독서, 독한 육아……. 온 세상이 독해지길 강조한다. 여기서 '독(毒)하다'는 '독기가 있다', '마음이나 성격 따위가 모질다'는 뜻이다. 어떻게 보아도 인간에게 권고될 성질이 아니다. 그러니 우리에게 필요한 것은 독하지 않았다는 부끄러움이 아니라 이토록 독해지길 강요하는 이 빌어먹을 세상에 대한 진득한 분노여야 한다. 물론 글로만 그러길 바란다. '말로써' 어디 가서 이딴 불경스러운 의미를 풍기면 큰일 난다. '독'을 포기하겠다는 개인은 '암'적인 존재가 되어 사회생활에서 불이익을 겪는다. 잘못하면 자신이 죽는다면서 독한 마음을 품고 사는 사람들이 현실에는 훨씬 많다.

　독해져서 절망을 희망으로 바꿔나간 예외적 개인들은, 정확히는 '독함'만이 자신의 상황을 현재에 이르게 했다고 철저하게 믿는 개인들은 이런 이야기에 현혹당하는 데 익숙한 타인을 만나 삶의 비법을 전수하기 바쁘다. 독해지면 안 될 것이 없다는, 그러니까 모든 문제의 원인을 개인에게서 찾아야 한다는 사람들이 늘어나니 원래 엉망인 세상은 더 엉망이 된다. 그러니 웬만큼 독해져도 성과는 없고 남은 건 독하지 않는 상대를 비꼬면서 자신이 잘 살고 있다고 자위하는 것뿐이다. 독하게 절약하는 친구 이야기로 마칠까 한다. 그는 가난하니 절약하는 건 당연한 거 아니냐는 지론을 갖고 살아간다. 여기까진 좋다. 하지만 독한 만큼 다른 이를 모욕한다. 그 친구가 집에 놀러왔을 때의 일이다.

　친구의 아이는 내 아이의 컬렉션인 '터닝메카드 메카니멀' 시리즈에 꽂혀서 함께 논다. 말이 컬렉션이지 수십 개 시리즈 중 서너 개다. 비록 운동화 박스에 보관하지만 아이에게는 보물 1호다. 주먹보다 작은 크기의 완구가 1만 원이 훌쩍 넘으니 지나치게 상업적이라는 비판도 있지만, 자동차가 로봇으로 단번에 변신하는 메카니멀을 좋아할 만한 시대에 태어난 아이에게 나는 부모로서 최소한의 문화적 추억은 남겨 주고 싶었다. 그래서 과하지 않게, 중독되지 않도록 지도하면서 사 주는 편이다. 내가 어릴 때 《요괴대백과》 사전 시리즈를 구하려고 온 동네 문방구를 다 찾아다녔던 기억이 지금도 소중해서다. 어른의 소비 철학이 아이가 또래 문화와 단절되는 지경으로 이어져서야 되겠는가. 온갖 것이 '뽀로로'로 도배되면 웃기겠지만 그런 거 하나 없이 어린 시절을 보내게 할 수는 없다. 그래서 나는 아이들과 어린이 뮤지컬도 가끔 보는 등 나름의 지출을 '시대에 맞게' 하려고 노력하는 편이다.

하지만 친구는 나의 소비 형태를 뱁새가 황새 따라다니는 분수에 맞지 않는 모습이라면서 비아냥거렸다. 평소에도 친구는 내가 스타벅스 텀블러를 이용하는 것을 볼 때마다 "너는 임대주택 살면서 그런 걸 돈 주고 사는 게 부끄럽지 않냐? 독하게 아끼면서 살아야지"라는 막말을 서슴없이 할 정도로 절약이 곧 자신의 정체성이었다. 사람들이 생수를 돈 주고 사 먹는 걸 이해 못 하는 걸 넘어서 욕을 하는 친구였다. 아니나 다를까 친구는 자기 아이를 흥분시킨 내 아이의 장난감을 몇 번 만져보더니 이게 얼마냐고 물어 본다. 신제품은 2만 원도 넘고 시간이 지나면 1만 원 초반대로 떨어질 때도 있다고 하니 그는 어이가 없다는 표정을 지으며 말한다.

"딱 3천 원 정도 수준으로 보이는데, 이걸 그 돈 주고 사?"

그 순간 머쓱해지지 않을 사람이 있을까. 친구가 해야 될, 아니 할 수 있는 유일한 말은 "요즘 장난감이 비싸다더니 우리 때와는 다르네" 정도였다. 그러면 내가 "나도 너처럼 돈 아끼고 살아야 하는데, 이런 거 산다고 돈도 못 모아"라면서 자연스레 '절약왕' 친구를 으쓱하게 해 줬을 것이다.

하지만 친구는 나와 관계를 지속하는 것보다 신기한 장난감을 처음 보고 눈이 휘둥그레진 자기 아이에게 자신의 독한 절약이 왜 중요한

지를 어떻게든 언급하는 게 우선이라 생각했다. '왜 아빠가 이딴 쓰잘 머리 없는 장난감을 평소에 사지 않는지'를 말하고 싶었을 게다. '내'가 바보가 되었으니 아이는 충분히 수긍하지 않았겠나.

시계 좀
그만 보시죠

휴식 시간조차 아껴야 한다는 강박

나는 최근에 새로운 고민이 생겼다. 부모로서, 자녀들에게 알려줘야 하는 '세상을 살아가는 방식'에 하나의 목록을 추가했는데 여간 모범적인 모습을 보여 주기가 어렵다. 솔직히 내가 잘 실천을 못하니 나처럼 아이들이 살지 않기를 바라는 마음이었나 보다. 고도의 전문 역량이 필요한 것이 아닌데도 쉽지 않다. 잘 쉬는 것, 이를 몸소 실천하기가 난 잘 안 된다.

그냥 쉬고 싶을 때 쉬면 되지, 거창하게 '부모 역할' 운운하느냐는 사람들이 있겠다. 원하는 대로 쉼이 제대로 이루어지지 않으니 문제다. 일단 나는 잘 쉬지 않는다. 잠도 좋아하지 않지만, 7~8시간의 수면을 취했다면 그걸로 하루 중 쉼은 끝이다. 눈이 떠 있을 때는 일한다. 가끔 아이들과 놀더라도 '몇 시부터는 아빠 일해야 된다'는 신호를 끊임없이 보낸다. 유난을 떨어서가 아니라 일이 깔끔하게 끝나지 않은 상태에서의 태평성대 휴식을 부끄럽게 여길 뿐이다. '숨' 쉬고 살아가기 위해서 어떻게든 '쉼'을 잘 챙겨야 한다는 건 내겐 불경 속 구절이다.

　나는 휴식 시간조차 아껴 성공했다는 사람들의 이야기에 늘 노출되어 있었다. 태평성대는 성공한 사람들만의 권리라 생각했고 쉼을 포기하고 전진하는 게 사람의 도리인 줄 알았다. 하루하루 쫓기는 삶을 '성실'이라는 단어로 포장하고 곰처럼 우직하게 버텨 가며 일하는 걸 미덕으로 삼는 미련한 사람이 나였다. 쉬지 않고 일하니 효율도, 성과도 당연히 엉망이었지만 이 간단한 원인 분석을 애써 외면했다. 열심히 살았으니 하늘이 알아줄 거라면서, 언젠가 빛이 있을 거라면서 스스로를 세뇌하기 바빴다. 가끔 평온함을 느끼는 그런 쉼, 그러니까 시간을 아주 잘 쓰고 있는 순간에도 나는 '지금 이럴 때가 아닌데, 오늘 내가 왜 이렇게 나태하지?'라면서 부끄러워한다.

　물론 쉬기도 했다. 억지로, 게다가 불안에 떨면서. 휴식 전에 하고 있었던 일과 휴식 이후에 할 일에 정신이 팔려 있는 쉼이 무슨 쉼이란 말인가. 재충전이 제대로 될 리 없으니 더 피곤해지고 그러면 또 '나는 왜 쉬지도 못하는 이런 삶을 살아야 하나'라는 자괴감에 빠져 술을 찾고 이조차도 급하게 마신다. 다음 날에는 어제 술 마신다고 마무리하지 못한 일을 새벽부터 시작하는 악순환이 반복되고 또 만신창이가 되어 살아가는 자신이 불쌍해서 술을 찾는다. 말 그대로 꼬여도 참으로 꼬인 삶이다.

휴식 없는 내 인생이 한심해서 '죽을 각오로 결심한' 휴식을 시도했지만 괜한 비장함에서 예측되듯이 다 실패했다. 쉬면서도 일 생각을 떨쳐 버리지 못한 지금까지의 태도도 문제였지만 '철저하게 계획을 세워 제대로 한번 쉬어 보겠다'는 다짐도 독이었다. '억울해서 못 살겠다! 반드시 쉬고야 말 테다!'라는 강박이 빚어 낸 참사를 말하고자 한다. 큰맘 먹고 준비한 '백만 년 만의 가족여행'은 그 슬로건부터가 불안했다. 맘대로 되지 않을 때 나는 분노했고 백만 년 만의 다짐만큼 계획에서 사소하게 틀어지는 어떤 것도 용납하지 못했다.

일분일초를 계획한 휴가는 당연히 실패했다

가족과의 제주도 3박 4일 겨울 여행을 계획하면서 나는 시간대별 계획을 꼼꼼하게 준비했다. 분 단위로 이동 코스를 체크했고 경비도 백 원 단위까지 예상했다. 맛집 탐방은 물론 군것질도 어디서 얼마나 해야 하는지 사전 조사를 철저하게 했다. 대망의(이런 표현부터가 이미 망할 징조) 당일 아침, 나는 출력한 엑셀 파일 계획표를 클리어파일에 끼워 넣고 저 괴팍한 슬로건을 표지에 정성스레 작성했다.

시작부터 계획은 틀어졌다. 김포공항에 도착하니 기상 상황이 좋지 않아 비행기 이륙이 어렵다는 게 아닌가. 항공사 측은 내가 탈 비행기가 여섯 시간 후에나 출발한다고 했다. 솔직히 며칠을 자리 깔고 잠을 자는 것도 아니니, 비행기를 이용하겠다면 충분히 감당할 만한 시간이었다. 말 그대로 어쩔 수 없는 상황.

하지만 난 화부터 냈다. 그런다고 비행기가 뜨는 것도 아닌데 항공사 관계자를 찾아가 다짜고짜 항의하기에 바빴고 나아가 '출발 일자를 이 날로 고른 아내에게 화를 냈으며, '왜 안 출발하냐고' 묻는 아이들에게는 버럭 소리를 질렀다. 고작 여섯 시간을 참지 못하고 무례한 행동을 한 나 때문에 가족의 기분은 여행하기 전부터 엉망이 되었다.

나는 고대했던 만큼 실망을 주체할 수 없었고 화가 나는 게 당연한 줄 알았다. 하지만 '여행은 본래 예측불가 아니겠는가'라고 생각하며 이조차도 휴식의 한 조각으로 받아들이는 몇몇 사람들의 표정은 달랐다. 내가 씩씩거리고 있을 때 여행을 떠나는 아침의 설레는 느낌을 그대로 유지한 채 여유롭게 담소를 나누는 커플이 있었고, 돗자리를 펼쳐 아이들과 한 이불을 덮고 노트북으로 영화를 보는 가족도 있었다. 재주도 좋은 누구는 그 혼잡 속에서도 컵라면을 참으로 맛나게 먹었다. 이들은 시간의 주인이 자신임을 아는 사람들이었고 그래서 여유로웠고 실제로 시간을 소중하게 쓰는 중이었다. 예기치 않았던 일들도 하나의 추억으로 만드는 '호연지기'를 노력하는 사람들 주변에도 좋은 기운이 넘치는 건 당연했다.

나는 그러지 못했다. 엑셀 파일로 시간을 지배하려다가 삐끗거린 나는 내내 씩씩거렸고 "이게 뭐야?"라는 소리를 족히 천 번은 하고 비행기를 탔다. 승무원의 사소한 실수에도 예민했고 도착해서 자동차 렌트를 하면서도 날카로움을 감추지 못했다.

다음 날, 나는 더 바쁘게 움직여야지만 계획 착오가 만회된다고 생각했다. 빈틈없는 휴가, 이는 가족에게 지옥이었다. 아내는 성산일출봉 근처의 올레길이 너무 아름다워 오후 일정을 취소하고 그저 걸어보면 어떠냐고 제안했지만, 나는 그날까지만 통신사 쿠폰 할인이 되는 곳으로 가야 한다면서 단칼에 거절했다. 용눈이오름의 정상에서는 아이들조차 풍경에 감탄하며 멍 때리기 중이었는데, 나는 "여기에서 이러고 있을 때가 아니다"라며 얼른 하산을 재촉했다.

그럼 경쟁하듯이 휴가를 즐긴(?) 나라도 만족했을까? 나는 여행 내내 "겨우 이거야?", "이게 다야?", "그렇게 맛있지는 않네"라면서 투덜거렸다. 여행에서는 낯선 오감 자체에 기쁨을 느껴야 하지만 '치열했던' 인터넷 검색의 총량만큼의 만족을 나는 원했으니 실망은 당연했다. 그럴 때마다 나는 휴가조차 제대로 준비하지 못한 사람이라면서 스스로를 자책했다. 돌아오는 비행기에서 "여보, 나는 도대체 잘하는 게 뭐야?"라고 말하는 내게 아내는 짤막하게 말했다.

"그래도 휴가가 엉망이었던 건 아니까 다행이다."

멘토들은 말한다, 시간을 낭비하면 안 된다고

오래전부터 인류에게 시간은 중요한 가치였다. '시간을 지배하면 인생을 지배한다', '내가 헛되이 보낸 하루는 어제 죽은 이들이 그토록 바라던 하루다', '가장 못난 변명은 시간이 없다는 변명이다'처럼 시간과 관련된 명언들이 얼마나 많은가. 그리스 신화에서도 앞머리는 무성하고 뒷머리는 없는 시간의 신이 등장한다. 한번 지나가면 붙잡을 수 없는, 그러니 야속하고 그래서 소중하게 여겨야 하는 게 바로 시간이다. 눈여겨볼 지점은 모든 경우가 시간을 '소중히 여겼다는' 징표로 인정되지는 않는다는 거다. 대외적으로 평가하는 목록을 기준 삼아 성과 달성을 위해 분, 초를 아꼈을 때만이 시간을 '잘' 사용한 경우다. 부지런히 몸을 움직이든 정신을 쏟든, 동적이어야 한다. 이왕이면 공부를, 그중에 외국어 공부를, 당연히 영어를 필두로 중국, 일본어가 순서대로 진행되어야 한다. 대학생이 토익 점수 신경 쓰지 않고 갑자기 몽골어를 마스터하겠다면 의아해할 뿐이다. 마스터했다고 누구도 놀라지 않는다. 평소보다 더 잘 먹고 더 잘 쉬고 더 노는 게 누군가에게는 시간의 소중한 사용일지 모르지만 죄다 '빈둥빈둥'거렸다고 평가받을 뿐이다.

현대사회에서 시간은 철학적으로 음미될 수준을 넘어 개인을 겁박하는 도구다. 찰리 채플린의 〈모던 타임즈〉(Modern Times, 1936)는 그가 왜 미국에서 추방당했는지 알려 준다. 누군가에게는 코미디 배우의 우스꽝스러운 모습과 행동만 기억날 영화겠지만 첫 장면부터 시간에 구속된 피폐한 인간의 삶이 적나라하게 드러난다. 시계가 6시를 가리키자 화면에는 목장의 양떼가 한곳으로 바삐 몰려나간다. 그리고 교차되어 등장하는 장면에서는 노동자들이 양떼처럼 지하철을 빠져나온다. 겉모습은 깔끔한 정장에 중절모를 쓰고 있다. 수십 년 전 농사짓던 사람들에 비해 확연히 좋아진 '산업화된 세상'을 보여 준다. 하지만 이들이 향한 거대한 공장에서는 어떤 일이 벌어지고 있을까? 노동자는 컨베이어 벨트가 '움직이는 시간'에는 고용주를 이롭게 하는 행동말고는 어떤 것도 할 자유가 없다. 눈앞에서 윙윙거리는 파리 하나 마음껏 쫓아내지 못한다. 과거의 노예들도 할 수 있었던 행동을 '생산성이 놀라워진' 자본주의 사회에서는 쉽게 하지 못하는 꼴이 얼마나 허무한가. 이런 충격적인 모습이 영화 곳곳에 등장하니, 이념으로 사람을 재단하던 시대의 광풍을 피하지 못하고 채플린은 미국에서 추방당했다. 채플린이 오랫동안 위대한 예술가로 평가받는 이유는 지금 우리가 그 영화의 모습처럼 살기 때문이다. 우리들은 '요람' 수준이 아니라 '태중에서 무덤까지' 시간별로 관리받는다. 평생 가장 많이 하는 일 중하나가 '계획표 짜기'다. 시간을 쪼개고 쪼개 빈틈없이 무언가를 쑤셔넣는 게 곧 삶이다.

행복에 성실이 필수라면 한국에 불행한 사람은 존재해선 안 된다. 그만큼 모두가 바쁘게 살지만 실제로는 '지나치게 바쁘기에' 불행하다. 하지만 주변의 조언들은 우리들을 기만한다. 성공했다는 사람은 죄다 잠을 아꼈고, 휴가도 몰랐던 독종이었으니 너도 그렇게 하면 원하는 걸 이룰 수 있다고 한다. '한다고 했는데'라면서 현실과 타협하지말고 '될 때까지 하라'고 주술을 건다. 여기에 익숙한 사람들이 모인사회에서는 성공한 자는 '시간을 아낀 사람이기에' 모든 생각과 행동이 정당화되고 그 문턱에 이르지 못한 경우는 '시간을 낭비했으니' 차별과 혐오를 받아도 별수 없다. 그 결과, 모두가 시간에 지배당해 살면서도 별다른 성과가 없는 현실 앞에서 '시간을 악착같이 사용하지 않았다'고 스스로를 부끄러워하는 중이다.

내게 휴식은 휴식하지 못하는 억울한 삶의 보상이었다. 이조차도 익숙한 습관에 따라 '극대화', '효율성' 전략을 취했고 시간을 경쟁하는나 때문에 가족만 힘들어했다. 시간을 촘촘하게 관리하겠다는 강박에 비례해서 시간의 질은 떨어졌다. 쓸데없이 기대치만 높아져서 '이렇게 오래 고민해서 찾은 것인데 이것밖에 안 돼?'[2]라면서 실망을 자주 했으니 당연한 이치다. 나 같은 사람은 반성조차 마찬가지 수준에서 한다. 나는 여유로운 휴가를 즐기지 못한 걸 '돈이 없는' 팔자 탓으로 돌렸다. 돈이 있어야 여유가 있는 것인데 그러지 못해서 조급했다는 거다. 그래서 돈을 더 많이 벌어야 하니 더 열심히 살기로 결심하고일상으로 복귀하여 또 휴식 없이 전투적으로 일하고 전투적인 휴가를계획한다. 한을 풀겠다며 시간을 쓰는 자 '옆'에서 지치지 않을 가족이있을까.

나는 괜한 기준에 사로잡혀, 이상한 열정을 내뿜으며 부끄러운 행동

145

을 했다. 독자분들은 내가 감추고 싶은 경험담을 말하는 이유를 아셨으면 좋겠다. 나는 '시간에 지배당한' 현대인의 어그러진 모습을 관찰한 글을 종종 쓴다. 내 책에는 시간을 아껴서 성공했다면서 독설을 퍼붓는 청춘 멘토들을 신랄하게 비판하는 내용이 많다. 그런 사람이 왜 이렇게 시간에 구속되어 사느냐고 하겠지만, 나부터가 구속되어 있을 만큼 사회의 힘은 세다. 그래서 괴로운 내 삶에 종지부를 찍고 싶어서 글을 쓴 거다. 내 아이들은 아빠를 닮지 않고 '쉼'을 즐겼으면 좋겠다. 아니 '즐겨야 한다'는 강박이 없길 바란다.

이상한 나라의
이상한 체면들

혼자 밥 먹는 게 왜 문제야?

혼자 밥 먹고 술 먹는 사람을 가리키는 '혼밥족', '혼술족'에 관한 사회학적 해석을 묻는 기자들의 전화를 가끔 받는다. 기자들은 그게 대단한 문제라도 되는 것처럼 전제하고 '입시 경쟁, 취업 경쟁이 빚어 낸 슬픈 자화상' 정도로 말해 주길 기대하는 눈치다.

그런데 나부터가 줄곧 혼밥족, 혼술족이었다. 몇 번 혼자 가 보면 '혼자' 먹고 마시는 사람이 꽤 많음을 알 수 있다. 그러니 단 한 번도 혼자 밥 먹는 게 낯선 행동이라고 생각해 본 적이 없다. 이 현상은 예전에 없던 특별한 시대적 징표가 아니다. 달라진 건 '혼자'를 바라보는 타인의 시선일 뿐이다.

보헤미안 스타일, 예전에는 어울리지 '않는' 친구들을 이 정도로 이해했고 서로 별 관심도 없었다. '어울리지 못한다'면서 당사자에게 무슨 결함이 있는 양 표현하는 것이 그나마 낯설 때였다. '혼자'는 사람의 특징일 뿐이지 문제 될 이유가 아니었다. 하지만 지금은 홀로 된 자를 바라보며 '분명 어울리지 못하는 이유가 있을 거라면서' 관심을 가지는 이들이 많다. 학교에서 쉬는 시간에 책 보는 아이들은 "왜 안 놀아?"가 아닌 "왜 못 놀아?"라는 말을 듣는다. 행위자를 바라보는 시선이 달라진 세상에서 유유자적한 인생의 철학자는 한순간에 나사 하나빠진 결핍된 존재가 된다. 홀로 밥 먹고 술 먹는 사람들이 사회로부터 멀어져 스스로 고립을 자초하고 있다는 식으로 분석되길 기자들은 원했을 게다.

혼자는 중심으로부터 '배제된 홀로'가 아니라 사회적 관습을 잠시라도 거부하는 '적극적 자아'다. 이들은 평범한 사람들하고 함께하지 못하는 소극적 인물이 아니라 평범을 가장한 일상의 폭력이 연속되는 것을 적극적으로 단절한다. 사람들과 거리를 두는 이유는 표면적으로는 함께 밥 먹고 술 마시면 피곤하기 때문이다. 설마 사람 자체에 지쳐서이겠는가. '함께'가 되면 관성적으로 주고받는 이야기들이 싫어서다. 내세울 것 많은 사람들의 무용담에 고개를 과하게 끄덕거리는 청중 역할을 피하고플 뿐이다.

사람들과의 대화는 피곤하다. 내세울 것이 없다는 부끄러움이 얼마나 심했으면 내세울 것 좀 생겼다고 저리 기고만장할까? 자랑하고 부러워하는 대화가 가능한 이유는 '우리'에게 평범을 넘어서지 않으면 큰일 난다는 강박이 있기 때문이다. 조금이라도 잘난 사람은 자신이 그 단계에 이르기까지 어떤 노력을 했는지를 (이게 제일 중요한데!) 묻지 않아도 먼저 이야기한다. 게다가 자리를 주도한다. 그래도 된다고 생각한다. 본인은 물론, 누군가의 극기 체험을 듣는 사람들까지. 내세울 것이 없다면 누군가의 자랑질에 기뻐하는 게 도리다. 이조차도 못하면 배배 꼬인 인간 취급받아 무엇을 내세워도 인정받지 못한다.

우리는 어릴 때부터 이런 대화 분위기에 익숙하다. 부모님은 식사 때마다 자녀가 '앞으로 내세울 것'을 만들어 나가기 위해 어떤 노력을 하고 있는지를 묻는다. 진도표를 체크하고 단계마다, 그러니까 초등학생, 중고등학생, 대학생용 조언을 때에 맞추어 일방적으로 방류한다. 어쩌다 하는 친척 등의 다른 사람 이야기도 세 경우로 분류되어 소환된다. 우선 내세울 것 원래 많았던 사람이 '귀감'이라는 명목으로 등장하는 경우가 잦고 별 볼일 없을 줄 알았는데 '아니었던' 사람도 가족 밥상에 오를 수 있다. 마지막은 내세울 것도 없었으면서 평소에 '평범한 척'하지 않았던 사람을 등장시켜 '까불더니 꼴좋다', '그럴 줄 알았다'면서 빈정대는 경우다.

이렇게 자란 자녀들은 친구를 만나든, 선후배를 만나든 부모한테 배운 대로 살아간다. 누가 혹은 자녀가 어떤 대학을 갔고 어디에 취업을 했고 돈은 얼마나 버는지가 축이 되어 경외와 혐오 사이를 자유롭게 오간다. 물론 어디서든 주도권을 잡을 수 있는 수준의 대학이나 직장을 성취하기란 힘들다.

뻐길 수 있는 게 또 있긴 하다. 다이어트에 성공하면 자신의 방식이 곧 진리다. 진리는 설파되는 것이고 중생은 구제의 대상일 뿐이다. 부처가 된 자는 남이 기분 나쁘든 말든 '너 좀 통통해졌다'면서 타인의 생활습관을 이러쿵저러쿵 지적해도 괜찮다. 몸에 대한 집착이 심한 거 아니냐고 말하면 돌아오는 대답은 하나다. 자!격!지!심! 아파트 값이 올라도 기고만장할 수 있다. 누구나 신의 한 수를 기대하는 부동산 공화국에서 경험자의 조언은 값지다. 그러니 초등학생이 장래희망으로 임대 사업자를 언급하는 거 아니냐면서 대화가 불편하다는 티를 내면 역시 돌아오는 말은 자!격!지!심!

타인과 대화를 하려면 내세울 것이 있던가, 아니면 내세울 것 없는 누군가를 소재 삼아 적극적으로 씹어야 한다. 그럴수록 자신의 작은 결점 하나라도 노출되어 그게 돌고 돌아 어디에선가 회자될 걱정에 속마음을 감추려 노력해야 한다. 아울러 자신이 갖고 있는 조건들을 전략적으로 나열하면서 이야기에서 소외되지 않기 위한 잔꾀를 대화 내내 부려야 한다. 만남 자체가 엄청난 에너지 소모다. 아무 생각 없이 혼자서 밥만 먹고 싶은 생각이 들지 않을 수가 없다.

왜 평범함을 부끄러워할까?

《대한민국 부모》,《애완의 시대》의 공저자인 이승욱은 '아버지란 무엇인가'라는 칼럼에서 딸과의 재미있는 에피소드를 소개한다. 대학생활에 잘 적응하지 못한 딸은 자퇴성 휴학을 하고 독립하겠다며 생계전선에 뛰어들지만 결국 학교로 돌아온다. 결심한 대로 삶이 안 흘러가 여러모로 의기소침해진 딸은 성적이 좋지 않을 때마다 잠수를 타버려 아버지의 애간장을 녹인다. 아버지는 그건 사람에 대한 무시라면서 왜 떳떳하게 대면하지 않는지를 묻자 딸은 이렇게 말한다.

> "내가 내세울 게 있어야지, 내가 뭐 하나 해놓은 게 없는데 무슨 낯으로 떳떳이 아빠 앞에 나설 수가 있어?"[3]

아버지는 "스물두 살에 내세울 게 있다면 그게 더 웃기는 거야. 네 나이 때는 내세울 게 없는 것이 정상 아니냐?"면서 까르르 웃고 그렇게 딸은 '기다려 주는' 아버지를 확인하고서야 마음이 풀린다. 좋은 아버지다. 희소한 아버지이기도 하고.

이 사례는 평범함이 곧 결핍인 시대, 그래서 평범 이상의 무엇을 갖추길 강요받는 개인의 고통을 잘 드러낸다. 성과가 없으면 말 한마디 제대로 못 하는 세상에서 고작 20대 초반이라도 '내세울 것이 없으니' 부끄러워해야 하는 게 마땅하다고 알고 있다. 참고로 사례에 등장한 딸은 뉴질랜드에 산다. 한국에서 자랐다면 더 빨리 잠수를 탔으리라.

내세울 것이 없으면 철저히 무시당했던 한국의 부모 세대들은 자녀들을 어디에서 기죽지 않을 사람으로 키우고자 했다. '내세울 건 단 하나, 성실'이라는 말도 있지만 실제 부모들은 성과도 없는 자의 성실 타령이 얼마나 공허한지 잘 안다. 성실 타령은 집에서 술주정할 때 한풀이의 동력일 뿐이다. 이들은 "내세울 것 하나 없어서 부끄럽다. 너는 나처럼 되지 마라"라는 말을 버릇처럼 하면서 자녀를 압박했고 이런 부모의 기대에 부응하기 위해 자녀들은 버둥거린다.

내세울 것을 찾아가는 삶이란 그 목표가 선명하다. 전인적 인간, 공생하는 삶, 자유롭고 개성적인 일상 등의 공허하고 추상적인 가치에 매몰되지 않고 철저한 계산을 바탕으로 타인보다 돋보여야 한다. 물론 모두가 이를 목표 삼아 살아가니 평균치가 워낙 높아져 웬만큼 노력해도 내세울 건 없다.

평범한 게 죄는 아닌데, 이게 죽도록 노력한 대가라 생각하니 자신이 한심하게 느껴진다. 노력하면 할수록 '나는 왜 이렇게 잘하는 게 없지?'라는 부끄러움만 생길 뿐이다. 심리적 위로가 될 만한 방법을 찾지 않을 수가 없다. 자신조차의 수준이 아닌 자를 찾아내서 비아냥거리면 최소한 자신은 바닥이 아님을 인정받을 수 있다. 어떻게든 버티겠다는 사람들과 우리는 대화한다. 늘 '개중의 강자'가 오만방자하게 자기 말만 하는 상황이 등장하는 이유다. 꼴 보기 싫어서라도 우리는 강자처럼 되길 희망한다. 악순환은 도돌이표처럼 반복된다.

타인의 희생 없이 평범함을 넘어서기 힘들다

내세움에 집착하면 주변 사람들을 힘들게 한다. 일터에서 확실히 인정받으려는 사람은 그 이유로 가족을 힘들게 한다. 특히나 전통적인 가부장적 사고를 가진 아버지들은 '자신이 일을 한다는 이유로' 가정에서 초법적 권력을 가지고 가족 위에 군림한다. 자신의 일탈은 가족을 위해 뼈 빠지게 고생하다 보면 '그럴 수도 있는' 사소한 것이 된다. 누군가는 속 터지고.

내세울 것이 없으면 큰일 난다는 것을 잘 아는 자녀들은 영혼을 판다는 자세로 입시나 취업을, 심지어 결혼까지 결연한 의지로 준비한다. 이때 제일 피곤한 사람은 가족이다. 누군가의 헌신에 익숙해진 자녀들은 과도한 요구를 하면서 "자식을 위해서 이 정도도 못해 주냐!"는 막말조차 서슴없다. 자신의 정신적 스트레스를 가족을 상대로 분출하는 셈이다. 가족들은 속은 터지지만 들어준다.

내세울 것이 있다는 것은 타인을 괴롭혔다는 징표일 가능성이 크다. 성공한 사람들 중 가족의 희생이 없었던 경우가 있을까? 미장원에서 잡지 책 몇 장만 넘기면 '내가 일에만 전념하도록 뒷바라지를 해 준 아내에게 미안하다'는 말이 등장하는 유명인들의 인터뷰를 볼 수 있다. 누군가의 삶이 '마이너스'되는 걸 당연 삼아 자신의 '플러스' 인생을 마련하는 우스운 태도도 '결정적인 배경'을 애써 감추는 경우에 비하면 그나마 봐줄 만하다. 조금이라도 잘난 사람들은 죄다 '혼자서' 그

경지에 이르렀다고 자화자찬하며 '배경이 달라서' 내세울 것이 없는 사람들을 기만한다.

이런 사람 열에 아홉은 영광을 지속하지 못한다. '그래 봤자 내세울 것 하나 없는' 사람이 되어 뒤늦게 과거의 기고만장을 후회한다. 철이 들어서가 아니다. 그릇된 개인의 강박이 모여 '자기 잘되겠다고 남을 희생시키는' 모순적인 각자도생이 범람하고 자수성가라는 말 안에 '주변의 도움을 은폐하는' 정직하지 않은 사람이 많은 사회는 결코 '사회적'으로 튼튼하지 않다. 사회구조의 피해자가 언제나 입을 다물어야 하니 이곳은 죽든 살든 개인 탓이다. 악착같이 순간의 고비를 넘길 수는 있겠지만 궁극적으로 개인이 건승할 확률은 터무니없이 낮다.

원하는 대로 얻지 못한 이들은 억울하다. 자신의 '후퇴한 현재'를 태연하게 받아들이기 힘들다. 그렇다고 누가 자신이 '성공하지 못한' 구구절절한 사연을 들어줄 리는 만무하니 생뚱맞게 '내세울 것 있는 사람'을 막무가내로 무시한다. 저 인간은 부모 잘 만나서 그런 거고, 그 인간은 꼼수 부려 저 위치에 간 거 아니냐고 말할수록 그나마 자신의 추락한 존엄성이 보존된다고 착각한다.

설마 보존되겠는가? 아래에서 떠들수록 '위'는 자신을 의심할 수 없는 자수성가로 포장하는 집착으로 이어진다. 성공한 자의 이 버릇으로 내세울 것 없는 사람들의 정당한 목소리는 자격지심 가득한 이의 삐죽거림에 불과해진다. 공동체가 탄탄해질 리가 없다. 발 한번 잘못 디디면 천 길 낭떠러지로 떨어지는 현실이 만 길 낭떠러지로 더 나빠진다. 뒤처짐이 곧 죽음이 된 지독한 현실 속에서 사람들은 끊임없이 타인보다 앞서려고 하니 내세울 것이 조금 있다고 우쭐해지고 조금 부족하다고 울적해지는 게 마치 인간의 도리처럼 학습된다. 혼자 밥 먹는 사람들이 어찌 행복하지 않을 수 있겠는가.

불평불만 청개구리가
세상을 구한답니다

기업에서 절대 부르지 않는 강사

"작가님, 정말 죄송합니다.
꼭 저희 회사에 강연자로 모시고 싶었는데……."

"괜찮아요, 늘 있는 일인데요. 위에서 안 된다죠?"

"네……, 난리 났어요.
작가님의 사상이 너무 부정적이라서 어렵대요.
추천했다는 이유로 저도 시말서를……."

가끔 TV에 얼굴을 비쳐서 그런지 기업으로부터 강연 제안을 받을 때가 있다. 주로 학교나 도서관 등에서 강의하는 나로서는 '기업에서 왜?'라 생각하며 고개를 갸우뚱하지만 입이 쩍 벌어질 강연료를 보면 표정 관리에 급급하다. 애써 근엄한 척하니 담당자는 그 놀라운 금액을 '약소해서 죄송하다'면서 거듭 부탁한다. 그래서 속마음을 감추고 마지못해서 수락한다는 의향을 비치면 "위에 최종 승인을 받아야 하지만 형식적인 거니까 일정 확정해 두세요"라며 담당자는 기뻐한다. 2~3일이 지나 '모시지 못해서 죄송하다'는 전화를 할 줄을 그땐 몰랐을 게다. 이런 경험이 서른 번쯤 된다.

기분이 나쁘지는 않다. 작가로서 뚜렷한 색깔이 있다는 것이고 무엇보다 내 글이 누군가를 불편하게 했다는 증거 아니겠는가. 하긴 내가 누구인가. 모 기업에서는 신입사원 채용 면접에서 내 책《진격의 대학교》를 프레젠테이션 주제로 정해 '작가의 생각을 요약하고 비판하라'고 했을 정도다. 그 책의 부제가 '기업의 노예가 된 한국대학의 자화상'이니 질문 취지가 참으로 적절하다. 방송에 나왔으면 기업이 좋아할 사람이라 보고 무작정 나를 초빙한 담당자가 시말서를 쓸 수밖에.

그런데 자신들이 불편하면 불편한 거지 왜 나를 '부정적인 사람'이라고 했을까. 자본주의를 문제 삼으면, 기업을 비판하면, 승자독식 사회에 적응하는 사람들의 괴기스러움을 드러내면 그게 '부정적'인가? 나는 부정(否定), 즉 '그렇지 않다고 단정하거나 옳지 아니하다는 반대'를 하는 사람이 아니다. 세상의 문제를 '그대로' 직시하자는 것일 뿐이다. 세상의 바르지 못함과(不正) 깨끗하지 못함(不淨)을 눈앞에서 보고도 아니라고 하는 거야말로 진짜 부정(否定)이다.

기업들은 정말로 긍정적인 사람을 좋아하지도 않는다. 회사원들이 사장의 목표에 미치지 못하는 성과를 내고 '이 정도면 충분하지'라는 긍정을 했다가는 바로 '태만한 사람' 소릴 듣는다. 가정에서도 마찬가지다. 학생이 부모의 기대치에 어울리지 않는 성적을 긍정하면 '목표의식 없는 나약한 인간'이 된다.

기업은 '사실을 부정하는', '불의를 보고도 참을' 긍정적인 사람을 인재라 한다. 이를 잘 알기에 자기소개서를 작성하는 청춘들은 가치관을 통일시킨다. 생각은 제각각일 터인데 글로 자신을 설명하거나 면접에서 말로 자신의 주관을 드러낼 때면 입력된 정보만을 뱉어 내는 로봇이 된다. 모두가 부정(不正, 不淨)을 보고도 부정(否定)하겠다는 다짐을 드러낸다. 회사의 문제를 외부에 알려 정의를 실천하겠다는 사람은 아무도 없다. 절대 그러지 않겠다는 결연한 의지만이 하늘을 찌른다. 자신의 과거도 미래도 천편일률적으로 소개한다. '참았다. 참고 또 참았다. 앞으로도 참을 것이다!' 참고로 나는 이들의 자기소개서에 '감명 깊게 읽은 책'으로 결코 등장해서는 안 될 책의 대표 저자다.

한국사회는 긍정 마인드를 남발해서 비판과 비난을 동의어로 생각한다고 수차례 말했다. 이런 사회의 특징이 부정적 감정을 금기시하는 거다. 나처럼 사회문제를 따져 보는 사람이라면 "왜 그렇게 부정적으로만 생각하냐?"라는 비아냥거림을 듣지 않을 재간이 없다.

물론 스스로를 헐뜯는 자기혐오의 부정이 있다면 개선되어야 함이 마땅하다. 하지만 자신에게 주어진 외부 상황을 객관적으로 인지하여 부당한 것에 대한 '정당한' 감정을 가지는 사람들이 밑도 끝도 없이 긍정부터 하라는 이들의 분위기에 눌려 부끄러움을 느껴야 하는 건 하나도 괜찮지 않은 사회의 대표적인 모습이다.

힘든 건 힘든 거다

넓은 강당에 의자는 빼곡했고 사람은 득실했다. 중생의 모든 세속적 고민을 해결해 준다는 스님의 강연을 얼떨결에 듣게 되었다. 무슨 고민인들 산골짜기 묵언수행에나 어울리는 마음가짐을 해법이라고 말하는 사람이다. '편안한 마음을 가지려고 해도 출근길 지하철에서부터 너무 지치니 하루 종일 짜증만 난다'는 청중의 질문에 스님의 대답은 압권이었다.

"지옥철 타면 죽을 것 같지요? 그런데 매번 죽지 않고 살아서 출근하는 것이 기적처럼 느껴지지 않나요? 매일 기적을 경험하는 사람이, 그렇게 부정적으로 생각하고 살면 되겠어요?"

속세를 모르는 사람다웠다. 부정이란 말을 얼마나 오용하고 있는지 느껴지는가. 지옥철은 말 그대로 지옥이다. 천국이 될 수 없기에 지옥이다. 나쁜 사람이 "흉기를 휘두를 공간조차 없어서 차라리 안전"[4]하

다는 곳이다. 바글바글 사람이 많음을 표현하기 위해 웃자고 한 말이
고 매일 수많은 여성들이 출근하면서 성희롱당할 위험을 감수해야 하
고 수많은 남성들이 아무 행동도 하지 않고 추행했다는 오해를 받는
곳이기도 하다. 예전에 지하철 안에 성범죄 단속을 위해 CCTV를 시
범적으로 설치한 적이 있었는데, 녹화된 화면에는 하나의 틈도 없이
사람들의 머리뿐이라 무용지물이었다고 한다. 장강명의 소설《한국이
싫어서》에는 직장인의 출근길 분노가 잘 나타난다.

> "한국에서 회사 다닐 때 매일 울면서 다녔어. 회사 일보다는 출퇴근
> 때문에. 아침에 지하철 2호선을 타고 아현역에서 역삼역까지 신도림 거
> 쳐서 가본 적 있어? 인간성이고 존엄성이고 뭐고 간에 생존의 문제 앞
> 에서는 다 장식품 같은 거라는 사실을 몸으로 알게 돼. 신도림에서 사
> 당까지는 몸이 끼이다 못해 쇄골이 다 아플 지경이야. 사람들에 눌려서.
> 그렇게 2호선을 탈 때마다 생각하지. 내가 전생에 무슨 죄를 지었을까
> 하고. 나라를 팔아먹었나? 보험 사기라도 저질렀나? 주변 사람들을 보
> 면서도 생각해. 너희들은 무슨 죄를 지었니?"[5]

대학 강의에서 가끔 '지하철 출근길 풍경'을 관찰해 오라는 과제를
내면 재미난 하소연이 등장한다. 관찰할 빈틈이 없다, 내가 힘들어서
관찰이 어렵다, 다른 이들은 수용소 끌려가는 표정인데 자기만 초롱초
롱한 눈으로 두리번거리기가 민망하다는 등. "세탁기에 잔뜩 우겨 넣

은 빨래"[6], "돼지에게조차 부적절하게 여겨지는 공간 속에 잔뜩 쑤셔 박히는 상황"[7]이 바로 지옥철의 현실이다. A4 반장의 공간에서 평생을 살면서 오직 산란이라는 인간의 목적을 위해서만 존재하는 닭들과 '스 톨'이라는 철제 우리에 갇혀 360도 회전 한 번 못해 보고 역시 인간의 이윤을 위해 단기간에 살을 찌우는 돼지들, 노동자들의 아침 풍경은 그렇게 다르지 않다. 매달 정해진 날에 돈을 받기 위해 사람들은 사육 당하는 동물들처럼 고통스럽게 서로 부대낀다.

정시 출근을 위해 저렇게 버둥거리는 사람들을 '고용한' 사람들은 아침마다의 지옥을 기적의 연속이라고 생각할 줄 아는 노동자를 환영 한다. 자본주의가 유지되는 요소들 중 하나가 바로 '인내'다. 오전 9시 부터 오후 6시까지(실제로는 훨씬 늦은 시간까지) 톱니바퀴로서의 자신 의 정체성을 인정하고 '쳇바퀴를 돌려라'라는 명령에 철저히 복종하는 이들이 없으면 생산은 불가능하다. 지하철은 이를 위한 최적의 워밍업 장소다. 준비운동이 철저할수록 '모범적인 근로자'로 잘 통제되지 않 겠는가.[8] 비슷한 정체성을 지닌 이들이 비슷비슷한 옷을 입고 무표정 한 얼굴로 침묵하고 있으니 누구의 입장에서는 쾌재로다. '묵묵히', '성 실히', '충실히', '불평 없이', '각자 자리에서 맡은 바 책임을 다하는' 등 의 말들을 자주 하는 사람들은 지옥철을 성스럽다고 하지 않겠는가. 그 스님, 기업에서 모시기 힘든 강사다.

세상을 바꾸자고 자본주의 운운한 게 아니다. 어쩔 수 없이 살아야 하는 현실에 불평불만을 가지는 건 지극히 정상임을 말하고 싶었다.

최영미의 시(詩) 〈지하철에서 1〉을 기억하는가?

"나는 보았다. 밥벌레들이 순대 속으로 기어 들어가는 것을."

나는 이 시가 염세적이라 생각하지 않는다. 인격의 포기에 대한 '정당한' 한숨 아닌가? 어쩔 수 없는 현실이라 할지라도 변화는 이런 불만이 여론으로 발전할 때만 가능하다. 하지만 몸이 느끼는 불쾌감을 불쾌하지 않다고 하고, 객관적인 체취를 맡고도 사람의 후각이 개만큼 대단하지 않은 것을 다행이라고 받아들이고, 엄청난 혼잡 속에서도 자기 내릴 곳에 어떻게든 내리는 그 기똥참에 감사할 때, 지옥에서 겪는 누군가의 고충은 별것도 아닌 문제에 불과해진다.

부정한 사회는 '부정적 사람'을 싫어한다

단언컨대 사회에 부정(不正)이 많을수록 부정(否定)은 마법의 언어가 되어 부정(不正)의 실체를 들춰내려는 사람에게 족쇄를 채운다. 잘못된 사회구조에 아파하는 피해자가 목소리를 적극적으로 내는 걸 막기 위함이다. 상처는 '드러나야' 증상에 맞춘 치료가 가능한데 한국사회에서 피해자는 치료받을 수 없다. 병원에 사람이 안 오니 세상 사람들은 천지가 긍정의 기운으로 넘실거리는 줄 착각한다.

학교에서 왕따를 당한 학생이 교사를 찾아가 아무리 읍소해도 "상처부터 보자"는 그 한마디를 하지 않는다. 상처가 드러나면 학교의 안일한 대처가 세상에 알려질 것이 두려운 이들은 "꼭 부정적으로만 생각할 필요 없다. 이걸 계기 삼아 너도 달라질 수 있다"는 등의 막말을 일삼으며 사태를 덮기에 바쁘다. 이런 긍정적 교사가 가득한 학교에서는 SNS를 통해 학교 폭력이 알려지면 진실을 부정(否定)하고 '고발자를 찾아내서 법적 조치를 취하겠다'는 깨끗하지 못한(不淨) 협박을 일삼는다. 만신창이가 된 피해자는 최후의 방법인 죽음을 택해 상처를 만천하에 알리고자 한다. 하지만 학교는 애도는커녕[9] '동요하지 말고 학습에 매진하라'는 가정통신문을 발송한다. 학부모들도 그러길 바란다. 스스로를 긍정적이라고 생각하는 이들은 '사람 두 번 죽이는' 말을 종종 한다. "그게 죽을 일이야?"

약자들은 객관적 상황을 부정할 때만 살아갈 기회를 얻는다. 예를 들어 자기소개서에 '가난'이 자신에게 어떤 상처를 주었는지를 날카롭게 분석한들 부정적인 인간으로 찍힐 뿐이다. 가난은 '스스로 극복했다'는 스토리가 있을 때만 등장할 수 있다. 거짓이라도 이를 악물고 가난을 떨쳐 냈다고 꾸며 내지 않고서는 다음 단계로 진입이 불가능하다.

이제 약자가 약자일 수밖에 없는 객관적 상황은 숨겨진다. 이런 사람이 많을수록 강자가 강자일 수밖에 없는 명백한 이유도 은폐된다. 이런 세상의 앞면은 '개인이 마음만 먹으면' 무엇이든 다할 수 있는 것처럼 포장되어 있다. 뒷면에는 '개인이 아무리 마음을 먹어도' 평범한 삶조차 쉽사리 획득할 수 없는 현실이 존재한다. 이 모순은 수면 위로 쉽게 드러나지 않는다. '부정적으로 생각하지 말라'는 말이 필요 이상으로 많은 곳에서는.

정호승의 시 〈나는 희망을 거절한다〉의 한 구절이다. 소리 내서 읽자. 아침마다 읽자.

> "희망만 있는 희망은 희망이 없다.
> 희망은 희망의 손을 먼저 잡는 것보다
> 절망의 손을 먼저 잡는 것이 중요하다."[10]

다이어트 강박,
그 끔찍한 결과

자기 신체를 부끄러워해야 하는 세상

1994년 6월 30일, 이화여대에서는 '용모 제한, 어떻게 볼 것인가?'
라는 교수 의견 발표회가 열렸다.[11] 고졸 여사원을 채용하면서 신체 사
이즈를 따졌던 44개 기업에 대한 여성단체의 고발 직후였다.

조흥은행의 경우 사원추천 의뢰서에서 '용모 단정, 신장 162~167cm,
체중 50kg 이하'로 신체 조건을 명시했으며 신세계백화점은 '신장 160cm
이상, 체중 60kg 이하', 대구백화점은 '용모 단정, 미혼, 신장 160cm 이상'
으로 제한했다. 또 삼성물산은 '용모 우수, 신장 158cm 이상', 기아자동차
는 '용모 단정, 신장 160cm 이상'으로 못 박았다.[12]

※ 참고로 당시 17세 한국여성의 표준 신장이 158.6cm였다.

이후 놀랍게도, 아니 역시나 예상한 대로 검찰은 무혐의로 사건을 종결한다. 이유가 기가 막혔는데, 여자를 상대로 용모를 제한하는 것은 여여(女女) 차별이지 남녀(男女) 차별이 아니기에 '남녀고용평등법' 위반이 될 수 없다나 뭐라나. 1994년이면 그래도 서태지와 아이들이 '교실이데아'를 부르고 김건모의 '핑계'가 유행하던 자유로운 시절이었는데 당시 한국사회의 인권 수준은 참담했다.

20년도 훌쩍 지난 지금은 과연 달라졌을까? 우리나라의 성형 열풍을 보면 이 질문에 대한 답을 긍정적으로 하기 어렵다. 오늘날 성형외과는 평범한 모두를 대상으로 '영업'하는 일종의 피트니스 클럽이다. 영업은 성공했다. 자신의 외모가 어딘가 문제가 있다고 생각하며 마음의 병을 앓고 있는 멀쩡한 사람들이 남녀노소 불문하고 너무 많다. 물론 이 풍경은 "이왕이면 예쁜 게 좋은 거 아니냐"고 말하는 사람들을 때와 장소를 가리지 않고 만날 수 있는 이상한 세상의 '결과'다.

솔직히 한국에서 외모차별 어쩌고의 논의는 공허하다. 대학에서는 '외모도 경쟁력일 수 있는가'라는 주제로 토론이 이루어지기조차 힘들다. 반대편 의견이 별로 없기도 해서이고 있더라도 의견 제시자가 외모가 출중한 사람이면 '자기도 덕 보면서 이중적인 태도 아니냐'며 비아냥거림을, 출중하지 않으면 '자기가 열받았다고 저러면 되나' 조롱을 당해야 하기 때문이다. 성형외과 광고들은 얼마나 적나라한가. 상징, 서사 등의 기법으로 핵심을 감추려는 광고 기법은 이 분야에선 의미 없다. 혹시나 오해할 스토리텔링이 아니라 그저 곱도 '수술하면' 사람이 될 수 있음을 부각시켜야 한다. '원하는 대로 고쳐 주겠다!'면서 외모차별로 고통받던 이에게 "고치면 되잖아"라고 조언하는 곳에서 외모는 품평의 영역이지 논쟁 대상이 아니다.

더러운 세상에서 사람들은 버틴다. 스스로가 현실을 일찌감치 자각하고 미리 준비한다. '여신'의 호칭이 붙어도 어색하지 않은 한 아나운서는 예능 프로그램에 출연하여 "아나운서에게 살이 쪄서는 안 된다는 대중의 기준은 지나친 요구 아니냐"는 물음에 "방송을 하는 사람이기에 대중들이 원하면 따라야 한다"는 어이없는 답을 한다. 앵커가 날씬하면 정치 비리 특종 보도에 주목하겠다는 저널리즘의 'ㅈ'도 모르는 대중의 요구를 따르다니, 끔찍하다.

곰곰이 생각해 보면 어이가 없는 것도 아니다. 내가 대학 강의에서 이를 언급하며 노발대발하니 학생들은 외모도 경쟁력인 세상에서 무슨 호들갑이냐면서 냉랭하게 반응한다. "예쁜 사람을 좋아하는 건 본성 아닌가요?"라는 물음이 대학이란 공간과는 도무지 어울리지 않아 보인다고 생각하는 사람은 나뿐이었다.

하긴 대학생들이 '자기 관리'라는 공기 안에서 신체를 철저하게 평가받고 있으니 별 수 있겠는가. 인상, 용모 등을 사회가 따지지 않은 적은 없었겠지만 지금은 그 무게감이 완전히 다르다. 강의 듣고 솟구쳐 오르는 지적 열망에 도서관을 무작정 찾는 시대는 오래전에 끝났다. '이미지 메이킹' 수업을 들으며 '상사에게 사랑받는 스마일 표정법'을 교양 정식 수업으로 배운다. 치아가 고르지 않은 자는 치과로, 안경을 낀 사람은 안과로, 여드름이 있는 자는 피부과로, 눈썹이 연하거나 가지런하지 않은 사람은 '토탈 뷰티케어'를 받으러 가야 한다. 준비를 철저히 했으니 직종에 따라 다른 표정으로 증명사진을 찍고 복장을 달리하여 면접을 보는 건 당연하다. 보수적인 회사는 (이게 무엇인지 모르겠지만) 보수적인 웃음을 좋아하고 글로벌 기업들은 (역시 이게 무엇인지 모르겠지만) 전문성과 자율성을 갖춘 느낌을 자아내는 복장을 좋아한다나 뭐라나. 이런 "기준에 들어맞지 않으면 그 몸만 '잘못된' 것이 아니라 몸을 그렇게 방치한 개인의 도덕성까지 문제 삼는 세상"[13]이니 개인은 그저 따를 수밖에 없다. 그래서 취업 준비생들은 여드름 흉터 정도는 제거하고 면접에 임하는 것을 "적절한 자기 관리와 통제를 암시하는"[14] 삶의 바른 태도로 여긴다. 자신의 신체를 보고 수치심을 느끼도록 길러지는[15] 이런 곳에서 현대인들의 몸 관리를 "체제에 순치된 욕망"[16] 아니냐고 따져 봤자 부끄러움을 느낄 사람은 아무도 없다.

누구를 위한 자유일까?

10대 학생들에게 '화장 못하게 하는' 교칙이 과연 타당한지 따져 보자는 세미나에 초대된 적이 있었다. 주최 측은 내가 '억압'의 차원에서 교칙을 '부당하다'고 해석한 후 '화장하게 해달라'는 학생들의 주장을 제도에 대한 저항이자, 개성을 향한 자유의 맥락에서 언급해 주길 원했을 거다. 하지만 그러지 않았다. 자칫 '학교의 학생주임 교사'와 같은 편이라는 오해를 받을 수 있기에 나는 조심스럽게 입장을 밝혔다. 내가 10대들의 화장에 적극적인 환영 표시를 하지 않은 건 고리타분한 학교의 논리와는 전혀 다르다.

나는 학생을 '공부하는 기계'로 전제하고 만든 교칙에 동조하지 않는다. 특히 여성의 경우는 전통적인 성차별 인식까지 고스란히 반영된 교칙 때문에 고통을 받아야 한다. 화장을 '순수'의 훼손이랍시고 학생 때는 못 하게 하면서 10대만 벗어나면 화장 안 했다고 무례하다는 말을 들어야 하는[17] 여성들의 삶에 나는 분노한다. 다만 점점 화장에 집착하는 학생들이 많아지는 현재 상황이 과연 자유를 찾아가는 적극적 개인의 모습인지에 대해서는 회의적이다.

냉정하게 말해 초등학생까지 화장에 관심을 보인다는 건 예쁘지 않다는 이유로 부끄러움을 느끼는 시점이 과거보다 빨라진 시대의 결과물이다. 10대는 '외모'가 원인이 된 집단 따돌림을 하거나, 당했다. 그리고 조언이라고 들은 것은 "살 빼라", "평소에 좀 관리를 해라"가 다였다. 어릴 때부터 몸은 관리되어야 한다고 생각한 이들에게 화장 욕구는 "남성과 여성의 의미에 대한 공인된 믿음의 체계"[18]를 견고하게 다지는 꼴에 불과하다. 남성다움이 지배하는 사회에서 버틸 수 있는 여성의 이미지에 더 빨리 적응한다는 말이다.

자기만족을 존중해야 한다는 측면에서 10대의 '화장 요구'를 주체적 의지라고 해석할 수도 있지만 진짜 자기만족이 아니다. 남자들의 품평이 없다면 화장은 무용하다. 여자들끼리 좋은 거라고 항변하겠지만 그 모습, 남자들이 제일 환호한다. 자존감은 '누가 무엇이라 하든' 자신의 가치를 존중하겠다는 건데, 10대부터 심지어 외모조차 철저히 타인의 평가에 적응해야 하는 수동적 의지를 권고할 순 없다. 문제는 이것이 끼칠 여파다. 개인의 '자유'라고 포장된 화장은 외모에 따른 사회의 차별을 차별이 아니라는 생각을 심어 준다. "선택의 주체는 우리라고 세뇌"[19]당한 이상 부당하다고 말도 못한다. 내가 원하는 자유가 진정한 자유인지 물어볼 필요가 있다. 지금의 학교교칙이 이런 철학으로 학생들을 규제하는 것이 아니기에 내가 조심스럽다고 했다. 나는 신체를 간섭하는 모든 규율에 강력히 반대하지만 신체를 특정 기준에 구속시키는 사람들이 증가하는 사회 풍토도 냉정하게 비판한다.

몸에 관한 부끄러움은 이를 극복할 수 있다는 착시효과가 대단하기에 굳이 사회구조의 문제니 등의 논의로 이어지지 않는다. 거울 보고 화들짝 놀라는 사람이 많은 곳인 만큼 온갖 방법으로 인생을 바꿨다는 사람도 많다. 자기 신체를 보고 수치심을 느끼는 게 과연 타당하냐는 논의보다 '투자해서' 주변 시선을 바꾸어 버렸다는 경험담이 검색 몇 번이면 수백 건이 발견되는 세상에서 '외모 지상주의'는 별 문제 없는 것으로 간주된다. 그 결과, 취업 9종 스펙에 '성형수술'이 포함될 만큼 더 이상 외모 경쟁력은 인문학적 비평 대상이 아니다. 대학 캠퍼스에는 유명 안과와 연계한 라식, 라섹 할인 행사를 알리는 현수막이

1년 내내 걸려 있다. 렌즈를 끼고 눈이 예쁜 사람에게 장학금 500만 원을 주겠다는 기업의 포스터가 '공모전'을 알리는 코너에 대문짝만하게 붙어 있다. 대기업 면접장에 '안경 쓴' 여성이 있을 수가 없다. 안경 쓰고 입사하는 여성이 없으니 '안경 착용 금지'를 여사원 용모 기준으로 만들어도 문제가 되지 않는다.[20]

윗물이 이러니 아랫물에서는 '예쁘기라도 하면' 최소한 왕따는 당하지 않는 현실이 존재한다. 안경을 쓰면 친구들이 놀린다고 고가의 '드림렌즈(잘 때만 렌즈를 착용하면 다음 날에는 정상 시력이 유지되는)'를 초등학생들이 찾는다. 안경 끼면 콧대 낮아진다고(못생겼다는 말이다!) 걱정한 부모들이 없었다면 절박함이 이 정도는 아니었을 거다. 10대가 화장하지 않으면 끝장이라는 절실함을 이런 '부끄러운 사회 모습'과 분리해서 이해하기란 어렵다. 자유와 저항일 수도 있겠으나 더 빨리 표준화된 모습에 예속되는 것에 불과하다는 것이 내 생각이다. 일곱 살 때부터 칼로리를 따져가며 군것질을 하는 내 딸은 과연 자기 관리가 철저한 것일까? 건강에 대한 지식이 많아서일까? 아니다. 두려워서다.

아픈 사람에게 해서는 안 될 말을 하는 사람

몸 관리에 대한 강박은 다이어트 집착이나 외모 지상주의 유발보다 더 심한 문제로 이어진다. 몸의 완벽성에 매진할수록 몸에 이상이 생긴 타인의 고통에 공감하지 못한다는 논리는 과연 비약일까? 닭 가슴살과 방울토마토로 식단을 조절하고 나쁘다는 음식은 결코 가까이 하지 말라는 말이 필요 이상으로 부유하면서 '의지와 절제'로 불가능은 없다는 주문이 난무하는 곳에서는, 누군가의 신체 질병을 단순히 개인의 무절제한 생활습관이 원인이 된 의지박약의 결과로 해석하려는 경향이 강할 수밖에 없다. 암 환자들이 가장 스트레스받아 하는 것이 무엇일까? 이들은 "그러게 평소에 몸 관리 좀 잘하지"라면서 황당한 위로를 하는 주변 사람들 때문에 속이 뒤집어질 지경이다. 간염에 걸린 사람이 다른 이로부터 처음 듣는 말은 "술 많이 마신 거야?"다.

의사가 진행하는 라디오 방송에서 1형 당뇨병에 대한 오해를 푸는 내용을 들었다. 핵심은 1형 당뇨병의 원인이 생활습관과 무관한 유전적 요인임을 알아 달라는 거다. 이 말은 사람들이 일반적인 당뇨병의 (2형) 여러 발병 요인 중에 하나인 '생활습관'에 지나치게 몰입해서 보호받아야 할 환자를 채근하는 경향이 강하다는 것을 뜻한다. 한국에서 당뇨병은 '체중 조절 못했다'는 징표에 불과하다. 이는 한 사람의 과거와 미래를 손쉽게 재단하는 분위기를 만들어 낸다. 환자는 '무절제한 삶을 살았다'면서 과거를 진단받고 '저 사람이 과연 잘할 수 있을까'라면서 미래를 의심받아 궁극적으로 개인의 사회생활이 엉망이 된다. 그러니 가급적 병을 숨기려다 더 큰 병을 키우는 사람들도 많다. 혹은 병에 걸렸다는 수치심을 빨리 극복하기 위해 갑작스럽고 과도한 다이어트로 오히려 몸의 균형이 무너져서 고생하기도 하고 검증되지 않은 자연 치유법을 찾아다니다가 병원 신세를 지기도 한다.

질환의 여러 원인들이 죄다 무시되고 언제나 '기승전-평소 몸 관리' 인 곳에서는 좋은 음식, 나쁜 음식에 관한 서사가 과잉될 수밖에 없다. 항암 효과가 있다면 이름도 생소한 풀뿌리가 웬만한 약보다 더 널리 알려지고, 발암이 유발된다는 추론만 가능하다면 특정 음식 선택은 그 자체로 죄가 된다. 특히나 자녀의 건강한 몸을 위해 좋은 식습관을 교육시켜야 한다는 강박에 사로잡힌 '부모'들은 괴담 수준의 음식 정보에도 귀를 기울이고 실천하고 그 기준으로 타인을 평가한다.

콜라에 대한 괴담이 단적인 예다. 콜라는 비만을 유발하고 충치의 주범이다. 여기까진 사실이지만 유통되는 음식의 유해성은 '과잉 섭취'에 있으니 콜라를 마시는 것 자체가 비윤리적일 순 없다. 하지만 여타의 음식과 달리 콜라 섭취 유무는 '어떻게 저런 음식을 먹일 생각을 하지?'라면서 나쁜 부모를 선별하는 기준으로 작동된다. (그래서 대신 선택한다는 과일주스의 당분 함유량이 콜라보다 높다.) 이들은 탄산음료 안의 '인(phosphorus)' 성분이 칼슘 배출을 유발해서 키 성장에 지장받을 수밖에 없으니, 특히나 외모도 경쟁력인 세상에서 이는 당연하다는 입장이다. 몸의 가치가 커지면서 스스로가 어떤 강박에 사로잡혔는지 인정하는 꼴이다. 콜라 섭취가 키 성장에 영향을 준다는 정보가 '엄마 블로그'에서 시작하여 '엄마들 커뮤니티'에서만 떠도는 게 그 증거다. 과학적으로 콜라는 링거로 몸속에 하루 몇 리터가 들어가지 않는

한 살아 있는 사람의 뼈를 녹이지 못한다. 어쩌다가 한번 햄버거 먹으면서 몇 모금 마시는 콜라가 개인의 신체에 그토록 위협을 준다면 그런 음식이 유통되는 사회에 책임을 물어야 마땅할 것이다.

몸 관리 강박에서 유발된 과잉된 음식 서사는 최근 '햄버거병' 논쟁에서도 쉽게 발견된다. 사건을 요약하면 이렇다. 맥도날드에서 어린이 햄버거 세트를 먹은 만 네 살 아이가 그날 이후 '용혈성 요독 증후군'에 걸려 신장 장애 2급 판정을 받는다. 부모는 햄버거와의 인과관계를 확신하고 소송을 건다. 분쇄육으로 만들어진 패티가 덜 익어서 유사한 발병 사례가 존재하기에 법적 결론에 상관없이 충분히 의심할 자유가 부모에게는 있다. 신장 기능이 거의 상실되어 매일 복막투석을 하는 아이의 안타까운 모습이 언론을 통해 알려졌고 많은 이들이 분노했다. 그런데 이 절망적인 뉴스에 이런 댓글을 심심찮게 발견했다. '어떻게 네 살 아이에게 햄버거를 먹일 수 있지? 우리 아이는 아홉 살이 되도록 햄버거가 뭔지도 모르는데.'

놀랍고 충격적인 내용이었지만 열에 하나는 이런 입장을 굳이 드러낸다. 도대체 어쩌란 말인가. 자신의 음식 조절 능력이 과하면 타인에 대한 연민조차 이렇게 무뎌진다. 죽어가는 사람 앞에서 자기가 평소 어떻게 살았는지를 자랑하고 자신만큼 노력하지 않은 타인에게 '어찌 햄버거를 먹일 생각을 했어'라고 물으며 책임을 통감하라고 강요하는 것이야말로 비윤리적인 태도다. 몸 관리에 대한 강박이 빚어 낸 최악의 결과다. 아이 어머니의 인터뷰를 본 적이 있다. 어머니는 평소에 자주 햄버거를 먹이지 않는다는 점을 누차 강조했고 그날 아침에 먹은 음식이 굉장히 정갈했음을 알리고자 애쓴다. 이상한 눈초리에 얼마나 시달렸을까 짐작이 간다.

'혼자'가
어때서요?

내가 냉동 인간이 되고픈 이유

여러 분야의 전문가들이 함께 여행 다니며 유쾌하게 자신의 지식을 뽐냈던 예능 프로그램 〈알아두면 쓸데없는 신비한 잡학사전〉(줄여서 '알쓸신잡') 시즌 1의 최종회에 등장한 장면이다. 그간의 여행 중 방송에 나가지는 않았지만 기억나는 장면을 꼽아 달라 하자 유시민 작가는 근래에 없었던 수준 높은 대화였다면서 정재승 교수와 '냉동 인간'을 주제로 이야기를 나누었던 것을 떠올린다.

공주 자연사박물관에서 학봉 장군의 미라를 본 정 교수가 불치병 걸린 사람들이 일말의 희망으로 (아직 '해동' 기술이 없음에도) 냉동 인간이 된 경우가 미국에 실제 있다고 하자 유 작가는 이를 과학이 고도화되면서 나타난 인간의 비이성적 선택이라면서 비판한다. 인간은 다른 이와의 관계 속에서 자신의 존재를 확인하며 살아가는데 고의적으로 현재의 관계를 끊고 한참이 지나 자신과 전혀 관계가 없는 타자와 마주하는 건 어리석다면서 이렇게 말한다. "동학혁명 때 얼린 사람을 2017년에 깨워 봤자 못 산다."

'그래 봤자 적응 못 한다'는 반대파에 맞서 정 교수는 곧 죽을 사람이 자신을 위하는 일말의 가능성에 돈을 쓰는 건 어리석은 행동이 아니라며 논쟁을 지핀다. 과학기술의 토대가 달라진 이상 죽음에 대한 가치관은 변하는 것이며 죽을병에 걸린 세 살 아이를 기대수명만큼 살리는 것이 자연 이치에 어긋났다는 이유로 잘못되었다고 할 수 있냐고 반문한다. 반대파가 걱정한 인간관계론도 해동된 인간끼리 어떻게든 적응해 나갈 거니 별 문제없다고 한다. 정 교수는 '과학이 종교가 된' 세상을 비판하는 인문학자의 견해에 맞서 '주술적 신념이 합리적 이성에 바탕을 둔 과학적 사고로 교체되는 세상'의 의미를 잘 설명했고, 결국 유 작가가 "나라면 하지 않겠다"면서 기존의 입장에서 한발 물러서는 것으로 논쟁은 훈훈하게 일단락된다.

시청자들은 생명과 죽음에 과학이 어디까지 개입할 수 있는지, 그 기준이 되는 윤리는 누가 정할 수 있는지를 고민했다면서 이 프로를 극찬했다. 나는 좀 다른 생각이 들었다. 나 역시 인문학 쪽에 발을 걸쳤으니 '인간은 사회적 동물이다'에 바탕을 둔 논의를 괜히 해야 될 것 같지만 방송을 보고 내뱉은 말은 이랬다. "우아, 지금의 인간관계가 전부 단절되고 완전히 새로운 관계를 맺을 수 있다니! 냉동 인간 할 만하네."

삶을 리부팅해서 타인과의 관계를 원점에서 시작한다는 건 인간관계로 인해 스트레스받아 하는 현대인들에게 참으로 매력적이다. 특히 인간관계만 봐도 그 사람의 평판을 안다는 폭력적인 말이 부유하는 한국사회를 살아야 하는 이들이라면 더 그렇다. 결혼식장에 사람이 너무 없으면 무시당할까 봐 하객을 아르바이트 형태로 동원하기도 하니 말 다했다. 관혼상제에 사람이 '없으면' 무슨 문제라도 있다고 증명되는 것일까? 이러니 사람과의 관계를 '관리'해야 함에 부담을 느끼지 않을 한국인이 과연 있을까 싶다. 나부터가 그렇다. 그까짓 게 무슨 소용 있냐고 생각은 하지만 썰렁할 내 장례식장에 쓸쓸하게 있을 가족들을 떠올려 보면 죽어서도 불안할 것 같다. 평소 나를 못마땅하게 여겼던 지인은 "제대로 못 살았다는 증거다"라고 하지 않겠는가. 어휴, 생각만 해도 끔찍하다.

열 길 물속은 알아도 한 길 사람 속은 모른다는 말은 인간관계가 수학 공식처럼 이루어질 수 없음을 뜻한다. 서로 간의 갈등은 당연지사며 인맥이 넓든 좁든 각자만의 이유가 있을 수밖에 없다. 하지만 한국에선 타인과의 관계가 '많고 원만할수록' 좋은 사람으로 규정된다. 그러니 낯을 가리는 '별 문제가 아닌' 성격도 문제가 되니 자신의 협소한 인간관계를 걱정하며 인터넷에 해결책을 물어보는 사람들이 많다. 서점에는 이들을 위한 책이 즐비하다. 조직에서 사랑받는 법, 인간관계 좋아지는 법, 성격을 적극적으로 바꾸는 법……. 억지로 사람과 친해져야 하는 것에 지친 자들은 인맥 다이어트를 시도한다. 관계의 권태기를 뜻하는 '관태기'가 신조어가 된 세상에서 사회적 관계를 차단하고 밀실로 숨는 자들이 늘어나고 있다. 돈만 있으면 냉동 인간에 자원할 사람이 한국엔 많다. 저렴하면 나도 용의가 있다.

바보 사회에 '인맥왕'이 있다

명품 고전 《자살론》의 저자인 사회학자 에밀 뒤르켐은 자살에 강력한 사회적 요인이 있음을 증명했다. 결속력이 강한 집단일수록 자살을 안 한다는 것이 핵심인데, 타인과의 강한 연대성이 '그래도 살아야 한다'는 생각을 키우면서 죽지 않겠다는 다짐으로 이어졌다고 해석할 수 있다. 백 년 전 분석이지만 지금도 유효하다. 혼자라는 외로움과 아무도 도와주지 않을 거라는 절망감은 '차라리 죽는 편이 낫다'는 생각으로 이어져 자살의 결정적인 요인이 된다.

그런데 다른 사람과의 '친밀한' 관계를 어릴 때부터 강조하는 한국사회에서 이토록 자살률이 높은 이유는 무엇일까? 그냥 높은 것도 아니고 2위와 월등한 격차로 장기간 1위를 고수할 정도니 한국인들이 자살에 적합한 유전자적 기질이라도 갖고 태어났는지 의심이 들 정도다. 어색함의 답은 간단하다.

지금껏 한국사회가 강조한 인간관계는 엉터리였다. 서로가 서로를 진정으로 위하는 연대? 그런 건 애초에 없었다. 자녀 육아에 관한 책이

나 초등학생 생활습관을 알려준다는 지침서를 넘겨 보면 어떻게 행동해야지 타인으로부터 사랑받는지를 가르쳐 주기 바쁘다. 누구를 왕따 '하는' 행동이 나쁘다는 말은 없고 누구로부터 왕따'당하지 않을' 비법을 사회성이라는 단어로 포장하여 교육시킨다.

한국인들은 수평이 아닌 수직적 관계의 결속만을 중요시 여긴다. 여기서 '관리되는' 인간관계란 자신의 인생에 도움이 되는지 안 되는지의 잣대로 철저하게 사람을 가려내라는 말이다. 과감하게 명예퇴직을 신청하는 사람들이 나중에 뼈저리게 후회하는 것이 무엇일까? 지금껏 인맥 하나는 자신 있다고 생각했고 이를 믿고 새로운 일을 시작했는데 전혀 효과가 없기 때문이다. 든든한 회사 이름이 명함에서 사라지니 아무도 찾지 않는다.

전략적인 사람 관리가 판을 치는 세상에서 '인맥왕'이라고 칭찬받는 사람들의 이야기를 들어보면 기가 찬다. 아는 사람 있어서 수월하게 '반칙할 수 있었던' 경우를 자랑이랍시고 떠벌린다. 영화 〈범죄와의 전쟁〉에서 배우 최민식이 연기한 최익현이란 인물을 기억하는가? 그는 경주 최씨 충렬공파 35대손의 위치를 십분 활용하여 하정우가 연기한 조직폭력배 최형배의 대부가 되어 세력을 키워 간다. 최형배가 39대손이었기 때문에 가능했다. 평소 혈연관계를 철저하게 다져왔던 노고가 빛을 보는 순간이었다. 경찰서에 끌려온 상황에서도 기죽지 않고 걸쭉한 부산 사투리로 고함지르던 장면을 다들 알 것이다. "너거 서장 어딨어? 내 누군 줄 아나? 내가 너거 서장이랑 어제께도 같이 밥 먹고 사우나도 같이 가고 다했어!"

영화에만 국한된 이야기일까? 인간관계가 좋다는 사람들의 무용담은 원래는 그러면 안 되는데 누구 덕택에 '예외'로 인정받았거나 '빨리' 일이 처리되었다는 식이다. '아는 사람이 소개해 줘서', '아는 사람의 지인이 도와줘서' 처리되는 일들은 설사 정의의 원칙에 어긋날지라도 한국사회에서는 사람 잘 만난 복으로 이해된다. 정부 부처, 의료계, 법조계에 아는 사람 있고 없고는 개인의 운명을 좌우한다. 한국에서 인간관계는 딱딱한 행정 원칙을 한칼에 무용하게 만드는 놀라운 힘이다. 문화랍시고 반칙을 반칙이 아니라고 하니 사람들은 급할 때 전화 통화할 수 있는 사람을 주변에 만들어 놓기 위해 필요 이상의 애를 쓴다. 악착같은 노력으로 '끈'이 하나 생겼다면 절대로 놓치지 않기 위해 골머리를 앓는다.

그 결과 '청탁' 없이 한국사회를 이해할 수 없다. 오죽했으면 '김영란법(부정 청탁 및 금품 등 수수의 금지에 관한 법률)'이라 불리는 청탁금지법이 생겼겠는가. 법의 효력이 적용될 수 없는 사기업에서는 여전히 인간관계의 목적을 달성하기 위한 수단이 추잡하다. 특히나 상급자의 평판이 인사에 반영되는 대부분의 조직에서는 신입사원 때부터 예의랍시고 출장 다녀오면서 양주를 선물로 준비해야 한다. 받으면 모른 척할 수 없는 게 인지상정이니 패거리 문화가 창궐할 수밖에 없다. 여기에서 '사바사바' 못한다면 취업할, 승진할 꿈도 꾸면 안 된다. 조용한 성격에 친구가 별로 없는 청년이 주변으로부터 항상 듣는 말이 있다.

"넌 나중에 공무원이나 교사를 할 것 같아"가 그것인데, 폭력적인 오지랖이지만 지극히 현실적인 조언이란 걸 부정할 수 없다.

한국사회에서 좋은 인간관계란 관행을 관행으로 받아들이고 기득권에 그만큼 잘 적응한다는 말일 뿐이다. 인맥조차 없는 순수한 사람들에게 이 문화는 넘을 수 없는 벽이니 극단적인 선택을 하는 것 아니겠는가.

유독 "나 A형이잖아"라는 말이 많은 이유

"낯가리는 성격이라 처음에는 어색한데 친해지면 완전 잘해줘요." 주변 사람과의 관계가 어떤지 묻는 질문에 대한 사람들의 상투적인 답이다. 당연하다. 처음 만나서 어색하지 않다면 그게 어찌 사람이란 말인가. 서먹함이란 시작 없이 타인과의 친교는 불가능하다. 하지만 '친밀한' 인간관계를 강조하는 사회에서는 낯가리는 성격이 자칫 결핍처럼 느껴질 수 있다. 그러니 '알고 보면 나 인간관계 진국이다'는 식의 방어적 태도를 통해 혹시나 있을 오해를 최소화하려고 한다.

한국사람들이 혈액형별 심리에 집착하는 것도 이와 무관치 않다. 나치가 인종차별을 정당화하는 도구로 사용했고 일본이 우리나라를 강점하면서 같은 목적으로 재미를 본 혈액형 분류법은 과학적 근거가 전혀 없다. 역사적 배경의 진중함을 생각한다면 재미 삼아서라도 해서는 안 되지만 자꾸만 언급되는 이유가 있다.

사람들로부터 회자되는 대표적인 혈액형은 A형이다. "나 AB형이잖아"라고 하면 그게 어떤 특징을 뜻하는지 단번에 이해하기 어렵지만 "나 A형이잖아"란 말은 별다른 부연 설명 없이도 대화가 통한다. A형이 아닐지라도 "실제 내 성격은 A형 스타일"이라고 표현하며 자신을 설명하는 사람이 많다. A형의 대표적인 특징으로 소개되는 것이 '소심함'이다. 낯가림이 심하다는 거다. 혈액형에 상관없이 누구는 그럴 것이고 누구는 그러지 않을 것이다. 소심한 사람들 중 혈액형이 A형인 사람들이 이런 분류법을 보고 격하게 공감한다.

한국사회는 누구와도 모나지 않게 지내는 성격을 높이 평가한다. 그런데 사람인 이상 모두와 잘 지낸다는 게 불가능하니, 대부분 자신의 인간관계에 문제가 있다고 생각한다. 누구와는 가깝게, 누구와는 적당히 거리를 두며 사는 평범한 사람이지만 평균치가 높아지니 자신이 무척이나 낯가리는 사람처럼 보인다. 노력해도 잘 안 된다(생각이 같을 수 없는 인간들이기에 당연한 결과다). 그런데 알고 보니 '내 피' 때문이었다니 조금은 위로가 되지 않겠는가. 자신을 '천상 A형'이라 규정할수록 지금까지의 끙끙거림이 이해가 되니 참으로 속 편하다.

자신의 소심함을 해명해야 한다는 강박이 없었다면 A형 스타일은 자주 언급되지 않았을 것이다. A형은 자기소개서에도 종종 등장한다. '비록 혈액형 A형이었지만 이를 노력으로 극복했다'는 스토리가 가능하기 때문이다. 물론 B형도 질 수 없으니 이렇게 작성한다. 'B형답게 어색함을 싫어하는 성격이라 처음 보는 사람과도 금방 친해진다.' 살아남으려면 인간관계가 무조건 좋아야 하는, 그래서 낯가림조차 부끄러워해야 하는 현실의 민낯은 이토록 처량하다.

당신은 소비하기에 존재하나요?

백화점 거울에 비친 비루한 내 모습

나는 스물한 살 대학생이다. ○○대에서 오찬호 선생님의 〈사회학적 참여관찰과 글쓰기〉란 강의를 듣고 있다. 오늘은 수강생들이 선생님과 함께 백화점을 비판적으로 관찰하는 날이다. 현대인에게 소비가 어떤 의미인지를 파악하고 백화점이라는 공간이 소비를 유도하는 방식을 짚어 보자는 취지다. 학교로 가는 길에 왜인지 모르겠으나 찜찜한 기분이 들어 선생님에게 '1교시 수업이라 옷을 대충 입고 나왔는데 괜찮은지' 문자 보냈다. '쓸데없는 고민'이라는 답이 왔지만 약속시간에 집결 장소로 가 보니 다른 학생들도 비슷한 고민을 한 흔적들이 많았다. 안경 쓰면 왠지 안 될 것 같아서 아침에 렌즈 찾는다고 고생했다는 사람, 후드 티셔츠 입고 갈 수 없다고 며칠 전에 재킷을 드라이클리

닝 맡겼다는 사람, 심지어 도무지 백팩 메고는 부자연스러울 것 같다면서 집에 있는 쇼핑백 중 가장 백화점에 어울리는 걸 골라왔다는 학생도 있었다. 몇 주 전에 전통 시장을 관찰할 때와는 확연히 달랐다.

몇몇은 뭘 그리 눈치 보냐는 투였다. 하지만 선생님의 지시대로 '혼자' 떨어져서 마치 아무나 쉽게 열 수 없다는 느낌의 두꺼운 문을 직접 손으로 밀며 1층으로 들어가면 백화점의 대단한 위세에 움찔하지 않을 대학생은 드물다. 세상에는 내가 살 수 없는 물건이 많다는 사실을 알아서만이 아니다. 지상에서 최대로 밝고 최고로 깨끗한 곳이자 무조건 친절한 곳에서 우리는 어색함을 느낀다. 얼마나 친절한지는 역설적으로 그렇지 않은 순간이 눈에 잘 띄는 걸 확인하면서 알 수 있다. 선생님께서는 노동자를 관찰하고 기억나는 장면을 공유하자고 하셨는데 대부분 '여기는 노동자들이 편해 보인다', '생각보다 자유로웠다' 등의 소감을 밝혔다. 학생들이 포착한 장면이란 이런 거였다. 3층의 누가 벽에 기대기도 하더라, 식품 매장에서 짝다리 짚고 판매하는 사람을 봤다, 가구 매장 직원들은 잡담도 하고, 의류 매장에서는 휴대폰 보는 경우도 있었다 등등. 선생님께서는 우리에게 그저 평범한 순간들이 서비스 노동자에게서 보인다고 해서 이를 무려 '자유로움'으로 느끼는 이유가 더 궁금하다고 하셨다. 우리가 친절에 어떻게 길들여져 있는지를 보자는 뜻일 것이다. 하긴 그렇다. 휴대폰 한 번 보는 모습이 낯설게 느껴진다는 것은 평균적으로 이곳이 손님들을 대단히 환대하고 있다는 뜻 아니겠는가. 그러지 않고선 벽을 부수고 있는 것도 아니고 그저 기대고 있는 모습이 신기하게 느껴질 리가 있겠는가.

물론 모두를 환대하지는 않는다. 백화점에서 안락함은 지갑을 열 수 있는 자에게만 허락된다. 든든한 물주였던 엄마를 따라올 때 느꼈던 감정이 오늘은 느껴지지 않는다. 소비자일 때 내 발걸음은 느릿느릿하면서도 당당했다. 1층의 향수 냄새는 분명 달콤하고 오만 가지 색깔로 구성된 화장품을 보는 눈은 매우 차분했다. 실제 백화점에서 물건을 고르는 소비자의 눈동자가 평소보다 천천히 움직인다는 연구도 있다. 안구의 완만함은 환상을 느낄 때 나타난다고 한다.[21] 하지만 돈 없는 자는 착시할 자유도 없으니 발걸음부터 빠르다. 소비자일 때는 테스터 제품을 사용하는 데 주저함이 없었는데 오늘은 "찾는 거 있으세요?"라고 물으며 다가오는 판매 사원을 피하기 바쁘다. 혹시 내가 살 능력도 없는 것처럼 보여서 저렇게 쌀쌀맞게 묻는 건가, 하는 생각이 든다. 돈도 없이 유유자적하다가는 어중이떠중이처럼 남에게 비춰질 것 같다. 아무도 그렇게 생각하지 않지만 스스로 주눅이 든다. 선생님께서 메모를 하거나 사진을 찍으며 관찰하라고 하셨는데 쉽게 할 행동 같지만 부담된다. 명품 매장 코너에서는 더 그렇다. 식품 매장에서 만두를 촬영할 때는 접사 기능으로 여러 장을 찍었지만 천만 원이 넘는 고급 시계 앞에서는 '직원에게 들킬까 봐', '다른 손님이 볼까 봐' 두리번거리며 몰래 찍는다.

백화점에는 창문과 시계는 없고 거울은 많다.[22] 외부 세계와 차단시켜 오롯이 백화점 '안' 자신을 보라는 뜻일 게다. 새 구두를 신고, 새

옷을 입고 거울 앞에서 싱글벙글 웃는 사람들이 많다. 진짜 자신이 달라졌음이 느껴지는데 어찌 돈을 안 쓰겠는가. 내가 아침에 '대충 입은 옷'을 걱정한 이유를 이제 알았다. 백화점은 누가 거지 행색이든 직접적인 제재를 가하지 않는다. 거울이 대신 한다. 수많은 거울은 그곳을 지나다니는 사람에게 '백화점에 온 사람처럼 굴어라'라고 말한다. 나는 당당한 사람이라 생각했는데 그건 이 공간 밖에서만 그랬다. 폐쇄된 백화점 안에서 거울 속 내 모습은 비루하다. 손목에 찬 만 원짜리 시계가 이렇게 비참하게 느껴질 때가 있었던가. 밖에선 저렴하고 좋은 제품이자 수능시험을 함께한 행운의 시계였으나 여기선 '싸구려'다. 별 볼 일 없는 나를 보여 주는 거울 옆에는 때깔 좋은 옷을 입은 마네킹이 늠름한 자태를 뽐내고 있거나 광고 속 연예인이 멋진 포즈로 나를 응시한다. 아, 기분 더럽다. 과제한다고 백화점 간다니까 엄마가 구두 신상 있는지 알아봐 달라고 했는데, 구두 매장 직원들이 죄다 정장바지에 흰색 와이셔츠 입은 남자들이다. 내가 오늘 차려입었으면 구두 벗겨주고 신겨주는 지극 정성한 남자 노동자들 덕택에 신데렐라라도 된 기분을 느끼겠지만 지금은 때 묻은 운동화에 냄새나는 양말을 신고 있다. '격식'을 차리고 백화점을 가는 이유를 알겠다. 내 '격식'은 명품 매장을 땅만 보고 걷는 것도 부적합해 보였다.

우리는 충성스러운 소비자가 될 것이다

관찰이 끝나고 모두가 모여 소감을 주고받았다. 용돈을 받고 사는 20대 초반 대학생들이라 다들 비슷한 생각이었다. 백화점은 오만하다, 배타적이다 등등 분노가 하늘을 찌른다. 그런데 선생님께서는 바로 그 감정이 백화점이 가장 원했던 감정이란다. 말씀을 정리하자면 이렇다. 백화점은 심리학자에게 자문까지 구하며 동선과 전시 공학을 철저히 기획하는데 그 철학이 '모두에게 친절히'가 절대 아니다. 식품관만 하더라도 대형마트처럼 시끄럽지 않다. 오히려 시장처럼 보일까봐 경계한다. 백화점은 이곳을 이용하는 사람들을 배타적으로 대한다. 대학생이나 사회초년생 같은 '소비의 초보'들이 수치심을 느끼게 하기 위함이다. 왜 그럴까? 모멸감을 극복하겠다는 소비자가 백화점의 가장 충성스러운 손님이기 때문이다.

의아해하는 사람들이 있자 선생님은 20년이 지나 이곳을 거니는 자신을 생각해 보란다. 오늘과는 다른 발걸음과 행동을 하고 있을 모습이 떠올랐다. 20년 전에는 안으로 발을 딛지도 못했던 명품 매장에 당당히 들어가 감히 가격을 묻고 있지는 않을까? 그랬으면 좋겠다고 생각했다. 선생님이 정말로 그런 일이 벌어지면 어떤 기분일지 말해 보라고 하셨다. 1초의 망설임도 필요 없었다. "성공했다는 느낌요. 그래도 열심히 살아서 여기까지 왔구나 하는 기분일 것 같아요." 순간 너무 바보같이 말했다고 잠시 자책했지만 다들 공감한다는 투였다. 누구는 이 폐쇄적인 공간을 '뛰어넘었다'는 기분일 거라면서 에그타르트 가격을 듣고 놀란 표정을 지었던 20년 전의 수모를 갚는 자신에게 진정으로 박수를 치겠단다. 다들 웃는데 이런 생각이 들었다. '20년 후에도 백화점 빵 값이 부담된다고 느껴지면 진짜 큰일인데…….'

백화점의 배타성은 '미래의 충성스러운 고객'을 만들기 위한 고도의 전략이다. 이곳은 젊은 대학생들에게 '성공해서 다시 오렴'이라고 끊임없이 외친다. 박탈감을 느낄수록 정복 욕구가 샘솟는 이유였다. 백화점이 자본의 괴물이든 아니든, 소비자를 현혹하든 아니든, 미래에도 이곳을 내가 낯설어한다면 끔찍할 것 같다. 나이 마흔이 넘어서도 백화점에서 옷 한 벌 사지도 못하는 형편이라니, 그런 미래를 인정할 수 없다.

백화점은 내게 상승하라고 말한다. 지하철과 연결된 지하 2층 백화점 매장은 별다른 진입장벽도 없다. 저가 상품도 많다. 그런데 위로 올라가려니 부담이다. 위의 식품관 음식들은 그래도 학생인 내게는 비싸다. 하지만 용기를 내서 '올라갈 것이고' 적응할 것이다. 그리고 1층으로 올라가는 에스컬레이터가 내게 말하는 소리를 듣는다. "한 걸음, 한 걸음 그렇게 성장하는 거야!" 최종 목표는 꼭대기 층의 VIP 전용 라운지다. 2년에 한 층씩 적응해 나가면 20년 후 나는 이 백화점에서 최고의 고객이 되어 오늘은 들어가 보지도 못한 공간에서 휴식을 취하고 있을 게다. 상상만 해도 좋다. 백화점에서 '올라갈수록' 내가 '올라간' 느낌이다. 백화점이 "어떠한 삶을 살아야 하는지를 가르쳐 주는 학교

이고 고통과 우울함에 빠진 이들을 위로해 주는 교회"[23]라는 말은 사실이었다.

학생 한 명이 자신은 박탈감이 불쾌하여 다시는 백화점을 오지 않을 것 같다고 했다. 선생님은 그 '체념'도 백화점이 원한 거라면서, 어차피 와도 도움 안 될 사람을 미리 선별해 놓기 위해서라도 백화점은 오만한 전략을 포기하지 않는다고 하셨다. 소득에 상관없이 모두가 어슬렁거리면 그게 어디 백화점이겠는가. 어차피 사지 않을 사람을 몇 번의 초기 경험으로 아예 발을 못 딛게끔 하면 백화점은 언제나 '고급' 이미지를 유지할 수 있다. 돈을 가장 많이 쓰는 VIP 고객이 '왜 저런 사람이 여기 있지? 이제 이곳도 아무나 오네'라고 생각하지 않을 테니 얼마나 좋은가. 소비를 통해 '자신의 삶'을 증명하겠다는 사람들만 이곳에서 경쟁 또 경쟁하니 백화점은 돈을 벌 수밖에 없다.

물건 하나 사면서 사람을 측량하고 싶은가?

학생 시점으로 글을 전개한 이유는 백화점이 미래의 고객을 어떤 전략으로 관리하는지를 보여 주기 위함이었다. 그런데 단순히 소비의 노예가 되지 말자는 이야기를 하자는 건 아니다. 소비가 없으면 나라가 망한다. (나는 내 책을 산 줄도 모르고 또 사는 독자들이 제일 고맙다.) 과시적 소비를 운운하는 것도 더 이상 '생리적 욕구의 충족'만을 위해서만 소비하지 않는 시대에, 원하는 상징을 얻을 수 있다면 터무니없는 금액도 지불할 수 있는 시대에 어울리지 않아 보인다. 미국의 비판적 예술가 바바라 크루거가 쇼핑백 앞면에 '나는 소비한다, 그래서 존재한다(I shop therefor I am)'는 문구를 적은 작품으로 현대사회의 소비 문화를 비꼰 게 1987년이다. 30년간 세상은 더 심해졌고.

우리는 소비의 동력을 '열패감'에서 찾는 것을 경계해야 한다. 성적 하나에 열패감을 느낄 수 있는 사회는 반대로 성적 하나로 우월감을 가지는 경우도 많다. '온갖 수모를 참고' 성과를 얻어 낸 자는 '수모도 견디지 못한' 타인과는 연대하지 않는다. 소비는 그냥 물건을 사는 것인데 우리는 '열심히 살아온 인생에 대한 보답'이니 뭐니 각종 의미를 붙이기에 바쁘다. 이는 소유할 수 있고 없고를 소유할 '능력의 차이'로 인지하게 되면서 누군가의 시계를 보고 "어휴, 여태 어떻게 살았기에 저 나이에 싸구려 시계를 차고 있을까?'라는 놀라운 생각을 품는 걸 가능케 한다.

소비 하나로 사람을 측량하는 사회, 그 결과는 끔찍하다. 이마에 자기 직업, 지위, 연봉을 새겨 넣을 수 없으니 사람들은 혹시나 무시당할까 봐 '직급에 맞는' 소비를 하기 바쁘다. 백화점 거울을 보면서 스스로에게 대견해하겠지만 그럴수록 "사람이 입는 옷만 봐도 그 사람이 어떤 인생을 살아온지 안다"면서 타인을 아프게 할 확률이 높다.

중립을 지키지 못해서
죄송할 필요는 없습니다

바위에 계란을 쳐라!

'머리카락은 2cm 이상 기르지 못한다.'

내가 다니던 중학교의 두발 기준이었다. 질서를 어기는 자는 학생주임 교사가 씹던 껌이 머리카락에 붙는 수모를 당했다. 그런데 수모인 줄도 몰랐다. 짧은 머리가 처음에는 어색했지만 시키는 대로 하니 왜 그런지는 몰라도 '단정하다'는 소리를 들었고 역시 왜 그런지 몰라도 '학생답다'는 칭찬을 받았다. 여기에 익숙해지다 보니 나는 짧은 머리가 내게 어울리는 줄 알고 살았다. 적응을 이리 잘하니 고등학교에 가서도 두발 길이에 대한 교칙에 별 불만이 없었다.

별난 녀석을 만난 건 고등학교 2학년 때였다. 1995년 당시, 반에서 유일하게 'PC통신'을 하던 친구는 내게 "두발 제한에 대해 어떻게 생각해?"라고 물었다. 나는 그걸 '제한'이라고 딱히 생각해본 적 없어서 어안이 벙벙해졌지만 친구는 학교가 학생의 신체에 간섭하는 건 '부당하다'면서 왜 분노해야 하는지를 조곤조곤 설명했다. 그러면서 'PC통신'이라는 생전 처음 듣는 낯선 이름을 들먹이며 이곳에 비슷한 입장을 가진 사람들이 많다는 알아듣지 못할 말을 이어갔다.

친구는 신세계를 경험해보라면서 다짜고짜 나를 포함 몇 명을 집으로 끌고 갔고 나는 토요일 오후 내내 '화장실 물 내려가는 소리'로 시작하는 천리안의 파란색 화면을 들여다봤다. 물론 끌려간 이들은 놀라운 기계를 눈으로 보았다는 기쁨에만 사로잡혔을 뿐 친구의 바람과 달리 전혀 진지해지지 않았다.

혁명가는 우리에게 제안을 했다. 약간의 일탈이 허용되는 교내 가을 축제 기간에 두발 제한이 대한민국 헌법 제12조 1항 '모든 국민은 신체의 자유를 가진다'에 위배된다는 재미난 퍼포먼스를 하자는 거였다. 그런 헌법 조항이 있는 줄도, 또 내 머리카락이 헌법과 함께 설명될 수 있다는 것도 처음 알았지만 우리들은 체 게바라의 사상에 경도되지 않았다.

실망이 가득한 친구에게 나는 계란으로 바위를 칠 필요가 있냐면서 다독였다. 아무도 관심 안 가져줄 것이고 괜히 학교 시끄럽게 만들었다고 찍히면 매 순간이 고생이라면서 (지금 생각해도 부끄러운 말이지만) "나는 그냥 조용히 졸업하고 싶어"라고 했다. 그러자 친구는 쇠귀에 경 읽기에서 문제는 쇠귀이지 '경'이 아니라면서 (부끄럽게도 이 표현을 강연 다니며 종종 사용한다.) 그해 개봉한 영화 〈쇼생크 탈출〉 이야기를 끄집어 낸다. "19년 동안 망치 하나로 벽을 뚫었잖아." 아마 영화 〈변호인〉의 명대사와 같은 뜻이었을 거다. "바위는 죽은 것이지만 계란은 살아서 결국 바위를 넘는다."

친구는 자기를 '갈등 유발자'처럼 바라보는 우리들 때문에 거사를 치를 수 없었지만 지하세계에서의 활발한 활동을 멈추지 않았다. 부당한 것을 거부하고자 했던 이들이 PC통신 안에서 만든 여론은 이후 20여 년이 지나 여러 교육청에서 '학교는 두발의 길이를 규제해서는 아니 된다'는 인권 조례를 만드는 초석이 된다. 아무리 권고 사항에 불과하다고 해도 상상조차 할 수 없었던 일이다. 하지만 사람들은 누군가의 작은 도약을 발판 삼아 계속 옳은 쪽으로 걸었다. 지구가 천체의 중심이 아니라고 누가 비웃든 말든 주구장창 주장한 코페루니쿠스 덕분에 갈릴레이가 '나도 그렇게 생각한다'고 말할 수 있었던 것처럼 말이다.

바위가 부당하다면 깨질 줄 알아도 계란을 던지는 걸 포기하지 않았던 이들 덕택에 2000년대 초반 학생인권운동의 교본으로 불리는 '노컷(No-Cut) 운동'이 등장할 수 있었다. 두발 자유를 허용하라는 주장에 인터넷으로 동의한 청소년이 무려 20만 명이 넘었고 광화문에서 대규모 시위도 진행되었다. 변화가 원체 느린 탓에 이들은 두발 자유를 누리지 못하고 졸업해야만 했다. 하지만 바위에 계란을 던지는 걸 두려워하지 않았다. 바위는(학교는) 터진 계란 때문에(문제 제기를 한

학생들 때문에) 더러워졌다(시끄러워졌다). 이 갈등의 흔적 덕택에 이후의 학생들은 '아, 두발 제한이 문제가 많은 거였네'라고 생각할 수 있었고 계란을 던질 용기를 얻었다. 이처럼 갈등을 두려워하지 않은 사람들의 한 걸음이 모인 결과가 '학생인권조례'다. 당장 내일부터 사회가 달라지지 않더라도 끊임없이 문제 제기를 한 사람들이 있었기에 세상은 변했다. 참고로 소란 없이 조용히 살길 희망했던 나는 이 변화에 조금도 기여한 바가 없고 지금도 '머리를 짧게 자르지 않은' 학생들을 보면서 어딘가 단정치 못하다는 명청한 생각을 할 때가 많다.

당신은 계란을 짓밟지 않았나요?

갈등 없는 발전은 있을 수 없다. 누가 당연하다고 여기는 것에 반기를 들지 않고서는 변화가 불가능하기 때문이다. 갈등은 그 자체로 나쁜 개념일 리 만무하다. 하지만 갈등을 유발하는 자는 평화롭게 보였던 질서를 '깼다'는 이유로 바위에 계란을 던진 대가를 치른다. 특히 노동의 지위가 낮은 자들이라면 분수를 모르고 설친 죗값을 치러야 한다.

아파트 경비원 이야기를 해보자. 이들은 한동안 어떤 노동이라 할지라도 보상되어야 할 최저임금조차 받지 못했다. 대한민국 헌법 32조 1항은 '국가는 최저임금제를 시행하여야 한다'이지만 이들 같은 특수

노동자는 예외였다. '감단직(감시나 단속과 관련된 업무직)'이라 불리는 이들은 '정신적·육체적 피로가 적고 대기시간이 길다는 이유'로 일반적인 노동의 예외 직군으로 분류되면서 최저임금조차 받지 못했다. 합법적으로 불법이 이루어지는 희한한 상황이었다. 그러니 떼를 쓰는 떼들이 많아졌다. 예전에는 성실했던 노동자들이 갑작스레 거만해진 것이 아니라 성실해도 인간답게 살 권리조차 얻지 못하는 상황에서의 정당한 불만이었다.

하지만 '겨우' 경비 주제에 괜히 갈등이나 일으켜 '감히' 아파트 주민을 성가시게 했다고 생각한 사람들은 고요한 평화를 깬 대가를 집요하게 물었다. 이를 이해하기 위해서는 정부의 어설픈 조치가 어떠했는지 짚어 봐야 한다. 정부는 노동의 사각지대에서 들려오는 목소리에 귀를 기울이긴 했는데 갑작스레 이들의 급여를 최저임금 수준으로 올리면 사회 혼란이 우려된다는 해괴한 발상으로 점진적 인상을 유도했다. (누가 들으면 최저임금이 월 500만 원은 되는 줄 알겠다.) 처음에는 최저임금의 70% 수준으로 임금을 결정하고 이후 조금씩 인상해서 100%를 맞춰 나갔다(2013년부터 최저임금 100% 지급).

최저임금이 지급되는 데 사회적 합의 운운하니 주민들은 '매해' 관리비가 오르는 느낌을 받았고 이게 다 경비원들 급여 때문이라고 생각하게 되었다. 누군가가 밉상으로 보이기 시작하면 온갖 억측이 난무한다. '하는 것 없이 맨날 잠만 자면서 월급은 꼬박꼬박 올려 달란다'는 소문이 나돌고 주민 중 일부는 그들이 돈을 '더' 받으니 일을 '더' 해야 한다고 생각했다. 택배를 보관하는 걸 넘어 '갖고 올라오라'고 명령하는 등 멋대로 경비를 부리면서 이를 거부하면 그걸 트집 잡아 함부로 대한다. 노비처럼 부려먹었던 이들의 급여가 매해 인상되는 것이 짜증나니 사람 수를 줄여 관리비 인상을 막는 괴기한 방법을 취한다. 한 번이라도 계란을 던진 이들이 해고 1순위일 것임은 자명하다.

줄에서 떨어지렵니까?

대학에서 사회학을 강의할 때 종강이 가까워지면 이런 말을 한다.

"사회학을 접한 지 꽤 되었는데 아직도 부모님이나 친구하고 예전 그대로의 관계라면 그건 제대로 수업을 안 들은 거겠죠? 사회학은 고정관념을 깨고, 부당함에 저항하는데 그러면 평소 친숙했던 주변 관계가 어그러질 수밖에 없습니다. 부모님은 "너 요즘 왜 그렇게 불만이 많아졌어?"라며 대화를 거부하시고 친구들은 "너 때문에 분위기 다 깨졌다"면서 언젠가부터 연락을 하지 않죠. 만약 그렇다면 절대로 부끄럽다고 자책하지 마세요. 사회학 잘 배우고 실천하고 계신 거랍니다. 그런 갈등! 우리 사회를 좋아지게 만들 정당한 갈등입니다!"

재밌자고 한 말이지만 '외톨이'가 되는 경험을 해본 이들은 이런 상황을 말처럼 쉽게 받아들일 수 없다. 사회는 갈등 없이 좋아질 리 없지만, 현실에서 '갈등'이란 말은 앞서 살펴본 '부정'이란 단어처럼 쉽게 오해 및 오용된다. 일반 대중을 대상으로 한 강연의 질의응답 시간은 이런 아쉬움에 대한 성토장이다. 아무리 맞는 생각이라 할지라도 주변에서 편향적이다, 중립적이지 않다 등의 말로 입에 재갈을 물리는 경우가 너무 많다는 거다.

초등학생의 학부모라고 자신을 소개한 이가 말하는 '소란'을 일으킨 대가는 끔찍했다. 아이의 반은 점심 식사 전에 단체 청소를 하는데 매일 '어제의 당번'이 다른 아이들의 청소 상태를 점검한다. 여기까지 이상할 건 없다. 그런데 무조건 '가장 청소가 불량인 학생' 한 명을 지목해야 한다는 거다. 청소조차 상대평가하는 셈이다. 다른 아이들이 급식실로 갔을 때 이 평가가 이루어지는데, 모두가 완벽하게 청소해도 누군가는 불량자가 되는 시스템이다. 초등학생이 과연 '청소를 가장 못한 경우'를 어떻게 식별하는지도 의문이지만 어쨌든 지목된 한 명은 전체 수업이 끝난 후 몇 가지 일을 해야 하고 다음 날 누군가를 평가하고 지목할 권한을 갖는다. 불량 학생 안 되려고 다들 열심히 청소하니 교사는 좋겠으나 당번은 왜 자신이어야 하는지를 납득할 수가 없다. 어제의 당번과 사이가 좋지 않아서인지, 다른 친구가 자신을 일부러 골탕 먹이려고 쓰레기를 몰래 버린 건 아닌지 온갖 생각이 다 든다. 청소를 열심히 할수록 마음의 상처만 입을 뿐이다. 너무 나쁜 교육 행태지만 한국에서 낯선 풍경도 아니다.

하지만 문제 제기를 한 아이 엄마의 고난은 엄청났다. 교사는 학기 도중에 기준에 변화를 주면 '교사로서의 권위가 사라진다'는 말 같지도 않은 변명을 일삼았고 이 방식 때문에 학생들이 청소를 꼼꼼하게 하는 장점도 있는데 "나쁘게만 보실 필요는 없지요"라며 궤변을 늘어놓았다. 놀라운 건 '왜 담임 심기를 건드리냐'는 다른 학부모의 반응이었다. 이들은 '지 새끼 청소 못한 거를 부끄러워해야지 생뚱맞게 교사에게 트집이냐'는 투로 꼭 분란을 일으켜야 하겠냐는 말을 수없이 하더니 결국엔 '분란을 일으킨' 자를 학부모에게 필요한 정보가 교류되는 각종 모임에서 배제시켰다. 익숙한 관습과 타협하지 않은 자는 긁어 부스럼을 만들어 다른 사람을 피곤케 하는 사람에 불과했다. 계란을 던진 학부모는 앞으로의 삶이 걱정이라면서 눈물을 흘렸다. 잃는 것이 명백한 이상, 부스럼을 만들지 않는 편을 택하는 것에 익숙해지지 않겠냐면서.

담임 심기 건드린다는 이유로 교육을 가장한 폭력의 현장을 대수롭지 않게 바라본 사람들, 이들은 갈등을 일으키는 걸 두려워하는 사람들이다. 그저 주어진 규칙을 순리라고 받아들이고 이를 깨는 걸 상상조차 하지 못한다. 군말 없이 시키는 대로만 사는 자신의 멋쩍음은 스스로를 편향되지 않고 중립적인 사람으로 포장하며 정당화한다. 그리고 이 두 개의 단어, 중립과 편향이라는 말을 바위에 계란을 던지려는 자에게 어떻게든 적용시켜 계란이 살아서 바위를 넘지 못하게끔 한다. 하지만 이들이야말로 태어나서 지금까지 한쪽의 시야로만 세상을 바라보며 사는 편향적 인간이다. 너무 기울어져 있으니 조금이라도 다른 이야기에 화들짝 놀라는 거 아니겠는가.

줄타기를 하는 광대가 몸이 기울었다면 그 반대편으로 부채질을 해야지만 줄에서 떨어지지 않을 것이다. 중립 어쩌고 그러면서 이쪽에 했으니 저쪽에도 하고 이것도 모자라 가운데도 부채질을 해서 과연 균형을 잡을 수 있을까?[24] 사회의 진보는 지금까지의 익숙한 삶과 반대되는 쪽의 목소리에 사람들이 귀를 기울일 때 가능하다. 이 과정은 갈등으로 비춰지지만 갈등이 아니라 진짜 균형을 잡긴 위한 성장통일 뿐이다. 노예제도가 폐지된 것도, 여성이 참정권을 얻게 된 것도, 대통령을 국민이 직접 뽑는 것도, 그리고 학생의 두발 자유도 처음에는 '말도 안 되는' 소리였다. 하지만 바위가 깨지든 말든 계란을 던진 걸 부끄러워하지 않았던 사람들이 있었기에 우리는 다행히 줄에서 떨어지지 않게 되었다.

우리는 왜 남을 괴롭히며
버텨야 하는가?

너무 비장하니 타인의 고충을 알 턱이 있나

강박에 사로잡혀 지독히도 남을 괴롭히면서, 정작 자신은 그런 줄 모르는 사람과 함께 일하는 것만큼 고통스러운 것이 있을까? 내가 만난 H박사가 그렇다. 그는 누가 속이 타들어가든 말든 아랑곳하지 않는 사람이었다.

H는 지자체가 의뢰한 연구에 나와 같은 여러 명의 박사들과 팀을 이뤄 참여했다. 조직에 얽매이기 싫은 영혼이 자유로운 프리랜서들, 게다가 전공이 다른 콧대 높은 박사들, 심지어 교수가 되지 못한 나름의 상처가 많은 사람들이 (나는 '되지 않았다'고 주구장창 주장하지만) 사실상 돈 때문에 뭉쳐 있는 연구는 서로 간에 지켜야 할 예의가 많다. 뭐 복잡한 건 아니다. 그저 타인에 대한 적당한 무관심만 있으면 얼굴

붉힐 일 없이 연구는 마무리된다.

하지만 H는 자신이 교수가 될 사람이라 여겼다. 그래서 예의를 지키는 것보다 이 연구에서 자신의 목적을 반드시 달성하고자 했다. 그는 이 연구가 언론에서 관심을 가지고 나아가 학계에서도 인정할 만큼의 수준으로 마무리되어 본인의 대외 인지도가 올라가길 희망했다. 그러기 위해서는 자신의 전공에 적합한 주제로 연구가 흘러가야 했다. 뭐 다른 박사들도 연구 결과에 세상이 관심을 가져 주면 좋겠다는 생각은 했으나 전공이 다른 연구진들이 모여 목적이 뚜렷한 용역 연구를 수행하면서 이를 달성하는 건 불가능하다는 걸 알고 있었다. 무엇보다 거대한 목적을 달성하는 데 쏟아야 할 에너지에 비해 인건비가 너무 쥐꼬리만 했다. 특히 이런 푼돈 수준의 보상을 받는 연구를 1년에 여러 개를 해야지만 생계가 겨우 해결되는 사람들에게 필요 이상의 노력을 강요할 순 없었다. 적당한 무관심이란 이런 거다. 너무 무능해서 타인에게 일을 배가시키지 않는 이상 일이 진행되는 도중에 지지고 볶고 해서는 안 될 일이었다. 이를 알 만한 사람들이 모이면 무관심도 시너지가 된다. 서로 상처를 받지 않으니 실제 연구는 더 잘 된다.

하지만 H는 본인 생각을 프로 정신이라 착각하고 프로답게 사람을 상대하지 않았다. 그는 해서는 안 될 말을 회의 때 자주 했다. 전공 분야가 다른 박사들끼리의 회의는 사실 다른 길로 빠지는 경우가 많다. 중요한 건 이 삼천포행 덕분에 새로운 가설이, 날카로운 분석이, 예기치 못한 결론이 등장하는 경우가 많다는 거다. 내게는 짜릿한 순간이었지만 H에게 이는 선로에서 이탈한 항해, 곧 시간 낭비였다. 선명한 목표를 최대한 짧은 시간 내로 뽑아내야 한다는 성과적 강박에서 그는 "그래서 하고 싶은 말이 뭐예요?", "뭘 하겠다는 건지 전혀 이해가 안 돼요", "지금 꼭 그런 논의를 해야겠어요?" 등의 빈정거리는 말로 상대의 자존심을 짓밟는 걸 서슴지 않았다. 약간이라도 논의가 오리무중이 되면 "내가 여기서 이 짓할 사람이 아닌데……"라고 중얼거렸다. 이 짓을 한 지 오래된 타인들이 모욕감을 느끼는 건 안중에도 없었다.

다들 화를 낼 만도 했지만 그런다고 달라질 사람이 아니란 걸 알기에 그러려니 하고 넘어갔다. 무서워서가 아니라 불쌍해서다. 특히 H가 다이어리를 펼쳐 놓고 자리를 잠시 비웠을 때 우연히 대강의 내용을 본 다음부터 그렇다. 나는 그렇게 긴장감이 팽배한 수첩은 처음 보았다. 스케줄표는 월간, 주간, 일간 단위로 세분화되어 있었고 하루는 24시간을 분 단위로 쪼개서 해야 할 일이 각기 다른 색깔로 빼곡하게 기록되어 있었다. 수첩 곳곳에는 '성공할 때까지 긴장을 늦추지 말자', '오늘의 나태는 내일의 적' 등 비장한 결의를 엿볼 수 있는 문구가 즐비했다. 과잉된 투쟁심이 야기할 필연적인 허탈감은 '불평은 게으른 자의 것이다', '긍정은 나의 힘' 등의 글귀로 적절한 균형을 찾고 있는 듯 보였다.

H는 독하게 살고 있었다. 남에게 피해 주지 않고 뚜벅뚜벅 걸어가서 목표한 바 이루면 좋겠으나 세상이 어디 그러한가. 해가 갈수록 실패는 반복되고 그때마다 자책은 늘어간다. 이와 비례하여 새로운 규율이 추가되면서 일상은 더 엄격해지니 다이어리가 소름 돋을 만했다. 다짐

들의 두께가 워낙 두터우니 타인이 자기 때문에 괜찮지 않은지를 느낄 새도 없어 보였다. 놀라운 건 H 스스로도 자신이 예민하다는 것을 잘 안다는 거였다. 그런데 H는 이를 독실한 신앙심으로 이겨(?) 내고 있었다. 주님께서 함께 하시니 두려울 것이 없다나 뭐라나.

교회 십자가를 보고 외국인은 왜 무덤을 떠올렸을까?

H는 과연 일부의 사례일까? '잘' 버텨보겠다는 강박에 사로잡혀 안 하무인 행동을 하면서도 아주 태연한 이들이 우리 주변에는 참으로 많다. H처럼 사회에서 성공하겠다면서 '사회성'을 엉망으로 무장하는 사람만이 아니다. 부모는 잘 살기 위해선 어쩔 수 없다며 자녀의 꿈을 짓밟는다. 또 그 자녀는 부모의 기대에 부응하고자 열심히 공부하지만 그럴수록 친구가 왕따를 당하든 말든 '내 알 바 아니다'라며 관심이 없다. 이후도 다를 바 없다. 대학을 가면 취업 부담감에, 취업을 하면 어떻게든 살아남아야 한다는 압박감에 '내 앞가림이나 잘하자'면서 옆을 바라보는 걸 금기시한다. 그래도 터널의 끝은 좀처럼 등장하지 않는다. 이때 악순환을 끊을 역할을 해야 할 기성세대는 '살아 봐서 다 안다'면서 경쟁의 결과에 대해 불평불만 청개구리처럼 토 달지 말고 항상 긍정적으로 생각하라는 이상한 주문을 주입한다. 그 결과 한국에는 여타의 자본주의 사회보다 더 잔인한 삶의 법칙이 흐른다.

그래서일까? H처럼 교회를 찾는 (종교에 일상의 고통을 의지하는) 사람이 한국에는 참으로 많다. 자본주의 사회와 종교는 밀접한 상관관계가 있는데 사회학자 노명우의 표현을 빌리자면 "종교는 사람들의 '걱정'을 건드리고, '걱정'을 대신해 '구원'을 약속한다."[25] 고민거리가 많을수록 종교에 의지하는 사람이 많다는 말이다.《신 없는 사회》의 저자 사회학자 필 주커먼은 밥 먹을 때도 기도하는 사람이 많은 미국과 집 옆에 성당과 교회가 즐비해도 거들떠보지도 않는 사람들이 살아가는 북유럽 국가들을 비교하면서 이런 질문을 던진다. "기도를 열심히 하는 사람들이 모였건만 왜 미국사회는 이렇게 불평등하단 말인가?" 주커먼이 관찰한 결과는 간단명료하다. 불평등이 너무 심하니 그렇게 기도하는 것일 뿐.

한국도 예외가 아니다. 외국인들이 남산에서 빨간 십자가가 너무나도 많은 서울의 야경을 보고 "도시에 왜 이리 무덤이 많아?"라고 했다는 일화는 한국인이 일상의 불안을 어떻게 극복하려는지를 짐작케 한다. 사회 시스템이 무능한 곳에서 사람들의 기도 목록은 늘어날 수밖에 없다. 입시도, 취업도, 승진도, 정년 보장도 그리고 건강과 심지어 집값 상승마저 기도의 힘이 필요하다. 비단 개신교만을 말하는 것이 아니다. 수능시험이 다가오면 성당이나 절이나 감사기도 명목으로 수입 챙기기에 바쁘다. 무속신앙까지 포함하면 한국인들의 기복신앙이 남다른 건 주지의 사실이다. 작가 알랭 드 보통이 "종교는 원래 자기 것이 아닌 것도 무작정 점거하려는 묘한 습관이 있다"[26]고 했는데 사람들이 온갖 것을 다 의지하니 그럴 수밖에 없다.

'자본주의가 이런 것인 줄 몰랐냐?'는 사람이 많은 사회일수록 교회 십자가가 많을 수밖에 없다. 너무 야속하게 타인을 대한 것이 미안해서, 혹은 타인에게 야속한 대우를 받은 것이 억울할 때마다 기도만큼 효과 좋은 약이 없다. '종교는 민중의 아편'이란 말, 하나도 틀리지 않았다.

버티기 위해 남을 괴롭히면 행복할까? 그렇지 않음을 죽음으로 증명한 사람도 있다. 이한빛 피디, 그는 입사한 지 1년도 되지 않은 신입 조연출이었다. 회사는 독하게 일을 시켰다. 그래야지 성과에 집착하고 이를 위해 갈등을 애써 멀리하는 멍청한 피디가 되리라고 생각했을 터. 그중 압권은 갑이 되기 위해서 갑질을 배우라는 것이었다. 회사는 드라마를 촬영하면서 외주업체 제작이 마음에 들지 않으면 바로 교체해 버리는데 이때 계약 해지 통보 및 계약금 일부 회수에 관한 고지를 신입 피디에게 시켰다. 영세한 업체들을 찾아가 청천벽력 통보를 하고 사채업자처럼 돈을 뜯어내는 역할을 해야 했던 젊은 피디는 자신의 노동을 수치스러워했고 "제가 가장 경멸하는 삶이기에 더 이어가긴 어려웠어요"라는 유서를 남기고 목숨을 끊는다.

한국에서 사회생활을 무난하게 하려면 '내가 살기 위해 남을 쥐어짜야 하는' 경멸할 만한 삶에 부끄러움을 느끼지 않아야 된다. 젊은 피디가 죽음으로 말하고자 했던 세상의 부조리였을 게다. 한숨이 땅을 친다. 이런 살벌한 세상에서 어떻게 살아야 하는가? 절망적이지만 피해

갈 수 없는 마지막 물음이다.

제대로 부끄러워할 줄 모르는 우리는 앞으로 어떤 실천을 통해 조금씩 나아져야 할까? 베스트셀러 책들이 말하는 것처럼 '남들과 비교하지 말고 자신을 사랑하라!', '퇴근 후에는 일 생각을 하지 마라!', '하루 30분 독서 혁명!' 등의 공허하기 짝이 없는 조언을 나는 할 수 없다. 사회학적 현상 분석에 초점을 맞추는 내 책들은 개인이 '해야 될 일'을 제시하지 않는다. 개인의 역할이 중요치 않다는 것이 아니라, 자칫 '대단한 결심을 하고 살아갈 수 있는 자들'에게만 국한된 해결책일 수 있기에 주저한다.

속 시원한 말을 않는 내게 사람들은 어떤 식이든 대안을 요구한다. '행동을 어떻게 하라'고 섣불리 말하진 못하겠다. 하지만 행동의 기준을 과거를 귀감 삼아 마련하는 것은 분명 중요하다. 우리가 어쩌다가 이렇게 되었는지를 분석하고 여기서 기준을 마련하여 좋은 쪽의 삶을 지향하고 나쁜 쪽을 지양해야 한다. 내 삶의 방향이 그릇됨을 직시하고 그 반대 방향으로 한 걸음씩 걸어가는 것만이 대안이다. 모호하게 들리겠지만 이것만이 사회를 변화시키는 유일하고도 구체적인 방법이다.

하 나 도
괜 찮 지
않 습 니 다

PART
03

불균형 사회,
나와 너를 성장시키는 법
잃어버린 감정 온도의 균형을 찾아서

개인의 삶은 일회성으로 끝나지만
인류는 물처럼 지속·순환의 과정을 거치면서
성장해간다.

·

권정생, 《우리들의 하느님》 중에서 [1]

빌어먹을 사회를 만든 건
우리다

우리가 정말로 성장했는지 물어야 할 때

서울 잠실의 제2롯데월드 건물은 마천루(摩天樓)를 연상케 한다. 일대의 상권을 수십 년간 장악 중인 대기업의 끝없는 욕망이라는 지적이 공사 때부터 있었다. 이를 의식했는지 롯데는 이미지 관리용 광고를 끊임없이 내보냈다. 이를테면 광복절이나 삼일절에 나라 사랑을 드러내는 식이었다. 공사 중인 123층짜리 바벨탑 가운데에 가로 36미터 세로 24미터의 어마어마한 태극기를 그려 넣고 그 앞에서 여러 명의 여성 모델이 태극기를 옷처럼 몸에 감싸고 포즈를 취한 광고 사진이 나온 것도 이때였다. 네티즌은 이 사진 속에 대한민국의 4대 부끄러움이 집약되어 있다면서 조롱했다. 4대 부끄러움은 이렇다. 재벌, 토건 국가, 애국 마케팅, 그리고 성 상품화.

나는 강연에서 이 사진으로 사회학적 자기 성찰을 설명하길 좋아한다. 저 부끄러운 모습이 우리에게 없는지 반드시 물어보자는 거다. 네 가지 키워드는 '우리'의 정체성이기도 하다. 재벌 회사에 입사하길 싫어하는 사람 없고 재벌이 망하면 큰일 나니 동네 상권 어찌되든 상관없다는 사람은 보수정당의 국회의원만이 아니다. 재벌의 총수들은 가끔 욕도 먹지만 언제나 '나라의 경제를 위해 공헌'한 사람이라면서 국민들로부터 존경을 받았다. 초등학생의 장래희망에 임대 사업자가 등장한 세상에 만인의 관심 분야인 땅장사를 어찌 욕하리오. 애국은 가장 뒤틀려진 개념이다. 이 단어가 시도 때도 없이 강조되는 것과 '우리 세금', '우리도 먹고살기 힘들다'는 등의 과잉된 '우리' 의식으로 난민이나 이주 노동자에 대한 공공연한 차별이 이루어지는 건 아무런 관련이 없는 것일까? 마지막으로 이 책에서도 이미 수차례 말했듯이 '외모도 경쟁력'인 걸 의심하지 않는 사람들이 사는 곳에서 성 상품화는 말을 말자. 열 살도 되지 않은 아이들이 성인잡지에나 나올 만한 자세를 취하며 아동복을 소개하는 곳이 바로 한국이다. 이런 우리들이 있는 한 해괴한 광고의 등장은 당연하다.

하지만 이런 비판이 불편하다는 사람을 가끔, 아니 자주 만난다. 이들은 내게 "우리나라가 이렇게 성장한 것을 폄훼 말라!"면서 사회구조에 대한 합리적 비판을 부정하고 "왜 그렇게 부정적으로 살려고 하느냐?"면서 사회를 바꾸기 위한 개인의 효과적인 실천 방안을 거부한다. 나이 지긋한 할아버지만의 레퍼토리가 아니다. 대학생도, 고등학생도

판에 박힌 질문을 던진다. 나는 두 지점에서 반론한다.

첫째, 우리나라는 성장하지 않았다. 나는 자동차가 집집마다 생기고 누구나 손에 스마트폰을 들고 다닌다고 성장이라는 충만한 느낌의 단어를 사용하는 걸 거부한다. 그래서 양극화, 빈곤, 소외, 자살 등 현대사회를 설명하는 부정적 키워드가 단순히 성장의 이면 정도로 소개되는 것을 싫어한다. 이건 부작용 정도가 아니라 표면이다. 우리나라의 행복 지수가 세계 58위라는 사실이 경제 규모 11위의 그림자 정도로 해석되어선 안 된다. 성장은 외형이 변한 사회의 겉모습만이 아니라 변화된 공간에서 사람들이 진짜로 행복한지를 따져보고 판단되어야 한다. 한국의 노인 빈곤율, 노인 자살률은 OECD국가 중에서 압도적 1위다. 길거리에 파지를 줍는 노인 중 과거에 산업전사, 수출역군이 아니었던 사람은 없다. 게으른 적도, 성실하지 않은 적도 없지만 비참한 삶을 살고 있다. 나라의 외형은 엄청나게 달라졌지만 수출 '금액'만을 성장으로 인식한 반쪽짜리 행보는 비참했다. 사회 안전망을 우습게 여겼던 곳에서 뼈 빠지게 일한 사람들의 노년은 궁핍하기 짝이 없다. 중년의 삶은 어떠한가? 한국사회는 퇴직은 빠르고 은퇴는 늦다. 한창 그리고 한참 벌어야 할 40대 후반, 50대 초반에 회사에서 쫓겨난 사람들은 오랫동안 저임금 일자리를 전전한다. 청년들의 끔찍함이야 하루 이틀이었던가. 취업을 위해서 온갖 것이 필요하고 온갖 것이 없다면 남은 건 공무원 시험뿐이다. 이들의 자기소개서에는 혹시라도 오해받을 지점을 조급하게 감추려는 어색한 긍정의 기운만이 느껴진다.

이러한 표면적 징후들을 보고 내려야 할 객관적 진단은 우리의 성장이 틀렸다는 거다. 제대로 성장하지 않았기에 한국인들은 터지기 일보 직전의 시한폭탄이 되어 자신도, 남도 괴롭히며 살고 있다.

둘째, 나는 우리나라를 부정하지 않았다. 나는 국기에 대한 맹세의 구절처럼 '자유롭고 정의로운 대한민국의 무궁한 영광을 위하여 충성을' 다하는 사람이다. 그래서 개인의 자유가 억압되고 공동체의 정의가 파괴되는 지점들을 목도하고도 가만있지 않는다. 글로 비판하고 말로 따진다. 더 많은 사람들의 자유가 보장되는 정의로운 사회를 희망하며 우리의 일상을 성찰하자는 건 (낯간지러운 표현이지만) 그야말로 애국 아니겠는가. 참고로 고생 끝에 낙원(樂園)은커녕 끝이 보이지 않는 곳으로 낙하(落下)만이 있는 사회에 충성할 순 없다.

내가 말한 두 가지는 우리가 좋은 사회를 만들기 위해 어떤 고정관념에서 탈피해야 하는지를 말한다. 그런데 여기서 '좋다는 사회'가 마냥 밝은 기운으로만 받아들여져서는 안 된다. 자칫 '과거 그만 따지고 희망찬 미래만을 이야기하자'는 식의 나쁜 태도로 이어질 위험이 있으니 주의해야 한다. 참된 성장은 그저 선한 정신으로 이루어지지 않는다. 《고백론》의 저자인 고대 철학자 아우구스티누스가 '선행은 악행에 대한 고백으로 시작된다'고 했듯이 우리가 악한 성장의 공범이었음을 뼈저리게 느낄 때 사회는 좋은 쪽으로 변한다. 노동자가 제때 밥 먹을 자유가 보장되든 말든 배송이 번개처럼 빠르니 좋다고 하고, 정의롭지 못한 일이 눈앞에서 벌어지는데 가족 같은 일터의 정겨운 장점도 보자는 사람들이 사는 곳에서 희망적인 미래를 기대하는 건 어불성설이다.

악은 평범하다

사람들이 '사회'라는 단어를 어떤 경우에 끄집어내는지 살펴봤다. 짐작대로 뉴스나 신문을 통해 높으신 분들의 엽기적인 모습을 접했을 때였다. 우리들은 "어쩌다가, 우리 사회가 이렇게 되었지?"라면서 의아함을 표하기도 "이러니 한국사회가 엉망이지!"라면서 혀를 쯧쯧거리기도 한다. 평범한 대중과는 도저히 다른 삶을 사는 분들의 몰염치한 일상에 대중이 분노해야겠지만 여기에는 주의할 점이 있다.

보통 사람이라면 마음을 먹어도 감히 하지 못할 특수한 사례만을 가지고 사회를 설명하다 보면 우리의 민낯은 굉장히 온순한 것처럼 보여 굳이 폭로될 필요가 사라진다. 갑질 사건을 나열하면 밤을 새어도 모자랄 거다. 주범을 탈탈 털면 속시원할 사람 많겠지만 악의 극단에나 있을 법한 사례를 툭 던져 놓는 것만으로는 성찰을 해야 할 우리에게 '나는 저 정도는 아니다'라며 피해 갈 구멍을 제공하는 셈이다. 책 제목이기도 한 '하나도 괜찮지 않습니다'는 무소불위의 권력을 가진 자를 상대하다 뉴스에 날 정도의 일생일대의 사건을 경험할 때 하는 말이 아니다. 스스로를 서민이자 심지어 민주 시민임을 자처하는 평범한 우리끼리의 일상에서 자신이 하는 말이자 듣는 말이다. 나와 가까운 사람들 때문에 내가 괜찮지 않고, 나의 무의식적인 생각과 행동 때문에 주변의 누군가가 괜찮지 않다.

저 멀리 이상한 사람들이 있다고 수군대는 것이 아니라 내가 숨 쉬고 살아가는 '지금 여기'가 얼토당토않을 수 있음을 인정해야 사회는 좋아진다. 철학자 한나 아렌트가 나치 전범 아돌프 아이히만의 재판을 기록한 책《예루살렘의 아이히만》에서 제시한 '악의 평범성(banality of evil)' 개념은 평범함과 끔찍함의 간격을 좁히는 데 도움을 준다. 아렌트는 유대인 학살의 실무 책임자였던 아이히만이 평온한 모습으로 그저 '명령에 따랐을 뿐'이라는 말만 반복하는 것을 보고 이렇게 말한다.

"행위가 아무리 괴물 같다고 해도 그 행위자는 괴물 같지도 또 악마적이지도 않았다."[2]

아렌트는 '알고 보니 그도 우리와 같은 얼굴이다'를 넘어 '같은 상황에서 우리도 그와 다르지 않을 것'이라는 메시지를 전하고자 했다. 대통령을 탄핵에 이르게 한 촛불집회에서 19세 여성은 이렇게 말했다고 한다.

"제 삶의 문제가 박근혜, 최순실만의 책임, 잘못입니까? 제 삶에 직접 영향을 미친 것은 박근혜, 최순실과 같은 모습을 하고 있는 부모님, 반장들, 친구들, 선생님, 회사 사장들이었습니다. 그들은 사람답게 행동할 수 있었음에도 그러지 않았습니다."[3]

사회는 독하다. 개인을 무기력한 피해자로 만들어서만이 아니다. 나를 어느 순간 파렴치한 가해자로 자연스레 둔갑시키기에 독하다. 의아할 찰나 '문화라서 어쩔 수 없다', '애국이라 생각해라', '자본주의가 원래 그런 거다' 등의 변명거리를 제공해 주니 독하다. 분노해야 할 때 침묵하고, 쓸데없는 가치에 집착하는 사리분별 못하는 개인을 체계적으로 만들어 내기에 사회는 독하다. 누구도 이 물줄기에서 자유로울 수 없다.

이 전제를 이해하면 사회학적 해결책은 공허하지 않다. 현상의 원인이 개인이 아니라 사회구조에 있다는 말은 개인을 쏙 빼놓고 미래를 논하자는 뜻이 아니다. 한국인들이 부끄러움을 느끼는 이유에 대한 김형경 작가의 글을 보자.

"성장하면서 형제와 비교당하는 양육환경, 등수를 매기는 학생 평가 시스템, 벌주는 종교 이미지, 성공 신화를 유포하는 사회 분위기 등이 개인의 내면에 반복적으로 수치심과 열패감을 심어준다."[4]

맞다. 우리는 사회의 피해자다. 그리고 비교를 하고 등수를 매기고 허황된 이야기를 일삼는 사람도 우리다.

빌어먹을 사회라 할지라도 만든 사람이 있듯이 문제를 풀어 나가는 것도 역시 사람이다. 성공해야지만 살아남는 문제 많은 사회에서 실패해도 죽지 않을 상식적인 사회로의 객관적인 변화는 이를 희망하는 나와 너의 구체적인 실천이 있을 때만 가능하다. 그렇게 세상이 달라지면 우리들은 대단한 결심 없이 평범하게 살아도 존엄할 수 있다. 변화는 매우 느릴지도 모른다. 하지만 개인의 변화 없이 나쁘든 좋든 사회가 변화된 적은 없다. 사회는 사람 하기 나름이다.

실패를 두려워하지
않으려면

엉터리 자신감으로 무장한 사람들

고등학교에 강의를 가면 교장과의 어색한 티타임을 의무적으로 가져야 한다. 싫지만, 안 하면 나를 초빙한 교사 입장이 난처해지니 별수 없다. 10분 남짓한 시간에 보통은 서로 예의를 잘 지키기에 날씨 품평 수준의 무미건조한 대화만이 오간다. 그러나 경기도 어딘가의 A고등학교 교장은 달랐다. 그는 대뜸 "여기, 비평준화 지역인 거 아시죠?"라고 묻더니 '학교 수준이 높다', '학생들이 엄청 똑똑하다'는 등의 내가 별로 궁금해하지 않는 정보들을 나열했다.

학교가 일반고이지만 보통의 일반고와는 다르다는 것이 핵심이었다. 반에서 1, 2등 하던 학생들이었는데 아슬아슬하게 특목고에 합격하지 못해 여기에 왔다나 뭐라나. '아슬아슬'이란 표현을 수차례 반복할 정도로 교장은 내가 A학교를 여타의 일반고처럼 대하지 않길 바라는 눈치였다. 실제 그렇게 말했다. 내게는 '보통의 일반고'부터가 낯선 개념이었지만 그는 구별에 익숙한 표정이었다. 그러면서 내가 과잉경쟁 교육을 비판하는 작가라는 사실도 잊은 채 당부한다. "학생들이 자신감 갖고 공부할 수 있도록 격려해 주세요. 다른 일반고에 비해 스카이 대학 많이 갔다는 점 강조하면서 학생들에게 자신이 특별하다는 점 인지시키면 효과 좋아요."

알고 보니 A학교는 일반고와는 '같지만 다른' 곳이라는 소문이 학부모들 사이에서 자자했다. 명문대 합격의 마지막 보루 같은 곳이었다. 다른 일반고 학생들의 학부모라면 비웃음을 살 소리인 "우리 애가 원래는 특목고에 갈 수준인데"라는 신세 한탄을 해도 특목고 학부모들로부터 욕은 먹지 않을 학교였다. 이 도시에선 이 학교까지가 그나마 대학 입시에 신경 쓴다는 취급을 받았고 보통의 학교들을 바라보는 시선은 절망적이었다. 교장은 행여나 내가 A학교를 보통 학교로 바라보는 건 아닌지 걱정했다. 이를테면 '너희에게 무얼 기대하겠냐'는 식의 생각을 가지고 있을까를 걱정했다. 수준 낮은 일반고와는 다른 학교임을 말하고 싶었던 게다.

강사의 성향(?)에 아랑곳하지 않고 사전 교육을 철저히 할 정도로 열의가 대단했던 교장의 철학은 과연 성공했을까? 특정 사람들을 '공부 못하는 집단'으로 규정하여 얻게 된 누군가의 자신감은 의미 있는 학업 성취로 이어질까? 질문부터가 틀렸다. 타인의 자존감을 짓밟아 자신의 자신감을 키우는 걸 아랑곳하지 않는다면 이게 무슨 교육이란 말인가.

성과를 내어 명문 대학을 갔다 해도 문제다. 학교에서 부단히도 강조한 만큼 이들은 자신이 특별한 줄 안다. 그래서 대학 이름을 대문짝만하게 등에 적어 놓은 옷을 입는다. 입으로는 '권위적인 모든 것을 거부하는' 개성적인 인간으로 스스로를 설명하면서 거리에서 자신이 '○○대학' 아무개로 보이는 걸 즐긴다. 뭐가 대수냐고 하겠지만 자신의 소속을 만천하에 드러내고 거리를 활보하는 성인이 스튜어디스 말고 있던가. 군대의 장성들도 가족들과 나들이 갈 때는 군복을 벗는다. 판사도, 의사도 지하철에서 보통의 탑승객이 되는 순간에는 개인적 특성이 식별 불가능한 군중일 뿐이다. 자신을 예외적 인물로 노출시키지 않아 서로가 예의 바른 무관심 상태를 유지하는 건 타인에 대한 예의다. 헤어스타일이나 모자의 모양, 그리고 옷의 색깔로(상투나 갓, 그리고 도포 색깔로) 자신의 신분을 드러내어 길거리에서도 상대와 나의 높낮이를 따져 보고 행동거지를 신경 써야 하는 시대가 아니지 않은가. 잘난 척하는 국회의원도 그래 봤자 엄지손톱보다 작은 배지 하나가 옷깃에 있을 뿐이다.

인류의 성숙한 교양을 부정하는 자기 학교 이름 드러내기가 가능한 이유는 자신을 너무 특별하다고 여겨서다. 이 유행의 추종자들은 명문 대학에 훨씬 많다. 지방대로 가면 입는 사람도 적고 입더라도 학교 이름이 '쉽게 알아보지 못하게끔' 작다. 이조차도 현란한 이탤릭체로 표기

되어 해독이 불가능하다. 누군가가 '나는 보통 대학생이 아니라 ○○대학생이란 걸 알아주셨으면 해요'라는 뜻의 옷을 입고 자신감 있게 거리를 활보할수록 누군가는 자존감이 땅에 떨어져 스스로의 존재를 부정한다. 대학 이름이 곧 권력인 한국사회에서 이를 옷으로 노출시키는 걸 거부하지 않으니 참으로 퇴행적이다. 카페에서 스카이대학 학생이 학교 이름이 대문짝만한 옷을 입고 공부하고 있으면 그 주변은 알아서 조용해진다니 입을 만도 하겠다. 하긴 인터넷에는 이런 경험담이 종종 올라온다. 카페에 자리가 없어서 4인 테이블에 앉아 있었는데 갑자기 나타난 누군가가 서울대 학생증을 내밀면서 "우리 공부해야 하니 비켜 달라"고 당당하게 말해 황당했다는 이야기. 지어낸 얘기 아니냐 하면 댓글에 '비슷한 경우'를 경험했다는 증언들이 속속 등장한다.

요즈음은 한술 더 떠서 출신 고등학교 이름까지 표기하는 경우가 있다. 같은 대학 안에서도 '수준이 다른' 고등학교를 애써 강조하고 싶어서다. 대학 야구 잠바를 모두가 입지 않듯이 고교 이름을 공개하는 집단은 일부. 특목고나 자율형 사립고, 그리고 재단이 대기업이라 지역에서 명성이 자자한 일부 학교 출신들이 인간에 대한 예의를 망각한다. 왜 그럴까? 이들 학교 출신 학생들은 나름 기대를 많이 받았던 A학교의 경우보다 몇 배는 더 '너희들은 특별하다'는 말을 들었다. 그래서 ○○외고 출신인 자신과 듣도 보도 못한 고등학교를 나온 아무개가 ○○대학이라는 동등한 이름으로 묶이는 것이 자존심이 상했다. 다름을 증명하고자 이들은 다른 이와의 '차이 두기'를 실행했다. 물론 '일반고' A학교 출신들은 고교 이름을 따로 표기하지 않는다. 아니, 할 수 없다. 굳이 해봤자 "○○고? 어디 있는 학교지?"라고 묻는 사람들을 마주해야 하기 때문이다.

A학교 출신들은 자신이 다니는 대학보다 수능 점수 낮은 다른 대학의 이름이 적힌 잠바를 입은 사람들을 볼 때는 자신감을 얻고 한때 너무나도 갈망했던 '○○외고', '○○과학고'를 드러낸 이들 앞에선 자존감이 땅에 떨어진다. 이상한 게 아니라 그들이 교육받은 대로의 반응일 뿐이다.

열심히 공부할수록 자존감이 떨어지는 나라

《1등에게 박수치는 게 왜 놀랄 일일까?》라는 청소년 대상의 책을 출간했다. 여러 물음으로 사회학을 소개하는 내용인데 사회학적 느낌이 강한 질문을 제목으로 정했다. 눈치 빠른 사람은 제목이 뜻하는 바가 승자 독식의 경쟁사회에 대한 비판인 줄 단번에 안다. 하지만 '남보다 잘하는 게' 중요한 대한민국 교육 시스템에 오랫동안 젖어 있었고 또 깊이 발을 담그지 않으면 큰일나는 현실에 이미 익숙해진 학부모들은 "그게 왜 놀랄 일이야? 1등에게 그럼 박수를 안 쳐?"라면서 의아해했다. 하긴 입시철마다 학교 교문에 걸리는 '○○대학 합격자 누구누구'라는 현수막이 학벌주의를 조장하는 비교육적인 조치라며 시민

단체들이 문제 제기를 한 지가 이십여 년이 넘었지만 여전히 공론화가 공허한 현실을 생각한다면 어색한 일도 아니다.

1등에게 박수칠 때 놀라는 건 다큐멘터리의 한 장면이었다. '언제부터 경쟁심이 심했냐'는 외국인의 물음에 한국 대학생이 초등학교 때 교사가 100점 받은 사람만을 일으켜 세워 모두로부터 박수받게 하는 모습을 보면서 '1등 아니면 소용이 없구나'라는 생각이 들었다 하자, 외국인은 화들짝 놀라면서 이렇게 대꾸한다. "정말이야? 다들 보는 앞에서 한 명만 일으켜서 박수받게 했다고?" 우월감과 열등감을 느끼는 교육을 경계하는 사회 분위기가 있었기에 가능한 놀람이었을 게다.

하지만 한국에서 1등에게 보상을 주는 의례는 필수다. 없으면 학생들의 공부 의욕이 떨어진다면서 난리 난다. 다른 이가 상처를 받든 말든 상관없다. 문제 삼아도 "아니꼬우면 1등 하던가" 식의 비아냥거림을 들어야 한다. 1등에 대한 칭찬이 지나칠수록 2등이 되었을 때의 낙담은 깊어진다. 강준만 교수는 이러한 한국인의 특성을 한 줄로 명쾌하게 설명한다.

"올림픽 시상식에서 은메달 받고서도 시무룩한 표정을 짓는 선수는 한국인밖에 없다."[5]

한국인들은 '자신감을 가져라!', '하면 된다', '너는 절대 여기에 머무를 사람이 아니다', '높은 곳으로 향해라!' 등의 말에 상시적으로 노출되어 있다. '최고, 최대, 최초'[6]라는 말에 환장하는 사회에 살아남는 일종의 주술이다. 이런 세뇌로 인해 최고, 최대, 최초가 될 수 없는 대부분의 사람들은 자존감에 상처를 받아도 별말 하지 않는다. 한국인들은 '무엇이든 할 수 있다'는 자신감에 얽매여 '무슨 경우라도 내가 잘못한 거야'라면서 자존감을 떨어트리는 해괴한 교육을 받고 성장한다. 사회학자 엄기호는 이렇게 말한다.

"자기계발 하느라 새벽부터 밤까지 공부하며 능력을 쌓고 있지만, 계발한다는 자기는 잃어버린 지 오래다. 무얼 계발해야 하는지도 모르면서 열심히 계발만 하고 있으니, 그 계발은 자기 자신을 파헤치는 삽질에 불과하다. 그래서 그 삽질의 노고와 피곤함에 분통만 터질 뿐이다."[7]

자신감만 있으면 못할 거 없다는 말이 난무하는 교육의 폐해는 엄청나다. 과잉 자신감은 반드시 근거 없는 낙관주의로 흐른다. 눈앞에 보이는 구체적인 절망을 애써 외면하고 공허하기 짝이 없는 희소한 확률에 본인의 인생을 거는 사람들이 한국에 많은 이유다. 지나친 자신감은 자신'만'은 아무리 세상이 그릇되더라도 살아남는다는 착각으로 이어져 구성원 모두에게 효과가 있을 사회적 해법을 찾는 걸 외면하는 자충수로 이어진다. 그러니 사회문제 앞에서 개인의 돌파구만 찾는 우를 범하고 그럴수록 면죄부를 얻는 사회의 폭력성은 더 경악스럽게 개인의 자존감을 파괴한다. 그 결과 한국에서 '사회생활을 잘 한다'는 것은 온갖 반사회적인 요구를 다 참아 내는 거다. 일하면서 자존감 따위 찾지 말라는 거다. "자신 있나?"라는 물음의 속뜻이 '아무리 굴욕적이라도 참을 수 있어?'가 아니라고 누가 부인하겠는가.

문제는 일상에서 개인의 사적 가치가 처참하게 무너지는 경우가 많아질수록 공적 가치에 대한 개인의 불신도 하늘을 찌른다는 사실이다. "도대체 사회가 나를 위해 무엇을 해 주었단 말이냐! 나는 멋대로 살겠다"면서 남을 불편하게 하는 부끄러운 행동을 마다하지 않는 사람들이 득실거릴 수밖에 없는 이유다.

사회문제는 개인의 자신감으로 극복할 수 없다

'모태솔로'라면서 자신을 밝힌 20대 후반의 남성이 옷 잘 입고 인맥 넓고 자칭 멘토라고 불리는 연예인에게 '연애를 해 보려고 노력을 했지만 반복된 실패 때문에 자존감이 바닥에 떨어졌다'면서 조언을 구한다. 현장에 있던 나는 이런 말이 나오길 기대했다. "연애는 성공과 실패의 개념이 아니다. 인연이 아니면 아닌 거지, 자존감을 잃을 일이 아니다!" 연예인의 답은 달랐다. 그는 망설임 없이 대꾸한다. "거울을 봐라. 스스로 무엇이 부족한지 알아야 한다. 내일 당장 청담동의 가장 유명한 헤어숍으로 가라. 외모 가꾸는 데 돈 아낄 생각하지 마라. 자신감은 공짜가 아니다."

질문자는 '나를 존중하려면 어떻게 해야 하죠?'를 묻는데, '사랑받으려면 자존감은 버려라'라는 동문서답이라니. 스스로를 자책하게 만드는 성적 지상주의에 힘들어하는 사람에게 대치동 학원을 권하는 꼴 아닌가.

나는 자존감을 자아 존중감이라는 사전적 뜻에서 한걸음 나아가 '자신감이 없어도 인간의 존엄성이 유지되는 상태'라고 정의하고 싶다. '자신감이 없어도'라는 표현을 한 것은 자존감을 개인의 의지에 따라 유지하고, 되살리는 대상으로 보려는 습관을 경계하기 위함이다. 나락으로 떨어져 이미 만신창이가 되었는데 뜬금없이 자신을 소중히 여겨야 된다는 자존감 교육보다 실패해도 나락으로 떨어지지 않는 사회라면 자존감은 쉽게 무너지지 않을 거다. '나의' 자존감을 지키는 명확한 방법은 '우리가' 자존감을 잃지 않을 환경을 만드는 거다.

이는 자존감을 특별한 훈련을 통해 '키우려는' 집착에서 벗어나야 가능하다. 한국사회는 개인에게 문제가 발생하면 이를 교육적 노력을 통해 상황을 좋은 쪽으로 진전시킬 수 있다는 관성적인 태도가 만연하다. 결과는 이렇다. 공교육이 엉망이라 학생들은 사교육에 매달리고 노동이 불안정하니 자기계발에 시간을 투자하는 노동자들이 많다. 미래가 불안하니 중년들은 노후에 안정적인 불로소득자가 되기 위한 공부를 하느라 여념이 없다. 외모도 경쟁하는 '잘못된' 사회에서 모두가 평생에 걸쳐 외모를 가꾼다고 난리도 아니다. 개인의 역량을 높여 자존감 하락을 예방하겠다는 태도로 모두가 똘똘 뭉치니 결과는 어떻게 되었는가? 죽도록 노력해서 평범하기도 힘든 세상이 되었다.

호랑이 굴에서 정신만 차려봤자 산 채로 죽듯이 사회구조라는 벽은 개인의 의지로 쉽사리 깰 수 없다. 깨져야 할 벽은 안 깨지는데 역효과는 크다. 무엇이든 개인이 마음먹기 나름이라는 식의 접근은 피해자에게 문제의 원인을 돌리는 우를 범한다. 왕따의 피해자에게 '너도 원인 제공이 있다'면서 폭력을 묵인하는 사회, 성범죄를 걱정하는 여성들에게 '늦게 다니지 않고 노출이 심한 옷을 입지 않으면' 위험해지지 않는다는 망언을 조언이랍시고 하는 사람들이 한국에 많은 건 우연이 아니다.

알파고가 이세돌과의 바둑 대결에서 놀라운 모습을 보이자 교육 대국 대한민국에선 '4차 혁명'이란 말이 덩달아 인기를 끌었다. 곳곳에서 인공지능이 지배하는 미래를 대비하여 자녀 교육을 어떻게 해야 하는지를 알려 주는 강의가 성행했다. 어릴 때부터 '코딩'은 필수이고 준비를 철저하게 해야지만 세계를 놀라게 할 과학자, 기술자가 된다나 뭐라나. 그런데 다른 나라에선 알파고 돌풍과 비례하여 묻지도 따지지도 않고 돈을 주는 복지 정책인 '기본 소득'에 대한 관심이 늘었다고 한다. 알파고를 '만들' 소수가 되는 방법만큼 인공지능의 세계에서 일자리를 잃어 자존감을 상실할 다수에 대한 걱정을 함께하기에 가능한 관심이었을 것이다. 자존감이 무너지지 않길 원하는가? 그럼 자신감 좀 없어도 잘 살 수 있는 사회를 만들면 된다.

주변에 흔들리지
않으려면

집단이 수치를 주면 죄, 안 주면 무죄

정규직 전환을 요구하며 파업을 한 학교 조리실의 비정규직 노동자들을 어느 국회의원이 "그냥 동네 아줌마인데, 밥하는 아줌마가 왜 정규직화가 돼야 하냐?"고 폄하해서 난리가 났다. 사람들이 화를 낸 것은 비단 그 정치인이 유별나서가 아닐 거다. 대중들은 선거 때만 되면 서민 흉내 낸다고 바쁜 그들이 평소에 특정 직업을 얼마나 무시했는지를 잘 안다.

'그들만의 리그'에서 저 발언은 결코 문제가 아니었을 거다. 직업의 귀천이 '있음'을 공공연하게 드러내는 건 가타부타 따져 볼 필요도 없는 명백한 죄악이지만, 평생 저런 일을 하지 않을 사람들만 모인 곳에선 드러낸들 대수였겠는가. 오히려 이들 세계에는 "공부 열심히 안 하

면 다른 사람 밥 차려 주고 사는 거야"라는 말들로 사회에 반드시 필요
한 노동의 한 형태를 멸시하는 경우가 빈번했을 것이다. 평소에 그런
말을 함에 한 치의 부끄러움도 느낄 필요가 없었음이 분명하다.

그런데 '그들만의 리그'는 마냥 우리와 상관없는 세계일까? 얼마 전
지인의 자녀가 다니는 초등학교에서 있었던 일이다. '학생들이 학교
에서 청소하는 분들에게 예의를 갖추도록 가정에서부터 관심을 가져
달라'는, 낌새가 수상한(?) 가정통신문이 왔기에 자초지종을 알아보니
학생 한 명이 청소하는 분과 실랑이를 벌이다가 "어디 청소하는 주제
에"라는 말을 내뱉었다는 거다. 그 충격에 청소 노동자가 일을 그만두
었다나 뭐라나. 참고로 그 초등학교가 유명인의 자제가 다닌다는 사립
학교도 아니다.

단지 아이의 싹수가 노랗다고 할 일이 아니다. 그 부모의 그 자녀 아
니겠는가 하고 분석을 끝내서도 안 된다. 솔직히 누구나 그렇지 않은
가? 펄쩍펄쩍 뛰면서 자신은 결코 그렇지 않다고 할 사람 많을 줄로
안다. 하지만 당신이 예의 바른 건 이미 온갖 모욕에 이골이 난 그들
이 늘 바짝 엎드려서 당신을 상대하기 때문이라는 사실을 어찌 부인
할 수 있을까? 애초에 서로 마찰이 날 이유가 없으니 당신의 본모습이
드러나지 않았을 뿐이지 이들이 평소와 조금이라도 달라지면 '어디 경
비하는 주제에', '어디 청소하는 주제에'라는 결코 해서는 안 될 생각
을 할 사람이 한국에는 수두룩하다. 막말 정치인도 식당 노동자와 무
슨 원한이 있었겠나. 오히려 밥하는 아줌마라면서 살갑게 대했을 거

다. 하지만 '감히 제 주제도 모르고' 파업을 하고 '제 분수도 모르고' 정규직 어쩌고를 요구하니 평소의 인식 수준이 얼마나 차별적이었는지가 자연스레 돌출될 수밖에.

이유가 어떠한들 하지 말아야 할 행동을 하는 이유는 단 하나다. 그런 행동에 수치심을 느끼지 않기 때문이다. 원칙적으로는 죄가 될지언정 주변에서 '수군거리지 않는 한' 괜히 먼저 나서서 죄책감 가질 필요가 없고, 반대로 아무런 잘못이 아닐지라도 주변에서 '수군거리면' 부끄러움을 느껴야 되는 사회가 바로 한국이다. 이를 수치의 문화(shame culture)라 한다. 집단이 수치를 주면 죄고 안 주면 죄가 아니다.

다수의 생각이면 정의일까?

> "죄책감은 공감적 고통과 자신이 괴롭힌 사람에게 손을 뻗어 상황을 수습해야겠다는 생각을 불러일으키지만, 수치심은 모욕감을 느끼게 만들어 쓸모없고 사람 축에도 못 드는 존재로 만들어버린다."
>
> – 제레미 리프킨, 《공감의 시대》 중에서 [8]

리프킨의 글은 수치의 문화를 강조하는 동양과 죄의식의 문화를 중시하는 서양의 차이를 나타낸다. 이분법적 구분은 늘 비판이 따르지만 큰 물줄기에서 동서의 차이에 대한 학계의 견해는 일치하는 편이다.

서양에는 '절대 악'의 개념이 명료한 편이다. 그래서 이를 죄로 개인이 의식하느냐 아니냐가 중요하다. 무엇이 악이냐에 대한 논쟁도 치열하지만 사회적으로 합의된 굵직한 테마에 대해서는 표현의 자유랍시고 멋대로 해석할 수 없다. 사회의 교육은 한 개인이 어떤 경우에도 '아닌 건 아닌 거다'라면서 죄를 판별할 수 있는 능력을 기르는 데 맞춰진다. 누가 뭐라든지, 상황이 어떠하든지 '그러지 않는' 삶을 사는 게 중요하기 때문이다.

사회적으로 규범을 정하고 구성원들이 이를 따르도록 하는 건 동양도 마찬가지다. 하지만 동양은 때로는 '그래야 되는' 상황이 자주 발생한다. 산업화가 비교적 늦게 진행되면서 개인주의를 금기시하는 문화가 잔존해 있기에 '누가 뭐래도 제 갈 길을 가는 게' 쉽지 않다. 그래서 죄가 사람들 사이의 관계에서 규정된다. 서양에서 스스로가 죄의식을 갖고 사물을 직시하는 것과 달리 동양은 주변에서 사물을 바라보는 기준을 강요하고 이에 따르지 않으면 수치심을 제공한다. 기준을 절대적 가치로 규정하지 않는다는 장점도 있겠으나 문제는 관계를 이루는 사람들이 비상식적일 때 엉뚱한 것이 단번에 죄가 되기도 하고 반대로 엄중히 책임을 물어야 할 죄가 문화의 곁가지로 두루뭉술하게 규정될 수 있다는 점이다. 특정한 가치판단에 대해 "왜 그렇게 생각하느냐?"라는 질문을 던지면 서양에서는 현상 자체에서 논의를 시작하는데 동양, 그중에서 한국인들은 "많은 사람들이 그렇게 생각하니까", "어릴 때부터 그렇게 배워 왔으니까" 등을 말한다. 논리적인 이유보다 자신의 판단이 자신'만'의 판단은 아니라는 점을 강조하는 것이 중요하다고 생각하기 때문이다. 집단의 의견을 따르지 않으면 예민한 사람으로 취급받아 반드시 불이익을 당하는 상황에 익숙하기에 나타나는 나름의 자기 방어적 논증 아니겠는가.

짚고 갈 점은 리프킨의 이분법적 표현은 서구 편향적 시선의 한계를 지녔다는 비판에서 자유로울 수 없다는 거다.[9] 정당한 비판이다. 죄의식이 그렇게 철저한 사람들이 종교란 이름으로 무슨 짓을 했는지, 남의 나라를 점령하여 사람들을 어떻게 대했는지는 세상이 다 안다. 하지만 이 비판이 한국인들이 드러내는 동양적 사고의 지나침에 면죄부를 주는 건 아니다. 밑도 끝도 없이 '서양만이 해법이다'라는 말만 하는 건 대안 제시의 나태함이지만 타인의 평가가 가치판단의 완고한 잣대로 존재하는 현실을 성찰하기 위해 다른 사례를 참조하자는 건 결코 사대주의가 아니다. 이 책은 PART 1에서 절대적 죄의식이 부족한 우리들의 민낯을 비판하고, PART 2에서는 세상이 자신을 흉볼 것을 두려워하는 수치심 많은 인간들의 강박을 다루고 있다. 막연히 서양처럼 살자는 게 아니니 오해 말고 '우리'가 어떤 덫에 걸려 있는지 짚어 보자는 취지였음을 알아쳤으면 한다.

수치의 문화는 '절대 악'이 애매모호해진다는 근본적인 한계 외에도 여러모로 문제가 많다. 먼저 피해자가 피해를 부정하는 역설이 발생한다. 한국에서 특정 노동에 대한 사회적 멸시는 부메랑이 되어 가해자를 괴롭히지 않는다. 오히려 피해자가 자신의 비루한 상황을 딛고 일어서야겠다는 동기부여의 단서를 제공한다. 그러니 수치를 '참은' 자만이 사회적 발언의 기회를 얻고 이와 비례하여 '참으려고' 하는 사람도 증가한다.

한국의 군대가 예전부터 지금까지 한결같이 문제투성이였던 이유도 이 때문이다. 남자들이 군대 이야기에 목숨을 거는 건 그곳이 괴기스럽기 때문이다. 허나 따져 봤자 소용없다. 군대 '내'에서만이 아니다. 남녀노소, 군대 다녀와야 사람된다는 해괴망측한 말을 하는 경우가 한국에는 넘쳐난다. 그러니 당사자는 버텨 내는 것만이 답이고 그럴수록 '남자가 못할 게 뭐가 있냐'면서 군대의 폭력성을 남성성에 은폐하는 과정으로 자연스럽게 이어진다. 《대한민국은 군대다》의 저자 권인숙의 표현을 빌리자면 "군대에서 어떤 부정적인 일이 있어도 그 경험이 나도 다 이겨 낸 적이 있는 '통과의례'이고 사람 혹은 '진짜 남자'(사나이)가 되는 과정이라고 의미를 부여하기 쉽다."[10]

부당한 것을 '참지 않을 때' 수치심을 느껴야 하는 경우가 한국에서 어디 군대뿐인가. 일터에서는 우리가 어릴 때 배웠던 도덕적 기준과는 다른 룰이 적용된다. 개인의 희생은 기본이고 때론 '위에서 오더 떨어질 때까지' 무작정 멈춰 있어야 하고 때론 '멈추라는 지시가 있을 때까지' 한없이 저돌적이어야 한다. 사회 '안' 조직인 회사가 사회가 권장할 수 없는 가치를 지향함을 문제 삼으면 '전쟁터에서 귀신 씨나락 까먹는 소리 하고 있네'라는 표정으로 쳐다본다. 군대의 문제가 고질적인 것은 자신들이 전쟁을 준비하는 사람이라는 생각에서 상식을 자의

적으로 해석하기 때문이다. 일터도 전쟁터니 기업에서 그렇게 '유연한 사고방식을 가진 자'를 인재라 했나 보다. 여기서 '유연'은 세상의 이치가 무엇인들 직장의 법칙에 유연하게 따라가는 것 아니겠는가. 여기에 적응하는 것 자체가 곤욕임에도 모두가 어떻게든 잘하는 이유는 이렇게까지 해야 하냐고 하소연해 봤자 돌아오는 대답이 같기 때문이다. "다른 사람은 괜찮다는데 너만 왜 그래?" 여기서 심해지면 "너 아니어도 일할 사람 많아!"[11]

도대체 뭐가 중한디?

한때 자동차 안전벨트를 매는 것을 부끄러워하는 사람도 있었다. 지금에야 많이 달라졌지만 여전히 광역버스를 탔을 때나, 택시 뒷좌석에서 주섬주섬 벨트를 찾을 때면 괜한 주책인가 하는 생각이 들기도 한다. 하긴, 쇼핑몰에는 '안전벨트 경고음 제거기'란 상품이 수두룩하다. 그게 뭐냐고? 벨트는 성가시고 미착용 경고음은 거슬리니 벨트 클립만 구입해서 똑딱 끼워 넣는 거다.

태어날 때부터 안전 불감증을 타고나서가 아니라, 안전을 위한 개인의 행동을 겁이 많은 사람 혹은 괜한 걱정으로 주변 사람만 피곤하게 만드는 사람 등으로 생각하는 분위기에 항상 노출되어 있었기 때문이다. 사회란 참으로 놀랍다. 안전벨트를 매지 않는 것에 부끄러움을 느끼지 않고 매는 거에 수치를 느낄 수 있다니 얼마나 대단한가. 그러니 안 죽어도 될 사람이 죽는다. 자기 죽는 건 둘째 치고 다른 사람 살인자 만드는 셈이다. 사고 유발자 정도에서 미안해할 일이 '교통사고 사망 사건'의 피의자가 되어 평생 죄책감을 안고 살아야 한다. 죽은 사람이든, 죽인 사람이든 가족에게 얼마나 부끄러운 행동인가.

그마나 인식이 개선된 것은 어떤 노력이 있었기 때문일까. 두 가지로 생각해 볼 수 있는데 이는 죄의식의 문화를 만들어 가는데, 나아가 부끄러움을 제대로 이해하는 단서이기도 하다. 첫째, 명백히 합의된 절대 악은 결코 논쟁하지 않는다. 안전벨트를 매지 않을 이유란 존재하지 않는다. 찬반토론을 할 필요가 없다. '매라! 매라!'는 일방 소통을 멈추지 않았으니 이나마 벨트 미착용을 죄로 인식하는 경우가 늘어났고 매지 않은 남을 다그칠 수도 있게 되었다. 악을 명확히 인지하기 위해서는 어느 정도의 일방통행이 필요하다.

인류는 여러 시행착오 끝에 타협 불가 키워드 두 개에 합의했다. 폭력과 이의 근원이 되는 차별은 더 이상 '경우에 따라서는 필요하다'는 식의 논의를 허용하지 않는다. 특히 홀로코스트를 경험하면서 사람이 사람을 어디까지 대할 수 있는지 인류는 뼈저리게 느꼈다. 그래서 폭력과 차별은 공적 엄벌의 대상이지 사적 이해의 영역이 아니다. 차별받지 않고 그래서 폭력으로부터 자유로울 때 인간이 그나마 존엄해진다는 사실은 인류를 이롭게 한 대표적인 일방통행의 결과다. 이 명제만큼은 노예처럼 수동적으로 받아들여도 된다. 그럴수록 실제 노예는 존재하지 않는 사회가 된다.

　다른 생각을 금지시키니 '다양성'이라는 개념에 어긋난 건 아니냐고 따져볼 수도 있겠지만 혼란이 온다면 이것 하나만 명심하면 된다. 다양성은 '절대 악'이 저지르는 폭력에 맞서기 위한 개념이지 악을 악이 아니라고 할 때 적용될 수 없다. 무지를 옹호하는 다양성이란 존재하지 않는다. 백인들의 질서로 만들어진 세상에서 누군가가 인종의 다양성을 인정해 달라면서 목숨 바쳐 부르짖었던 경우와 백인 우월주의자로 구성된 KKK(Ku Klux Klan) 집단이 '내겐 흑인을 혐오할 권리가 있다'면서 다양성 운운하는 걸 구별하는 건 상식이다. 하지만 후자의 문법으로 차별을 정당화하는 한국사람을 만나는 건 어렵지 않다. 뚱뚱한 사람 '싫어할', 지방대 나온 사람 '무시할', 가난한 사람 '흠잡을' 나름의 이유가 있다면서 차별의 정당한 사유를 구구절절 나열하는 자가 자신이 아닌지 돌아보았으면 한다.

　둘째, 명명백백 절대 악에 대해서는 구체적인 가해행위가 발생하지 않았더라도 이를 추동하는 씨앗부터 감시되어야 한다. 안전벨트 착용이 그나마 습관화된 것은 대부분의 교통법규가 그러하듯 사고라는 결과와 상관없이 미착용만으로도 벌금이 부과되기 때문이다. 구체적인 사회적 제재 행위는 "유별나게 뭘 그런 걸 해?"라는 주변의 소리에 "왜? 네가 벌금 내 주게?"라는 즉각적인 반응을 불러일으키니 효과가 매우 좋다. 점점 모든 도로에서 모든 좌석의 안전벨트 착용 의무화 방향으로 가고 있으니 절대 악을 행할 자들도 줄어들지 않겠는가.

벨트를 무조건 착용하는 것은 자유에 대한 침해가 아니라 타당한 통제다. 마찬가지로 당신이 타인에게 한 점 부끄러움 없는 사람이 되기 위해서는 삶에 대한 광범위한 성찰이 필요하다. 직접적으로 차별과 폭력에 가담하지 않아도 자신이 무의식중에 토양을 제공하는 건 아닌지 따져 봐야 한다. 별 생각 없이 말하는 '흑형'이라는 표현이 일상에서 사람을 피부색으로 구분 짓는 습관으로 이어져 개인의 문제를 '흑인' 아무개의 모습으로 오해케 하여 특정 인종에 대한 고정관념이 형성될 수 있음을 경계하는 건 결코 비약이 아니다. '병신'이란 말을 장애인 비하의 맥락에서 사용하지 않았다 하더라도 이런 단어에 움찔해 사회로부터 고립되는 장애인이 단 한 명이라도 있다면 이를 표현할 자유 따위는 포기함이 마땅하다. 주변인들에게 언어 습관의 문제를 지적하면 "슬쩍 내뱉은 말인데 왜 그렇게 혼자 진지하냐"는 핀잔을 분명 들을 거다. 인류를 오랫동안 괴롭힌 차별과 폭력의 씨앗이 진지하지 않아도 발견될 수 있다고 생각하면 오산이다. 사고를 미연에 방지하기 위해 개인에 대한 적절한 제재를 가하는 것이 타당한 것처럼 합의된 절대 악은 지나칠 정도의 자기 검열을 통해서 예방되어야 한다. 남들은 별말 안 하는데 너무 예민한 거 아니냐고 묻는다면 그게 바로 '수치의 문화'의 문제점이라 하면서 이리 말하겠다.

"도대체 뭐가 중한디?"

진심을
전하고 싶다면

공감한다는 오만에서 공감하려는 노력으로

세월호가 침몰한 2014년 4월 16일 이후 나는 '먹먹하다'라는 표현을 사용하지 않는다. TV를 트니 축구장보다 길고 높이가 아파트 9층만 한 거대한 배가 속절없이 바다 아래로 가라앉고 있었다. 그러다가 '여기 사람 있어요'라는 신호라도 보내듯이 세월호가 한동안 배의 끝 부분만을 바다 위에 처량하게 남겨 두었을 때, 이를 바라보는 심정은 먹먹함 그 자체였다. 뜻 그대로 아무 소리도 들리지 않았고 체한 듯 가슴이 답답했으니. 그런데 실종자의 부모도 "가슴이 먹먹해져 미치겠어요"라고 말하고 있었다. 나와는 비교조차 안 될 심정이었을 터인데 같은 단어로 감정을 표현했다.

먹먹함이란 단어를 함부로 사용한 나 자신이 부끄러웠다. 그 울적한 느낌이 그들과 공감한다는 증거라 생각했던 것이 한심했다. 공감(共感)은 남의 감정을 자신이 오롯이 느끼는 거다. 이를 뜻하는 영어 단어 Empathy는 '안으로'라는 어원에서 출발한다. 타인의 내적 경험을 함께 느끼는 정신적 현상이란 말이다. 어찌 남의 '속'을 내가 알 수 있단 말인가? 그 '속'에 있는 것 중 당사자가 아니라면 도무지 알 수 없다는 슬픔이란 감정은 애초에 타인이 공감하기 힘든 영역일 수밖에 없다. '세상에 내 마음을 알아주는 사람 한 명 없구나'라는 푸념을 누구나 했다고 생각하면 빈말도 아니다.

하지만 공감할 수 없다고 등을 돌린다면 어디 사람인가. 떳떳하고 부끄럽지 않은 삶이란 불가능한 걸 알면서도 조금이나마 공감의 간격을 좁히고자 끝없이 노력하는 거다. 그들의 슬픔이 끝날 때까지 그들만큼은 아니겠지만 내가 표현하고 느낄 수 있을 만큼 함께 슬퍼하는 건 노력의 시작이다. 공감한다면서 어떻게 '먼저' 슬픔을 종료할 수 있단 말인가? 기쁜 일을 애써 감추고 숙연함을 흉내 낸다고 공감이 완성될 리 없겠지만, 그렇게라도 미안함을 진중하게 표현하는 건 삼자가 할 수 있는 유일한 위로이자 의무다. 여기에 남녀노소 예외가 있을 리 없다.

세월호가 침몰한 날 오후, 여느 때처럼 유치원에서 딸아이를 데리고 놀이터로 향했지만 여느 때처럼 세상에 아무런 일도 없는 표정으로 놀아 주기가 힘들었다. 일곱 살 아이에게 아빠의 먹먹함을 어떻게 전달해야 할까? 일곱 살이 제대로 이해할지도 모를 일이었다. 내가 일곱 살이라면 누가 설명한들 알아들었을까? 어렸을 때 나를 생각해 봤다.

프로야구단 삼성라이온즈 어린이 회원으로 선수 카드를 수집하고 선수들의 기록을 달달 외우곤 했었지. 골목에서 "내가 장효조다!", "내가 이만수다!"를 흉내 내며 저녁 늦게까지 놀았었지. 나처럼 내 딸도 아직 어린아이인데 괜한 얘기 말자고 생각할 찰나 머리가 화끈거렸다. 내가 단지 어렸기에 야구에 미쳐 있었던 게 아니다. 1980년대는 우리나라 전체가 스포츠에 미쳐 있었다. 대중의 정치적 관심을 돌려 버리고자 추진한 5공화국의 3S(SEX, SCREEN, SPORTS) 정책으로 프로야구, 프로축구가 출범했고 씨름과 농구도 인기가 대단했다. 정부는 88올림픽 개최에 사활을 걸었고 개최지로 선정됨에 고무되어 1984년 LA올림픽에 막대한 투자를 하여 온 국민을 기쁘게 했다. 언론을 장악한 독재정권은 사람들이 TV만 틀면 모두가 스포츠를 좋아할 수밖에 없게 만들었다. 일곱 살 꼬맹이가 야구에 미쳐 있었던 이유다. 그리고 '지금도' 다른 건 몰라도 야구는 외면하지 않는다. 프로야구 시청만이 유일한 취미다. '삼성'은 재벌이니 뭐니 비판의 대상이지만 '라이온즈'는 내 분신이다. 심지어 동물도 사자가 좋다.

그렇다! 누가 무엇에 어떻게 노출되었느냐에 따라 감정은 학습된다. 슬픔에 공감할 적절한 나이가 있다는 고정관념은 공부만이 중요한 세상에서 그런 학습을 중요하게 생각지 않았기 때문이다. 희로애락은 누구나 느낄 수 있는 거지만 이를 언제, 어떻게, 어느 정도로 드러내고 감춰야 하는지는 철저하게 그 사회가 무슨 가치를 지향하는지에 영향을 받는다. 아이가 제대로 슬퍼할 줄 아는 시민이 되길 바란다면 '어른이 되면 알겠지'라는 생각부터 버려야 한다.

　그래서 놀이터 한쪽에 앉아 천천히 비극의 보따리를 풀었다. 거창한 이야기를 한 것은 아니다. 마냥 기쁠 수만은 없는 순간이 있는데 왜 그래야 하는지를 말해 주고 싶었다. 때로는 남을 위해 나의 일을 멈출 필요가 있음을 알려주고 싶었다. 자유를 잃어버린 이를 위해 내게 주어진 자유를 잠시나마 누리지 않는 건 박탈이 아니라 예의라고 나는 조심스레 말했다. 너무 어려운 말 아니냐고 하겠지만 일곱 살 때 나는 야구 룰을 다 알았다. 타율, 타점, 득점 등이 어떻게 계산되는 건지도 일곱 살 꼬맹이가 알았다. 물론 야구 기초 상식이지만 관심 없으면 어른도 모른다. 내가 천재라서가 아니다. 그때는 주변이 온통 이런 정보들이었다. 나는 딸에게 인간이라면 반드시 알아야 할 새로운 정보를 제공하는 중이었다. 아이는 아빠가 평소와는 다르게 웃지 않는 얼굴로 자신을 바라보았던 이유를 알았다는 눈치다. 이 정도도 하지 않고 그날을 지나칠 순 없었다. '세월호에 대한 철학의 헌정'이라는 부제를 단 철학자 백상현의 책 제목 《속지 않는 자들이 방황한다》처럼 이런 날 방황하지 않고 원래대로 일상이 유지되는 건 반칙이다.

　하지만 다른 부모들 눈에는 내가 '애들한테 굳이 안 해도 될 말'을 하는 것처럼 보였나 보다. 하지 말아야 될 말을 하고 있는 나를 탐탁지 않게 여기는 표정들이다. 내 옆에서 "우리가 이렇게 평화롭게 살고 있는 거에 감사하자"면서 이기적인 동정심으로 누군가의 죽음을 대하는 무리 중 한 명이 떨떠름한 표정을 지으며 말한다. "아이고, 왜 자꾸 슬픈 이야기를 애들한테 해요?"

슬픈 이야기는 어른들부터 싫어했다. 하루, 한 주, 한 해가 지날수록 일상으로 돌아가자고, 산 사람은 살아야 하는 거 아니냐면서 채근하는 사람들은 많아졌다. 틀린 말은 아니다. 일상에서 우리는 살아야 한다. 문제는 '어떻게' 사느냐는 거다. 이건 효율의 문제이기도 하다. 표현이 속되지만 누군가의 슬픔에 최대한 공감하기 위해 오랫동안 함께 슬퍼할수록 자신은 정말로 잘 살 수 있다. 공감의 깊이가 깊을수록 문제의 원인이 정확하게 보여 실질적인 재발 방지가 이루어지기 때문이다.

소설가 김훈은 "쓰러진 세월호는 한국 현대사의 괴로운 자화상"[12]이라 했다. 이 현대사는 '우리가' 만든 거다. 그러니 애도는 죽음이 야기된 모든 원인을 비판하고 그 원인과 자신이 동떨어져 있지 않음을 받아들이는 삶의 성찰을 통해 유사한 죽음이 반복되지 않도록 할 때 완성된다. '우리가 어떤 사회를 만들었단 말인가?'라는 물음 없는 미안함이란 어설픈 동정심에 불과하다.

우리는 '공감 결여'의 인간이 될 것인가?

2012년 3월 18일, 영국의 축구팀 토트넘 홋스퍼와 볼튼 원더러스의 FA컵 8강전이 있었다. 전반 41분이 지나갈 무렵, 볼튼의 미드필더

파브리스 무암바 선수가 갑자기 쓰러졌다. 심장마비였다. 팀 닥터 수준에서 손쓸 수 없는 위중한 상황, 무암바는 구급차에 실려 병원으로 긴급 후송된다.

경기장 안의 모든 사람들이 충격을 받았고 슬픔에 빠졌다. 관중들은 통곡했고 멀쩡하던 축구선수가 순식간에 사지가 굳어 가는 모습을 옆에서 지켜본 동료들은 말문이 막혔다. 이때 주심은 양 팀 감독과 주장을 불러서 오랫동안 이야기를 나눈 후 한국이라면 엄청난 논란을 몰고 왔을 '경기 취소'를 선언한다. (무암바 선수는 78분간 심정지 상태였고 이틀이 지나 의식이 회복되지만 선수로 복귀 못하고 은퇴한다.)

도무지 축구를 해서는 안 될 상황에 맞는 결정이었다. 선수들이 패닉 상태에 빠져서지만 사람이 죽어가는 마당에 자기 일 열심히 했다는 죄책감에 빠질 걸 빤히 알면서도 경기를 진행할 수는 없다. 돈 내고 경기장을 찾은 수만 명의 관중들은 '경기를 볼 권리'를 박탈당했음에도 개의치 않았다. 쓰러진 선수의 가족이 공포에 떨고 있을 때, 자기 권리나 따지는 것은 부끄러운 행동이란 걸 알기 때문이다. 심판은 살아있는 사람들이 앞으로 떳떳하게 살도록 도와준 셈이다. (리더의 결정이 이토록 중요하다. 포항에 지진이 발생하자 수능시험을 연기한 문재인 정부의 결정은 칭찬받아 마땅하다. 세상에는 '인생을 결정한다는 대학입시'보다 더 중요한 가치가 있음을 알려주는 결정이었고, 무엇보다 모두가 고개 들고 살 수 있게 했기 때문이다. 강행했다면 우리는 평생 미안함을 안고 살아야만 했다.)

표현의 자유도 이 상황에서는 포기되도록 사회가 강권한다. 한국에서는 허다하게 볼 수 있는 수위의 글 정도인 '빵터졌다. 무암바 새끼 죽었다! 하하'(LOL. FUCK Muamba. He's dead!!!)라는 말을 트위터에 남긴 대학생은 즉시 체포된다(LOL은 laugh out loud를 줄인 표현으로 '크게 웃다'라는 뜻이다). 변호사는 만취한 상태였다면서 정상참작을 주장했지만 판사는 "생존을 위해 사투를 벌이고 있는 한 축구선수에게 결코 해서는 안 될 행위"[13]라면서 56일간의 징역형을 선고한다. 술에 취했더라도 '함께 슬퍼해야 하는' 순간을 망각해서는 안 된다는 메시지였다. 놀라운 모습일지 모르겠으나 사람의 생명보다 중요한 것은 없다는 상식의 실천이었을 뿐이다.

한국이라면 이 상식이 과연 지켜졌을지 생각하면 확신이 없다. '냉정한 스포츠의 세계'라면서 "그래도 경기는 해야지"라는 사람들이 대부분이지 않았을까? 악의적인 분석이 아니다. 아침 시간에 누군가가 지하철에 뛰어들어 자살을 하면 '출근길 지연으로 시민 불편 가중'이라는 속보가 뜨는 곳이 대한민국 아니었던가. 기사의 공감(?) 댓글은 이렇다. '죽으려면 곱게 죽지, 왜 내게 피해를 끼쳐? 나도 너처럼 힘들다고!'

한국인은 '슬픔'이란 감정을 진정성 있게 이해할 학습을 받아 본 적이 없다. 그러니 공감 결여의 인간으로 성장한다. 과거와는 달라진 사회구조로 힘들어하는 청년들에게 "나도 과거에는 다 그랬다"는 조언을 하는 어른이 많은 이유다. 그런 어른들이 객관적인 폭력을 보고도 둔감한 건 당연하다. 이들은 어제까지 같은 반 아이가 자살을 해도 '학생이라면' 공부에 충실해야 된다면서 동요하지 말라고 가르친다. 추모

하겠다는 학생들에게는 "너 할 일이나 잘해!"라면서 혼낸다. 누군가의 아픔을 외면하는 게 대한민국 학생들의 '할 일'이다.

'내 알 바 아니다'를 가슴에 새기며 자란 사람들이 만들어 놓은 '숨 막힐' 사회에서 '숨 막혀' 죽는 사람이 많은 건 어색하지 않다. 우울증으로 아파하는 사람에게 한국인들은 "운동 열심히 하면 기분 상쾌해진다"는 엉터리 해결책을 제안한다. 이해받지 못하는 우울증 환자들이 한강대교를 찾을 수밖에 없다. 극단의 선택을 한들 추모는커녕 '그런 정신력으로 어차피 제대로 살긴 어렵다'는 조롱만이 부유한다. 괜히 10년 넘게 자살률 1위의 나라가 된 게 아니다.

공감의 시작은 자신이 타인의 상황에 쉽사리 공감할 수 없다는 것을 인지하는 것이다. 공감의 실천은 "나도 네 마음 안다"는 기만적인 사람이 되길 거부하고, 아픈 것도 서러운 사람에게 "어쩌다가 그랬어?"라고 묻는 황당한 사람이 되지 않는 거다. "내가 감히 너의 슬픔을 알 순 없겠지만, 노력할게"라고 말하면서 상대를 조금이라도 이해하려는 성찰적 사람이 되는 게 중요하지, 입으로만 '공감'을 말하는 건 아무런 의미가 없다.

존엄한 개인으로
살고 싶다면

우리는 집단주의를 싫어한다

〈젠틀맨리그〉라는 방송 프로그램에 나갔을 때다. 사전 미팅 때 방송 작가는 동서양 사람의 심리 차이를 설명하는 유명한 실험을 실제 할 터이니 내게 결과의 의미를 말해 달라고 부탁했다. 나는 패널 다섯 명만을 상대로 해서 무슨 효과가 있겠냐고 우려했지만 제작진은 일단 해 보고 여의치 않으면 편집하기로 했다.

실험은 '다음 중 가장 앞에 있는 것은 무엇인가?'라는 질문으로 시작한다. 화면에는 원근감이 잘 드러난 일직선으로 뻗은 길이 그려져 있고 위에서부터 차례대로 1~3번이 표기된 공이 놓여 있다. 걱정은 기우였다. 다섯 명 중 유일하게 '외국생활'을 오래 한 한 명만이 화면의 높은 쪽에 있는 1번을, 뼛속까지 동양인인 나머지는 그 반대쪽의 3번을 선택했기 때문이다. 원래 실험의 경향성이 더 도드라져서 '오호, 이 정도일 줄 몰랐는데'라며 놀랐던 기억이 생생하다.

결과의 차이는 사람들마다 '앞'의 기준이 다르기에 나타난다. 서양에서는 1번을 선택하는 경우가 많다. 거리가 가장 멀리 떨어진 경우를 선택한 것인데, 자신이 바라보는 방향으로 사물도 놓여 있다고 생각하기 때문이다. '가장 멀리 떨어진' 개체가 '내 쪽'에서 볼 때 제일 앞인 셈이다. 모두가 뒤통수를 보이고 나란히 줄을 선 상태에서 '자신의 앞'을 인지한 거다. 반대로 동양인이 3번을 많이 선택하는 건 자신이 바라보는 대상이 '자신을' 바라본다고 생각하기 때문이다. 모두가 자신을 처다보고 있으니 '앞'은 자신과 가까운 쪽이다. 좋게 말하면 타인 위주이고 나쁘게 말하면 무얼 하든 남 눈치 보기 바쁘다는 것.

유사한 실험들이 제법 있다. 물고기가 든 어항을 관찰하라고 했을 때, 서양인은 물고기만 주시하는데 동양인은 어항, 수초 등을 주목한다는 등의 얘기가 그렇다. 해석은 아마 익숙할 거다.

"서양인은 개인적·독립적 성향을 지닌 데 비해, 동양인은 상호 의존적·집단주의적 성향을 지닌다."[14]

앞서 동과 서를 '관계의 중요성'에 따라 수치의 문화와 죄의식의 문화로 구분한 것도 이런 배경에서다.

개인주의든 집단주의든 일장일단이 있다. 하지만 한국사람 중 집단주의의 단점이 장점보다 훨씬 많음을 부인할 사람은 없다. 이기주의와 개인주의를 비교하면서 배우는 것이 왜 중요하냐면 집단주의가 과잉된 사회에서는 개인주의를 이기주의로 해석하는 우를 자주 범하기 때문이다. 타인에게 피해 주지 않는 정상적인 개인주의자라 할지라도 한국에서는 '너로 인해 다른 사람이 피해를 보았다'는 핀잔을 들으며 비정상적인 사람이나 사회생활 잘 못하는 인간으로 취급당하는 경우가 많다. 그러니 개인의 의견이 무시당한다고 토를 달면 입에 풀칠하기 힘들다. 집단 안의 일원으로 순종과 복종이 몸에 배어 있어야만 밥을 굶지 않는다.《개인주의자 선언》의 저자인 문유석 판사는 이런 부조리를 대나무숲에 가서 토하듯이 뱉고 싶어 한다.

"눈치와 체면과 모양새와 뒷담화와 공격적 열등감과 멸사봉공과 윗분 모시기와 위계질서의 관행과 관료주의와 패거리 정서와 조폭식 의리와 장유유서와 일사불란함과 지역주의의 상명하복과 강요된 겸손 제스처와 모난 돌 정 맞기와 다구리와 폭탄주와 용비어천가와 촌스러움과 기타 등등 기타 등등 기타 등등."[15]

동의 안 할 사람이 있을까? '기타 등등'이 여러 번 반복되었지만 전혀 어색하지 않다. 밤새 말할 사람도 많을 거다. 회식으로 단합을 기대하는 것이 구시대적 발상이라는 평이 나돌자 이제는 등산으로 마찬가지의 효과를 도모한다. 그것도 토요일 새벽부터라니, 끔찍하다. 종일

상사 꽁무니를 따라다니다가 하산 후 파전에 막걸리 회식까지 하고 밤이 되어서야 집으로 온다. 등산 '가야만 하는' 직장인들은 이를 좋아하기는커녕 개인의 존엄성이 무시당했다면서 (속으로) 분노한다. 부당하다는 것을 인지하고 있으니 한국인의 특성을 집단주의라고 하기에는 무리가 있을지도 모르겠다. 애교심, 애사심 나아가 애국심까지, 특정 감정을 강요하는 한국사회의 맹목성에 누구나 염증을 느끼고 있다.

하지만 표출되지 않은 분노가 세상을 바꿀 수 없다. 사회의 법칙은 원래대로 굳어져서 우리는 늘 이상한 조직을 경유하며 살아야 한다. 조직의 높으신 분들은 자기들 맘대로 규정을 정하고 이를 따르라 한다. 속으로만 화내는 게 전부인 구성원의 규칙 준수는 굉장히 자발적이다. 누군가가 '개인의 자유가 침해당했다'면서 지시를 불이행하면 가해자 말고 같은 피해자인 동료들이 '나는 희생하는데 너는 왜 안 하냐'면서 무안함을 준다. 괜찮지 않아도 참고 버티는 사람이 있어 괜찮지 않은 사람은 괜찮아야만 한다. 순한 양이 되지 않을 때 순한 양들의 공격은 집요하다.

몇 번의 시행착오를 거치면 결국 집단이 하라는 대로 하는 게 개인에게 속 편하다는 걸 알게 된다. 모두가 나를 바라본다고 생각하고 바라본 사람을 기준 삼아 사는 게 남는 장사다. 다 따르기 시작하면 이 잘못된 컨베이어 벨트에도 윤활유가 흐르는 역설이 발생한다. '나만 힘든 것이 아니라는' 고통의 평준화 정신은 개인의 심리적 안정에 효과가 좋기 때문이다. 집단주의는 심해진다. 모두가 눈치 보거나, 주는 사람으로 살아간다.

집단의 권리보다 중요한 건 공동체의 의무

누군가의 판단을 좌지우지하는 '남들' 역시 한국인이고 바로 우리다. 집단주의의 무서움은 집단이 개인을 괴롭혀서만이 아니다. 집단의 객체로서, 그러니까 옳고 그름 안 따지고 시키는 것만 하고 살아가는 인생에 익숙해지면 공동체의 개체로서 어떻게 살아야 하는지를 망각하는 경우가 늘어난다. 객체는 수동적이고 개체는 능동적이다. '공동체의 개체'로 산다는 건 개인의 진정한 자유를 보장하는 공동체를 만드는 데 앞장서서 노력한다는 말이다. 하지만 집단의 객체가 되면 시키는 것만 하는 것은 물론 그 책임을 집단에 전가시킨다. 인간이라면 하지 말아야 할 짓을 하면서도 자신을 집단 속으로 쏙 밀어 넣어버려 죄책감에서 자유로워지는 나쁜 버릇이 생기는 셈이다. '내가 무슨 힘이 있냐, 회사에선 어쩔 수 없지', '친구들도 다 그러는데 왜 나만 문제 삼냐' 등의 핑계가 집단 속 객체의 주요 특징이다.

님비 현상이 죽어도 사라지지 않는 이유는 이런 습관이 한국인들에게는 공통적으로 있기 때문이다. 특히나 '제발 우리 지역에 유치해 달라'는 핌피현상(PIMFY: Please In My Front Yard)과 결합한 한국인들의 님비(NIMBY: Not In My Back Yard) 정신은 끔찍한 모습으로 나타난다.

서울의 한 지역, 주민 말로는 다른 지역에 비해 유독 낙후되었다는 지역에서 '장애인 특수학교' 설립을 격하게 반대해서 논란이 일었다. 이들이 '님비'한 이유는 그 자리에 병원이 '핌피'해야 주민도 편하고 집값도 오르는데 엉뚱하게 장애인 학교가 들어오는 게 말이 되냐는 거였다. 하지만 교육청은 장애인 학생들이 학교 부족으로 통학에 시간이 너무 많이 걸리기 때문에 이를 해결하기 위해 원래 교육시설을(폐교) 원래 취지 그대로 활용하는 것이 당연하다는 입장이었다. 할 필요도 없는 공청회도 열렸다. 공립학교는 안 만들면 담당자가 주민에게 소환될 각오를 해야 하는 것이지 만들면서 주민의 허락을 받는 경우는 없다. 집값 걱정에 교육받을 권리를 저울질해서는 안 된다는 건 상식이다.

　공청회장은 풍비박산이 났다. 주민들은 지역 국회의원까지 대동하여 님비와(장애인 학교 반대!) 핌피(병원 찬성!) 현상의 진수를 보여 줬다. 장애인 학생들의 학부모는 주민을 설득시키고자 "모든 모욕을 감수하겠으니 학교만은 허락해 달라"고 무릎 꿇고 읍소하고 절까지 한다. 비장애인 가족이라면 있을 수 없는 일이다. 한국에 살면서 한국인에게 실망한 적이 한두 번이 아니니 낯설진 않았지만 반복된다는 사실이 무서웠다.

　누구나 다니는 학교를 짓지 말라는 건 존재할 수 없는 항의다. 무슨 장애인만 출입 가능한 카지노를 만들자고 했나. 그냥 학교다. 누구든 때가 되면 입학통지서가 날아와 좋든 싫든 의무적으로 다녀야 하는 학교 말이다. 그러니 등교 시간 맞춰서 터벅터벅 걸어도 10분이면 도착할 수 있는 곳에 학교가 없다면 그건 나라가 아니다. '왜 우리 동네에 없어?'라는 물음만이 가능하지 '왜 굳이 여기에 이 학교가 있냐?'는 의문은 생각조차 해서는 안 된다.

타인의 기본권을 짓밟는다는 건 공동체 안에서 살아가는 개체가 해서는 안 될 짓이다. 상식을 어기고 파렴치한 행동이 가능한 이유는 집단의 이익이 더 중요하다고 보았기 때문이다. 집단의 '객체'로서 자신을 강조하면 인류 공동체의 가치를 무시한다는 죄의식은 둔감해진다. 주민들의 해명이 이랬다.

"우리는 절대로 장애인을 차별하지 않습니다. 혐오하지도 않습니다. 다만, 우리 지역도 발전할 기회를 주셔야 하는 거 아닙니까?"

지역의 발전이 누군가의 동등한 배움의 기회보다 우선한다는 발상이 바로 차별이고 혐오다. 이딴 주장이 가능한 이유는 스스로를 집단의 생각을 전달해 주는 사람 정도라고 보기 때문이다. 한국에서 살다 보면 '내 입장은 그렇지 않은데, 그렇다고 내가 소속된 집단의 입장을 무시할 수 없다'는 궤변을 논리랍시고 자주 듣는 것도 마찬가지 이유다.

특정 지역 주민만의 이기심도 아니다. 나는 임대주택에 사는데, 매일 '서울시는 더 이상 이 동네에 임대주택을 허가하지 말라!'는 현수막을 걸어 둔 고급 아파트 단지 앞을 거쳐 지하철을 타러 갔고, 첫째 아이는 자신의 존재를 민폐라고 규정하는 글귀를 더듬거리며 한글 공부를 했다. 서명운동까지 하길래 너무 심한 거 아니냐고 따졌다. 죄다 머리를 긁적거린다. 타인의 가슴에 칼을 쑤셔 넣었으니 그러지 않으면 사람이 아니다. 그런데 본인은 미안하다는 사람이 '가족의 재산이 달렸다!'고 적힌 피켓을 높게 든다.

인간으로서는 미안하지만 부모로서는 부끄럽지 않다고 여기고 아파트 공동체를 위해서 인류 공동체의 가치는 아랑곳하지 않겠다는 건, 단순히 사람이 이기적이어서가 아니라 '객체는 책임을 질 필요가 없다'는 식의 생각에 익숙해서다. '회사생활 하다 보면 별 수 없다면서' 조직의 객체로서 다른 개체를 우습게 취급하는 이상한 행동들, 우리들은 이의 피해자이자 목격자이고 때론, 아니 자주 가해자다. 그렇지 않았다면 '에이, 그래도 이건 아니지'라면서 공동체가 지향해야 할 가치를 따랐을 터인데 말이다.

공동체의 개체로 살아가자. 거창한 선언이 아니다. 이 말은 우리가 가장 개인적일 때 '모두'가 행복할 수 있다는 단순한 이치를 깨닫자는 거다. 이는 개인적임을 방해하는 요소를 적극적으로 제거할 때 가능하다. '개인적'임을 추구하자는 건 타인을 무시하는 것이 아니라 누구에게도 무시받지 않을 존엄한 개인으로 나와 너, 우리가 성장하자는 뜻이다.

"개인이 먼저 주체로 서야 타인과의 경계를 인식하여 이를 존중할 수 있고, 책임질 한계가 명확해지며, 집단 논리에 휘둘리지 않고 자기에게 최선인 전략을 사고할 수 있다."[16]

아무도 배제되지 않는, '우리와 그들'이라는 이분법적 인식으로 사람을 구분하지 않는 진정한 집단주의의 실천인 셈이다.

'어떻게' 실천할 수 있을까? 자신이 집단주의를 신봉하는 가해자로 살고 있지는 않은지 반성하는 것부터 해야 하지 않을까? 집단에 충성하고자 자신의 정체성이 사라져 있음에 수치를 느껴야 하고, '사라진 자신' 덕택에 책임에서 자유로워져 타인을 맹렬하게 공격하는 부끄러운 일상이 없는지 반문해야 한다. 이를 위해서는 공동체를 위해 절대로 타협해서는 안 될, 그리고 다르게 해석할 자유가 허용되지 않는 철학이 무엇인지를 인지해야 한다. '타협 불가의 철학'은 사람들이 글자로 잘 정리해 뒀다. 법이 괜히 있는 게 아니다.

무엇이 바른 건지
모르겠다면

그래도 괜찮은 건 없다

〈필라델피아〉는 내 인생 최고의 영화다. 수십 번은 보았지만 나태해진 정신을 다잡을 때마다 정기 시청을 빼먹지 않는다. 내용은 익히 알려져 있다. 대형 로펌의 유능한 변호사 앤드류 베켓(톰 행크스 분)은 동성애자이자 후천 면역 결핍증(AIDS) 환자다. 이를 눈치챈 회사는 자신들이 조작한 업무상 실수를 빌미 삼아 해고를 통보한다. 베켓은 변호사 조 밀러(덴젤 워싱턴 분)와 함께 소송에 들어가 기득권 세력, 나아가 사회의 추악한 고정관념을 하나둘 벗겨 내고 결국 승소한다.

영화는 '법 정도는 무시해도 된다면서' 살아가는 나쁜 사람이 과연 자신은 아닌지를 묻는다. 회사 측이 '우리는 에이즈를 싫어해서가 아니라 업무상 과실이 있었기에 해고했다'는 식으로 재판 분위기를 유도하자 밀러 변호사는 재판의 본질이 동성애자에 대한 대중의 혐오, 미움 그리고 두려움이 어떻게 해고라는 차별로 이어졌는지 직시하자고 말한다. 그러자 판사는 "이 법정에서 정의는 인종, 종교, 피부색과는 아무런 상관이 없다. 성적인 기호도 마찬가지"라며 재판이 사회적 고정관념에 상관없이 공정할 것이라고 선언하지만 밀러는 이렇게 되묻는다. "존경하는 재판장님, 우리는 이 법정처럼 살지 않습니다. 그렇죠?"

우리는 법의 가치에 아랑곳하지 않고 '그래도 된다'면서 폭력을 정당화하는 현실을 직접 만들었다. 성 소수자 문제만이 아니라 한국사회가 돌아가는 방식이 이렇다. 법정에서가 아니라 현실에서 먹고살아야만 하는 사람들은 정의로움 따져 봤자 손해다. 미사여구 가득한 말과 글로 온갖 고상한 척을 하는 사람일지라도 실제 현실의 무게가 주는 압박에서 자유로운 경우는 드물다. 단연코 한국에서 법보다 문화가 위다. 이곳에서 사회생활은 법의 잣대로 보아 한 점 부끄러움 없는 사람이 되는 것과 무관하다. 이 압력을 지속적으로 받으면 우리는 현실을 법정이라 착각하고 고정관념에서 빠져나오길 거부하는 자신이 재판관인 줄 안다. 오판은 비일비재요, 각성은 지난할 수밖에 없다. 오답도 우기면 정답이 된다. 교과서에서 배운 '정의로운 행동'은 온데간데 없다. 누가 떨떠름한 눈빛으로 '그래도 이러면 안 되잖아요'라는 신호를 보내도 답은 한결같다. "그래도 된다." 문장 앞에 '여기선', '지금은' 등이 상황에 맞춰 첨가된다. 응용하면 이렇다. "여기서 그런다고 잘못했다는 사람 아무도 없다", "지금은 그렇게 안 해도 돼."

영화는 현실이 그럼에도 불구하고, 그래도 '안' 됨을 천명하고 사람이 추구해야 할 가치를 상대적으로 해석 말라고 경고한다. 이유가 어떠한들 타협불가의 원칙이 있다는 거다. 어찌 보면 싱거운 상식인데 대부분의 문제는 이 원칙이 제각기여서 발생한다. 생각 없이 사는 사람들은 인간관계가 지나치게 강조되고 집단주의가 만연한 공간에서 살아오며 느낀 대로 정의(正義)를 정의(定義)하여 온갖 만행을 공정성 운운하며 일삼는다. 영화는 정의를 규정함에 있어서 원칙은 하나임을 알려준다. 울림이 대단한 장면이 있다. 증인 심문에서 베켓이 자신이 법을 잘 실천할 줄 아는 훌륭한 변호사로서 법을 좋아한다고 하자 밀러 변호사는 어떤 면을 좋아하는지 묻는다. 주인공은 자신을 해고한 사람들을 응시하며 이렇게 말한다.

"종종, 자주는 아니지만 아주 가끔, 법이 정의의 일부가 될 때가 있습니다. 실제 그런 일이 일어날 땐 정말로 짜릿하지요."

내게 이 대사는 길이다. 우리의 현실이 울퉁불퉁할지라도 가야할 길은 하나임을 알려준다. 세상이 완벽히 정의로웠던 적은 없다. 그렇다고 인류가 정의를 좇는 걸 포기한 적도 없다. 어제와 다른 오늘에 우리가 확장된 권리를 누릴 수 있는 이유다. 과거형으로 국한될 문장이 아니다. 보다 나은 내일을 위해 오늘 우리가 해야 할 의무가 있다는 진행형의 말이기도 하다. 지금 정의롭지 못한 순간순간을 찾아내서 개선하여 정의의 일부를 차곡차곡 만들어 '보편적 인권'의 영역에 많은 사람이 포함되도록 애쓰는 게 바로 인간의 역사다.

이 방향의 시행착오를 최소화하기 위해 인류는 규정집을 만들었다. 바로 '법'이다.[17] 사람들은 살면서 모든 것을 논의해야 했고 기준을 만들어야 했는데 최소한 퇴보는 하지 않기 위한 서로 간에 합의된 조항이 필요했다. 그래서 누구의 생각이 어떠한들, 집단의 가치가 무엇인들, 나라의 운명이 어디로 향하든 '그럼에도 불구하고'[18] 따르고 지켜야 할 방향과 방법을 숙고했고 기록했다. 법이 금과옥조라는 말이 아니다. 법 역시 끊임없이 성찰하고 수정을 거듭한다. 그럴 수 있도록 사회는 노력해야 한다. 그 결과를 모았으니, 최소한 현재 시점에서는 법이 대단한 규정집이라 조심스레 말할 수 있다. 특히 법들의 왕이라 불리는 헌법을 제정 및 개정하는 데 엄청난 시간이 필요하고 국민 모두에게 의사를 묻는 이유는 법 없이 인간이 사회적 동물로 산다는 게 불가능하기 때문이다. 규정집 없이 살 수 없는 이상, 법은 현존하는 기준 중 최고다. 최고가 되도록 모두가 관심을 가져야 한다.

그럼에도 불구하고, 헌법처럼만 살자

한국인들은 규정집에 묶이길 싫어한다. 법망을 피해가면 능력자로 인정받고 내야 될 돈을 다 내면 미련한 사람 취급당한다. 능력자들은

'우리가 남이가!'를 외치며 공범자를 찾아 비법을 전수한다. 범법 행위를 하면서도 법이 가진 자, 강자의 편이라며 피해자 코스프레를 즐긴다.

억지로라도 이해해 보자. 한국사회는 법이 무용했던 역사가 너무 길었다. 서슬 퍼렇던 시절에도 헌법은 마냥 아름다웠다. 쥐도 새도 모르게 끌려가서 행방이 묘연해도 어디에 물어볼 곳 없었던 유신시대의 헌법 제10조 2항을 보자.

"모든 국민은 고문을 받지 아니하며, 형사상 자기에게 불리한 진술을 강요당하지 아니한다."

멀쩡한 사람 잡아가 고문으로 자백을 받아내 간첩 만들던 시대의 법이었으니 얼마나 우스운가. 사람들의 현실에 전혀 도움되지 않는 종이쪼가리에 불과한 법이었다. 법의 도움을 받지 못한 역사가 직접적이든 간접적이든 기억나는 한 법대로 살겠다는 건 어불성설이다.

지금은 법의 기능이 많이 회복되었지만 여전히 법치(法治)는 기득권이 좋아하는 말이다. 한국에는 "법적으로 아무런 문제가 없지만 일어난 일은 유감이다"라는 입장 표명이 왜 이리 많을까? 노동자가 부당함을 겪더라도 법적으로 별 문제가 없는 경우가 다분하기 때문이다. 특정 일자리는 최저임금을 지급하지 않아도 되는, 법정 근로시간을 초과해도 괜찮다는 예외 조항에 적용받아 '법적 하자 없이' 노동자를 극한의 경지로 몰아붙인다. 노동자의 노동이 무너지면 이와 연결된 모든 이의 삶이 위태로워진다. 예를 들어 '버스 기사의 졸음운전'으로 끔찍한 인명 사고가 연이어 발생하는 데에는 '하루 20시간 운전'이라는 초인적인 노동 현실이 존재한다. 운수업은 '하루 8시간, 주 40시간'이라는 조항에 적용받지 않기에 가능한 일이었다. 법이 사람을 사지로 내모는 판국에 '법대로 하자'는 말이 공허하지 않을 리가 있겠는가.

특히 법 때문에 수많은 노동자가 벌벌 떨었다. 앤드류 베켓의 말처럼 가끔이라도 법이 정의의 일부를 완성한 경우가 한국에 있었는지도 모르겠다. 헌법이 보장한 노동자의 파업할 권리가(33조 1항) '업무방해죄'(형법 314조)에 위반된다면서 제재되었으니 말 다했다. 손실을 입힐지라도 파업을 헌법이 보장하는 이유는 공중 분해되고 다른 법을 능숙히 다루어 정의를 유린하는 세상에서 '법대로'는 막연할 수밖에 없다.

그럼에도 불구하고! 우리의 원칙은 헌법에서 시작해야 한다. 다른 꼼수로 헌법의 가치가 제대로 발휘되지 못했다고 우리가 규정집을 버려선 안 된다. 헌법이 보장한 자신의 권리가 침해당할 때 수치심을 느낄 줄 알아야 하고, 타인의 권리를 침해한 자신을 부끄러워해야 마땅하다.

강연장에서 이를 강조하면 청중들은 떨떠름한 표정이다. 대학생들은 '그걸 누가 모르냐? 초등학생도 헌법 정신으로 살아야 되는 줄은 안다'는 눈빛을 보인다. 모범시민 앞에서 괜한 걱정 말라는 투다. 과연 그럴까? 나는 쓴웃음을 지으며 말한다. "억압받던 시기를 벗어났으니 신체의 자유를 누리라면서 '신입생의 신체가 파괴될 때까지 술을 강권한 사람'은 여러분 아니었던가요?" 다들 '맞다, 맞다' 그러며 과하게 동의한다. 지금껏 그 행동이 타인의 신체에 간섭 말라는 헌법 규정을 어기고 있는 거라고는 생각조차 못 했단다. 대학생에게만 해당되겠는가. 헌법보다 상위 법인 '회사 내규'를 가지고 있는 기업에서는 일상이 '위법'이다.

"고객의 불만이 접수되면 센터의 전 직원이 퇴근을 못 한다. 그리고 '인민재판'이 열린다. 전 직원이 모여 고객 불만 대상이 된 직원을 향해 뭘 잘못했는지 비판하고, 해당 직원도 스스로 비판해야 한다."[19]

"'관 체험'이라는 것도 있다. 목표량을 달성하지 못한 판매 직원에게 죽었다는 의미로 관에 들어가 눕게 한다."[20]

주말에 등산 가자는 사장님은 아주 착한 축에 속했던 거였다. 사람에게 수치심을 주는 건 회사의 목표가 높든 말든, 그럼에도 불구하고 해서는 안 되지만 한국에선 그래도 된다. 우리 삶은 이런 엉터리로 가득 차 있다. 법정에 '미치지 못하는 삶' 정도가 아니라 탈법과 초법이 판을 친다. 헌법대로 살아야 한다는 말이 우습게 들릴 수밖에 없다.

법의 가치를 이해하고 이를 옳은 방향으로 실천하는 건 시민의 의무다. '그래도 된다'의 유혹이 넘실거리는 세상에서 '그럼에도 불구하고' 하지 말아야 할 행동을 알기 위해 꼭 필요한 노력이다. 법문을 외우자는 게 아니다. 자유와 정의가 왜 법의 큰 틀인지만 이해하자. 법은 내 자유를 허락하고 내 자유가 타인의 자유를 침해하지 않도록 규제를 가한다. 제한을 통해 허용을 보장받는다. 故 노무현 대통령은 "민주주의는 탐욕으로 탐욕을 제어하는 시스템"[21]이라 했다. 이 시스템의 기초는 헌법이다. 23조 1항을 보자. '모든 국민의 재산권은 보장된다.' 자본주의의 대표적 특징이다. 그런데 단서가 한 줄 있다. '그 내용과 한계는 법률로 정한다.' 자본주의랍시고 모든 것이 허용되지 않는다는 말이다. 2항은 1항의 방향을 구체적으로 적시한다. '재산권 행사는 공공복리에 적합해야 한다.' 화폐가 등장했을 때부터 떠돌던 말이었던 '사람 나고 돈 났음'을 잊지 말자는 거다. 내 가게니까 '노키즈존'을 마음대로 할 수 있지도 않고 내 집 근처라서 '장애인 학교'에 반대할 권리도 없다. 개인이 우주 최강으로 행복해지고 싶다는 욕망은 모두가 행복의 최소 기준에 부합한 삶을 살고 있을 때만 정당하다. 좋은 법은 이를 잊지 않게 우리를 감시한다.

정말로
행복해지고 싶다면

'한때' 형성된 의식은 쉽사리 변하지 않는다

경찰이 성인의 두발을 길거리에서 단속하던 시절이 있었다. 지금으로서는 상상도 할 수 없지만 무릎에 자를 대어 치마 길이를 재기도 했다. 철저히 '국민으로 길러진' 시대의 단면으로 자주 언급되는 장면들이다. 국민은 뜻 그대로 '그 나라 사람'을 말하는데 한국에서 국민은 '나라가 하라는 대로' 모든 것을 따르는 상태여야 했다. 군인 출신 대통령이 취임사로 "국민 정신 개조가 필요하다"는 말을 할 정도로 사람의 성격조차 통제의 대상이었다. 이를 직접적으로 수행하는 기관인 가정과 학교는 무시무시했다. 엄격했고 그만큼 비상식이 난무했다. 물론 말이 통할 리 없으니 개인들은 적응 외에는 도리가 없었다.

성격 개조는 성공했다. 사람들은 주어진 것을 의심하지 않는 자랑스러운 국민이 되었다. 어른들은 에로 영화가 상영되기 전에도 애국가를 불렀고 유치원생들은 조국과 민족의 무궁한 영광을 위해서라면 밑도 끝도 없이 충성하겠노라 굳게 다짐한다며 고사리 같은 오른쪽 손을 왼쪽 가슴에 올리는 예절 교육을 받았다. 반대로 하면 혼났다. 원래 세상은 그런 줄 아니 '뚜렷한 사계절이 있는' 대한민국에서 원하는 건 무엇이든 다 가질 수 있다는 주술 수준의 노래를 누가 시키지 않아도 진심이 우러나게 불렀다. 대한민국의 1970~80년대 모습이었다.

한국의 민주주의를 걱정하는 소리도 꽤나 있었다. 하지만 많은 이들이 그래도 우리나라는 올림픽을 유치한 대단한 나라라고 자부했다. 민주주의는 '없으면' 큰일이고 올림픽은 '안 해도' 큰일 아닌데 주객이 '체계적으로' 전도되니 문제될 것이 없었다. 사람들은 자신을 능동적이라 착각하면서 한국 팀의 국제대회 성적에 뿌듯함을 느꼈다. 당시 '국민'학교의 시험문제가 이랬다. '88올림픽에서 우리나라의 성적은?', '우리나라는 88올림픽에서 몇 개의 금메달을 땄는가?' 내겐 식은 죽 먹기 수준, 1초 만에 답을 적었다.

나중에 군대에 가 보니 학교생활이 도움이 많이 되었다. 잘 적응했고 그곳도 추억이랍시고 포장했다. 제대를 하니 세상은 군대랑 크게 다르지 않았다. 구체적인 폭력 앞에서도 '나는 잘될 거야'라면서 애써 상황을 부정하거나 '이걸 이겨 내는 게 인생이지'라는 긍정의 힘을 발휘했다. 생각해 보니 나는 미래 지향적 교육을 받았던 셈이다. 그 덕에 '노력한들 잘 되지 않는' 시대적 상황을 부정하고 난관을 이겨 내지 못한 자신을 끊임없이 탓하는 긍정의 인간이 되었다. 그런데, 아니 그래서 하루하루를 울적하게 살아간다. 내 이야기지만 많은 이들의 삶이다. 나는 세상을 비판하는 작가이기에 남들보다는 아닌 것 같지만, 돋보기로 내 삶을 관찰해 보면 실상은 도토리 키 재기다. 사회는 이렇게 무섭다. '어떤' 정치가 만든 사회적 공기는 사람 가려서 떠돌지 않는다. '어떤' 정치가 만든 문화적 정서는 시대가 달라졌다고 몸속에서 쑥 빠져나가지 않는다.

하지만 사람들은 쉽게 말한다. 이제 세상이 달라졌다고, 시대가 과거처럼 무식하지 않단다. 마치 자신은 더 이상 그때의 사람이 아니라고 자신하면서 말이다. 자신의 애들도 과거처럼 살지 않는다고 확신한다. 더 이상 외부의 간섭에 눈치 보는 개인은 없다나 뭐라나. 그러니 자신을 수동적 존재로 분석하면 화들짝 놀란다. 요즘 그런 바보 없다면서 말이다.

과연 그럴까? 다섯 살에 한글을 떼고 여섯 살부터 영어 학원을 다니고 일곱 살에는 '자기주도형 창의독서'라는 무시무시한 걸 습득하기 위해 그룹 스터디를 하는 아이들의 모습은 '그때' 제대로 만들어 놓지 못한 세상에서 살기 위한 몸부림일 뿐이다. 예전처럼 살지 않는다는 어른들은 "과거처럼 나쁜 세상도 아닌데, 넌 왜 그렇게 무기력하냐!"고 꾸짖길 좋아한다. 따돌림은 자업자득이니 예방하면 문제 될 것 없다는 말이나 하고 왜 외모도 경쟁력이어야 하는지는 논쟁조차 않는다. 이런 세상에서 임대 사업자를 꿈꾸거나 이도 아니면 9급 공무원 시험에 인생을 거는 건 아주 능동적인 희망이다.

거짓 능동성을 몸에 장착할수록 수동성이 듬뿍 배인 시민의 삶에 정착한다. 아주 어릴 때부터 자기 앞가림'만' 했는데도 1인분 부양조차 쉽지 않은 세상에서 사람들은 타인에게 관심을 가질 여유가 없다. 세상에 차별이 난무해도 그저 그러려니 하고 하루가 계속되는 이유다. 무인 자동차가 곧 길거리를 누빈다는 세상이지만 장애인은 출근길에 지하철 타기조차 버겁다. 출근을 못 하니 인정받기가 힘들어 집 안에 머무른다. 휠체어는 고속버스에 아예 오를 수가 없다. 그렇게 생산성 낮은 존재가 되면 이들을 돕겠다는 정부 정책에 '집에만 있는 사람에게 왜 그리 투자하느냐'면서 냉소를 보이는 경우도 많아진다.

비장애인이 장애인을 차별한 이유와 마찬가지로 '실적 낮은' 노동자들은 온갖 모욕에 시달리다가 일자리를 '합법적으로' 잃는다. 그리고 재기하겠다면서 서점에서 자기계발서를 고르고 부동산 고수되는 법을 알려준다는 커뮤니티에 가입하고 주식 천재라는 사람의 유혹에 넘어가 얼마 없는 돈을 날려 빈곤한 노후와 마주한다. 이 모습은 아래 세대에게 충격적인 사례가 되어 '나는 절대 저렇게 살지 않겠다'는 각오와 함께 각자도생의 현재 삶을 정당화하고 가속화한다. 그 결과 한국에는 공적 냉소가 만연하고 사적 정열만이 강조된다.[22] 민주주의에 대한 탐욕이 없으니 자신의 탐욕도, 세상의 탐욕도 제어되지 않는다. 그러니 모두가 괴물이 되고 그 괴물과 맞서기 위해 더 강한 괴물이 등장한다.

가정에서, 학교에서, 일터에서 그릇된 삶의 철학이 권장되고 계승된다. 자기가 살아가는 세상에 무슨 일이 있든 신경 끄는 국민들은 이제 별다른 외부의 강압이 없어도 자연스럽게 길러진다. 아, 달라진 것도 있다. '별수 없잖아'라고 생각하는 사람이 많아졌고 그만큼 세상은 더 나빠졌다. 사람들의 정치적 관심을 다른 곳으로 돌리자는 과거의 '어떤 정치'가 선사한 지금의 모습은 이토록 절망적이다. '한때'는 여전히 지금을 지배한다. 참고로 나는 1988년의 시험문제 답을 지금도 기억한다. 한국이 금메달 12개로 종합 순위 4위를 했다는 사실은 잊으려고 해도 안 된다. 내 의지로는 불가능하다.

자본주의 사회에서 시민이 되는 법

《진격의 대학교》를 집필할 때 취업사관학교가 된 한국대학의 끔찍함을 알리기 위해 '죽은 시민'이란 표현을 사용했다. 열심히 학교 다닐수록 죽은 시민만이 우리의 이웃이 된다는 맥락이었다. 시민은 오늘보다 나은 내일을 만들기 위해 매우 구체적인 노력을 해야 하는 사람이다.

이것이 제도 정치에 대한 관심으로 시작하는 건 자명하다. 국민을 대리해 법을 다루고 실천하는 정치인들을 외면한다면 어디 시민이라 하겠는가. 우리는 정말로 투표를 잘해야 한다. '국가인권위원회'는 참으로 아름다운 이름이지만 대통령이 누구고 의회 권력을 어떤 당이

쥐고 있는지에 따라 완전히 다른 일을 진행한다. 인권 침해가 드러날수록 정부에 해가 된다면서 가급적 활동을 자제할 때도 있다. 심복이라면서 시청 행정공무원 하던 사람을 국가정보원 수장으로 앉히니, 잡으라는 간첩은 안 잡고 선거에 개입하여 입에 담기도 부끄러운 악질의 여론몰이를 한다. 그 덕에 정상회담에서 기자들의 질문에 동문서답할 사람도 대통령이 된다. 권력의 하이에나이길 자부하는 '기레기' 언론은 대통령의 무능을 비판하는 역할을 망각하고 외국어가 출중하다느니 패션 외교가 탁월하다느니 등의 어이없는 기사를 대서특필하여 계속 기득권으로 살아갈 기회를 얻는다. 사람 한 명 잘못 뽑으면 별일이 다 생긴다. 역사는 결코 저절로 진보하지 않는다. 소중한 권리 행사를 제대로 못하면 액땜이라 하기에는 너무 큰 손실이 발생한다.

권리 행사를 잘 하려면 정치가 자신의 삶에 끼치는 영향이 얼마나 큰지를 인지해야 한다. 사회학자 앤서니 기든스(Anthony Giddens)의 말이다.

"우리의 삶은 모두 정치 영역에서 일어나는 일들에 영향을 받는다. 우리가 좋아하든 안 하든 인지하든 못하든 상관없다."[23]

이 문장에서 '인지하든 못하든'이 중요하다. 사람은 요람에서 무덤까지 정책의 영향을 받는다. 경제정책이 한 번 실패한 이후(1997년 IMF 외환 위기) 한국에서 출산은 요원한 일이 되고 있다. 출산을 한들

'경쟁 완전체'가 되어 평생을 살아간다. 사회 안전망이 부실하니 중년 들은 '열심히 살아도' 파산한다. 고독사나 하지 않으면 다행이다. 그러 니 정치권력은 시대를 읽어 낼 줄 알아야 하고 지혜로운 해법을 찾기 위해 심사숙고해야 한다.

정치의 필요성을 인지해도 한국인은 '어떻게'를 잘 모른다. 알아도 그것이 자신이 할 수 있는 범위가 아니라고 단정한다. 정치는 '할 만한 사람들'이 하는 거고 자신 같은 소인배는 결코 나설 수 없다고 생각한 다. 처음에는 머리를 긁적거려도, 시간이 지나면 정치에 대한 냉소로 빠질 수밖에 없다. 정치란 엄청난 게 아니다. 일상 곳곳에서 민주주의 의 도움을 기다리는 관행들이 많다. 우리는 필연적으로 그런 순간과 마주한다. 이때, '이건 아닌 것 같다'는 표정 하나가 바로 정치의 시작 이다. 누군가에게는 보다 적극적으로 목소리를 낼 동력이 된다. 여론 이 형성되면 정치인을 압박할 수 있다. 그렇게 정책이 등장하면 '내'가 변화의 수혜자임은 자명하다.

그래도 '어떻게'를 추상적으로 받아들이는 경우가 많아서 확실한 방 법을 소개한다. 가장 자본주의에 어울리는 방법인데, 객관적으로 정치 영역에 돈을 지출해야 한다. 정당에, 정치인에 그리고 정치권력을 감 시하는 언론과 시민단체에 말이다. 투자하는 돈이 많아야지 정치와 언 론을 감시할 의욕이 생긴다. 사교육에 몸담는 순간부터 오매불망 학업 성적에만 관심을 가지는 것처럼 말이다. 웃자고 하는 말처럼 들리지만 사회를 튼튼하게 하는 데 지출하지 않고 사회가 좋아지길 희망하는 건 모순이다. 구체적인 정책을 만들어 내는 사람들을 도와주고 그 정치인들을 감시할 사람들의 생활을 안정적으로 유지시켜 주면 결국 사회는 한 단계 성장한다. 내가 발 뻗고 잘 지름길이다. '한때'가 지독히도 오랫동안 우리 주변을 부유하면서 '부끄러움'의 본질을 망각시키는 현실이 싫다면 그 반대의 가치를 객관적으로 지향하는 단체에 구체적인 도움을 주어야 한다. 당장 지난달 지출 내역을 뽑고 꼬박꼬박 빠져나가는 목록을 읊어라. 그리고 지금까지와는 다른 사회적 재테크를 시작하길 바란다. 현실적으로 그럴 형편이 아니라고? 지금까지와는 다른 패러다임을 향해 발을 내딛지 않으면 당신의 삶은 전혀 달라지지 않는다.

나중에 후회하면, 늦다

"직장생활을 하면요, 너무 잘할 것 같아서요. 저는 어떻게 해야지 직장에서 사랑받는 사람이 되는지 잘 알고 있거든요. 아마 승승장구했을걸요? 그래서 부끄러운지도 모르고 살아갈 제 자신이 너무 두려웠어요."

왜 프리랜서의 삶을 선택했느냐는 물음에 나는 이렇게 말했다. 기자는 예상치 못했다는 표정이다. 하긴 이 물음에는 '폐쇄적인 조직문화에서 꿈을 실현할 수 없다고 생각해서 과감한 결심을 했다'는 상투적인답이 있다. 갸우뚱거리는 기자에게 자연스레 부연 설명을 이어갔다.

"살아 보니까 내가 조직생활 잘하는 체질임을 알게 되었어요. 학교에서도 군대에서도 자신이 어떤 사람인지 알 수 있잖아요. 전 맡은 바일을 정말로 성실하게 하거든요. 직장을 다니면 아마 이런 사람 될걸요? 불평불만이 없기에 상사로부터 사랑 듬뿍 받는, 뼛속까지 직장인인 그런 사람 말이죠. 하지만 그렇게 살다가는 큰일 나겠다는 걱정이 들었어요. 여러 사람에게 상처 주고 살 순 없잖아요. 그래서 제 평생의 목표가 지금처럼 '어디에 소속되지 않고' 먹고사는 거랍니다. 나는 힘들지 몰라도 남을 괴롭히는 것보다 낫겠죠."

결심의 단초를 말하려면, 신문배달하던 이야기를 또 끄집어내야겠다. 신촌 지역의 지도가 머릿속에 들어 있다고 해도 거짓말이 아닐 정도로 베테랑 배달부 시절이었다. 어느 날 동료 배달원이 내게 부탁을 했다. 급여가 전혀 오르지 않는 점, 그리고 사고 발생 시 치료비 보상에 대한 명확한 규정이 없는 것을 문제 삼으며 이 내용들을 포함한 '근로계약서' 작성을 지국장에게 건의해 달라는 것이었다. 그러니까 그곳에 계약서 따위는 없었다. 50년 전 이야기가 아니라 2005년도 일이다.

동료는 고등학교를 졸업하자마자 경찰 공무원이 되겠다고 무작정 서울로 올라와 고시원에 살면서 평일에는 새벽에 신문배달, 낮에는 공부를 했고 주말에는 중식당에서 역시나 배달을 하던 성실한, 하지만 지독히도 가난한 친구였다. 나랑 '누가 더 힘겹게 사는지'를 장난삼아 자주 주고받았는데, 내가 김 한 봉지로 밥을 먹었다고 하자 자신에게 김은 사치라면서 보통은 간장 몇 숟갈로 밥 비벼 먹는다고 하던 그날이 지금도 잊히지 않는다. 김 살 돈도 없는 그가 갑작스레 목돈이 들어갈 일을 경계하는 건 당연했다. 오토바이를 운행하는 신문배달은 위험할 때가 많다. 그럴 때 책임 소재가 불분명하면 살얼음판을 걸으며 하루를 사는 사람은 한 번에 바닥으로 추락할 수밖에 없다. 아마 그런 불안을 '정당한 권리'로 예방하고자 했을 거다. 젊음, 도전 등의 달짝지근한 용어를 아무리 붙들고 있다 한들, 본인의 상황이 개선은커녕 더 나빠진다는 걸 진작 깨달았음이 분명했다.

이제 스무 살이었던 동료는 내가 경력도 많고 이 바닥에서는 드문 대학원생이었기에 충분히 말이 통할 사람이라고 생각했을 게다. 또 평소에 지국장과 내가 마치 오래된 직장 동료처럼 지내는 모습에도 기대를 했나 보다. 그 친구는 나를 여기의 '에이스'라고 믿었던 셈이다. 물론 나는 조직의 에이스답게 노동자의 권리를 따져 보자는 지극히 상식적인 동료의 청을 일언지하에 거절했다. 이걸로도 모자라 '신문배달하면서 그런 거 요구하면 되나'라는 뉘앙스로 면박까지 줬다. 괜히 지국장의 심기를 불편하게 할 필요가 없다고 생각했기 때문이다.

나는 별 불만이 없었다. 충분히 보상받는다고 생각했다. 나는 지각한 번 하지 않고 늘 새벽 3시에 출근했고 정성스레 배달했다. 비에 젖지 않게, 또 신문 던지는 소리에 누군가가 놀라지 않게, 그리고 450세대 중 어느 한 곳도 빠트리지 않게 주의하여 독자들의 불만을 최소화했다. 이런 나를 지국장은 좋아했고 "급여가 적어서 미안하다"면서 밥도 술도 자주 샀다. 판촉 사은품을 주기도 했고 겨울에는 오리털 방한복을 배달원들 중 제일 먼저 챙겨 줬다. 또 배달용 오토바이를 낮에도 개인적으로 사용하는 것을 허락해 주었는데 덕분에 등하교가 한결

편리해져서 피곤에 찌든 대학원 생활을 그나마 버틸 수 있었다.

가난하게 공부하던 나는 이럴 때마다 '횡재 맞았다'는 식으로 생각했고 세상을 단순하게 이해했다. 그저 조직의 수장이 시키는 것을 성실히 하면 보상은 어떤 식으로든 따라온다고 믿었다. 혹은 조직으로부터 신임을 받는 자만 느낄 수 있는 정체불명의 자존감을 위안 삼아 어찌 물질적 보상만이 노동의 전부가 될 수 있냐면서 일종의 '정신 승리'를 즐겼다. 그 정도가 얼마나 심했냐면 나는 노동을 하는 게 아니라 새벽 운동을 한다고 착각했을 정도였다. 건강도 챙기고 돈도 버는데 불만은 금물이었다.

나는 익숙한 나만의 평화로움을 깨기 싫어 동료의 부탁을 거절했다. 그리고 부끄러운 줄도 모르고 세 치 혀를 놀렸다. 당장의 이익에 급급하지 말고 묵묵히 일하다 보면 하늘이 다 알아준다는 '조롱받아 마땅한' 말들을 내뱉었다. 이때 그가 황당하다는 표정으로 이렇게 말했다. "하나도 괜찮지 않습니다."

특혜를 주장한 것도 아니고 동정해 달라는 것도 아니었다. 동료는 그저 정당한 '권리'를 확인받고 싶었을 뿐이었다. 근로계약서는 당연히 작성되어야 하는 것이고 급여 인상에 관한 규정이 없는 건 분명 문제였다. 또한 일하다가 다쳐서 치료비도 보장받지 못한다는 건 말도 안 되는 일이었다. 나도 익히 알고 있던 상식이었다. 하지만 나는 이 노동의 기본 권리가 새벽에 잠시 일하는 신문 보급소에까지 굳이 적용될 필요가 있을까 생각하고 있었다. 어차피 나는 공부하는 사람이고 낮에는 다른 곳에 가 있는데 여기서 정의 따져가며 흥분할 필요가 없다고 스스로를 정당화했다.

내 몸이 편하니 귀찮았던 셈이다. 머리로는 정의를 아는데, 몸은 자라면서 자연스럽게 배워 온 '익숙한' 관성에 관성처럼 기대어 안정적으로 움직였다. 관습은 철저히 학습된 결과물이다. 나는 가부장적 가치가 곧 법이었던 가정, 폭력이 난무했던 학교, 비상식이 부유했던 군대, 군대보다 더하다는 대학원을 '별 무리 없이' 통과한 대한민국 사람이었고, 그런 사람들이 오랜 세월에 걸쳐 만들어 놓은 문화가 곧 내 모습이었다. 나는 사회생활을 할 줄 아는 사람이었기에 '윗사람'에게 무난하게 적응했고 타인에게 부끄러운 줄 알라는 식으로 훈계까지 할 수 있었던 거다. 쥐구멍에라도 들어가고 싶다는 표현은 이럴 때를 위함이 아니었을까.

뒤늦게라도 후회를 했으니 다행일까? 한때의 그릇된 호기로 다른 이의 권리를 치기로 치부한 나였다. 이제 그러지 않겠다는 다짐에 앞서 사과가 반드시 필요하다. 나만 괜찮다고 끝날 일이 아니지 않은가. 하지만 나의 꼰대 모습을 통해 '어찌할 수 없는 한국사회의 장벽'을 뼈저리게 느꼈을 동료는 이 일이 있은 후 얼마 되지 않아 일을 그만두었다. 나는 아직 그에게 사과를 하지 못했다. 생각해 보니 연락처도 몰랐던 동료였다. 미안해서, 지금도 소주 몇 잔을 들이키면 10년도 넘은 일을 아직도 잊지 못하고 철부지였던 내 모습이 떠올라 머리를 긁적거린다. 그러나 이게 다다. 반성이 거듭되어도 괜찮아지는 건 나일 뿐,

'그때' 상처받은 '그 사람'이 치유되지 않는다.

사회학을 연구하면서 힘들게 살아가는 여러 사람을 만났다. 나는 이들의 고통을 야기한 사회의 문제를 드러내는 데 집중했지만 곰곰이 생각해 보니 사람들의 상처는 '사람들로부터' 시작되었다. 사회구조의 피해자들이 진술하는 '기억하기 싫은 순간'에 사람으로부터 받은 상처가 등장하지 않은 적은 없었다. 이 폭력에 노출될수록 이들은 폭력을 세상 밖으로 드러낼 용기를 잃었고 피해자가 침묵하니 가해자는 본인이 '가해'를 하는지도 모른다. 이게 습관이 되고 문화라는 이름으로 정당화되면 공공의 뼈대가 푸석해진다. 내가 외쳐 대는 빌어먹을 '사회'는 언제나 사람들의 상호작용으로 만들어졌다. 제대로 감정 표현 못하는 사람들이, 제때 부끄러워할 줄 모르는 사람들이 말이다.

해법은 제대로, 제때 성찰하며 사는 거다. 나중이 아니라 당장 해야 한다. '어떻게'가 고민일 때, 이 책이 기억났으면 한다. 하루아침에 세상이 변하지는 않을 거다. 악기를 배워도 지겹도록 기초 과정을 반복하고, 수학 문제에도 단계가 있는데, 하물며 얽혀 있는 나와 사회의 실타래가 책 한 권 읽고 풀리겠는가. 고정관념은 오랜 시간의 결과물이다. 고정관념을 깨는 것도 그만큼의 시간 동안 훈련에 훈련을 거듭해야 한다. 그러면 어제보다 괜찮은 오늘이, 오늘보다 나아질 내일이 우리를 기다린다. 너와 나, 우리가 객관적으로 행복해지는 방법은 이뿐이다.

감사의 글

카페를 하는 친구가 있습니다. 제가 책을 낼 때마다 '날카로운 비판의식'을 세상에 널리 알려야 된다면서 자기 가게에 몇 권이나 전시하는 좋은 친구입니다. 그런데 손님들의 반응이 '좀 그렇다'면서 걱정을 합니다. 책이 한국사회의 어두운 현실을 알려주는 건 알겠는데 문장마다 선혈이 낭자하니 도무지 '커피 한 잔 마시며 편안히 읽기가 부담스럽다'는 말들을 사람들이 했다면서요.

지금까지 '피 묻은 현실'을 그대로 꺼내는 글쓰기를 했습니다. 어쩔 수 없다는 체념이 야기한 우리들의 괴기스러운 민낯을 봐야 한다고 생각했기 때문입니다. 모든 독자를 만족시킨다는 건 어렵다고 생각하고 울퉁불퉁한 불평불만을 주저하지 않았습니다. 그런데 좋은 사회를 만들기 위해 내가 얼마나 많은 사람을 설득시켰는지 회의감이 들었습니다. 친구의 우려와 저의 고민이 겹쳐질 때쯤 '날카로운 주제에 대한 부드러운 글쓰기'를 제안하는 출판사를 만났습니다.

따뜻한 커피와 함께 읽어도 어색하지 않을 책을 마무리합니다. 친구에게 부담 없이 권할 수 있는 책, 여행을 떠나는 기차 안에서도 몇 페이지를 넘길 수 있는 책입니다. 그렇다고 먹먹한 현실을 외면하지는 않았습니다. 여기 나오는 주제는 여전히 무겁고 두터운 우리의 고정관념들입니다. 이를 깨기 위해 망치만 필요한 건 아니겠지요. 이 책이 우리의 일상 속 평범한 휴식 같은 시간에도 어울렸으면 합니다.

PART 01

하나도 괜찮지 않습니다만

1 이 표현은 임홍민의 《수치심과 죄책감: 감정론의 한 시도》(2016, 바다출판사)의
   190쪽에 등장한 번역을 그대로 인용했다. 원서는 Charles Darwin의 《The Expre-
   ssion of the Emotions in Man and Animals》(2009, Penguin Classics).

2 MBC 〈라디오스타〉에서 배우 최민용이 말한 본인의 경험담이다(제508회, 2017. 1.
   4 방송).

3 SBS, 〈맨 인 블랙박스〉, 24회, 2016. 2. 5

4 홍성수, "소수자를 반대하는 국민통합?", 한겨레, 2017. 4. 27

5 은유, "노키즈존은 없다.", 한겨레, 2017. 5. 19

6 여기서의 표현은 문유석의 글, 〈문유석 판사의 일상有感〉 82년생 김지영들이 사는
   세상."(중앙일보, 2017. 4. 4)의 다음 문장을 참조했다. "예외가 아니라 평균이 어디
   까지 와 있는지가 사회를 규정한다."

7 경향신문 사회부 사건팀 기획 및 채록, 《강남역 10번 출구, 1004개의 포스트잇: 어
   떤 애도와 싸움의 기록》, 나무연필, 2016, 162쪽

8 한국일보, "직장인 2명 중 1명 '아직도 유리 천장 여전하다.'", 2017. 5. 29

9 정용주, "〈세상 읽기〉 지능과 성취의 누적적 불평등.", 한겨레, 2016. 11. 21

10 이승욱, "〈이승욱의 증상과 정상〉 대통령의 인품.", 한겨레, 2017. 4. 2

11 한겨레, "'인증샷 여행' 대신 '그곳의 삶'에 풍덩.", 2017. 1. 4

12 한겨레, "고집을 포기하라 – '꼰대 패션' 탈출법.", 2016. 11. 24

13 존 휘트필드, 《무엇이 우리의 관계를 조종하는가: 보이지 않는 곳에서 마음의 흔적
   을 남기는 평판의 힘》, 김수안 역, 생각연구소, 2012, 139쪽

14 편해문, "무장애놀이터는 차별의 기념비일 뿐.", 한겨레, 2016. 7. 27

15 김해원, 《추락하는 것은 복근이 없다》, 수록작품 中 〈구토〉, 사계절, 2015, 79쪽

16 한겨레, "'집단 따돌림 예방수칙'이 왕따에 익숙해져라?", 2017. 2. 1

17 SK Btv 자체 영화평론 프로그램인 〈영화당〉(38회)에서 영화평론가 이동진과 소설가 김중혁이 언급했다.

18 프랜 핀리 엮음, 2012, 《폭력은 침묵 속에 전염된다: 십대들, 자신이 경험한 폭력을 말한다》, 아일랜드, 2012, 244쪽

19 전우영, "〈심리로 풀어 보는 세상사〉 자기 합리화의 심리학.", 경향잡지, 2017. 5, 86쪽

20 박완서, 《부끄러움을 가르칩니다》(박완서 단편소설 전집1 개정판), 문학동네, 2006, 327쪽

21 오준호, 《기본소득이 세상을 바꾼다》, 개마고원, 2017, 96쪽

22 주간경향, "지하철 '첫차, 막차 사연' 들어 보실래요.", 2009. 9. 24, 인용된 지점은 해당기사에 등장한 일용직 근로자의 말

23 조은, 《사당동 더하기 25: 가난에 대한 스물다섯 해의 기록》, 또하나의문화, 2012, 304쪽

24 조은, 같은 책, 222쪽

25 민규동, "〈야 한국 사회〉 예외의 원칙.", 한겨레, 2013. 10. 23

26 권상호, "〈권상호의 문자로 보는 세상〉 '다스릴 치'하는 자는 '부끄러울 치'를 알아야 한다.", 세계일보, 2016. 11. 25

1 정수복,《한국인의 문화적 문법: 당연한 세계 낯설게 보기》, 생각의나무, 2007, 86쪽

2 하지현,《대한민국 마음 보고서: 불확실한 시대, 우리를 위한 심리학》, 문학동네, 2017, 30쪽

3 이승욱, "〈이승욱의 증상과 정상〉 아버지란 무엇인가.", 한겨레, 2017. 7. 17

4 한겨레, "'237% 지옥철' 안에서 욕설과 주먹이 오가다, 〈르포〉 지하철 9호선 체험.", 2015. 3. 21

5 장강명,《한국이 싫어서》, 민음사, 2015, 16~17쪽

6 강백수,《사축일기: 어쩌다 내가 회사의 가축이 되었을까》, 꿈지락, 2015, 14쪽

7 이언 게이틀리,《출퇴근의 역사: 매일 5억 명의 직장인이 일하러 가면서 겪는 일들》, 박중서 역, 책세상, 2016, 206쪽

8 이건 게이틀리, 같은 책, 212쪽

9 엄기호, "애도 없는 학교" 조영주 외,《그리고 학교는 무사했다: 학교폭력에 대해 말하지 않은 것들》, 교육공동체 벗, 2013

10 정호승,《나는 희망을 거절한다》, 창비, 2017, 45쪽

11 한겨레, "'여성 채용 차별' 고발사건 계기 의견발표회. 용모제한은 남녀차별, 고용기준 아니다.", 1994. 7. 3

12 동아일보, "여직원 채용 시 신체조건 제시 44개 기업대표 첫 고발.", 1994. 5. 26

13 임인숙, "한국의 외모 지상주의와 청소년의 정신 건강.", 김문조 외《한국인은 누구인가: 38가지 코드로 읽는 우리의 정체성》, 21세기북스, 2013, 517쪽

14 엄묘섭, "시각 문화의 발전과 루키즘", 〈문화와 사회〉 vol 5, 2008, 86쪽

15 에머 오툴,《여자다운 게 어딨어: 어느 페미니스트의 12가지 실험》, 박다솜 역, 창비, 2016, 213쪽

16 박노자,《당신들의 대한민국 2》, 한겨레출판사, 2006, 37쪽

17 여기서의 표현은 은유의 글, "화장하는 아이들."(한겨레, 2017. 4. 22)의 다음 문장을 참조했다. "십대의 강을 건너는 순간 여자의 민낯에 대한 평가는 순수의 상징에서 무례의 표시로 뒤바뀐다."

18 에머 오툴, 같은 책, 172쪽

19 에머 오툴, 같은 책, 227쪽

20 JTBC, ""화장 필수""안경 금지", 여직원 용모 '과도 규제' 논란.", 2017. 5. 28

21 김찬호,《문화의 발견: KTX에서 찜질방까지》, 문학과지성사, 2007, 142쪽

22 김찬호, 같은 책, 139쪽

23 오창섭,《근대의 역습: 우리를 디자인한 근대의 장치들》, 홍씨, 2013, 244쪽

24 여기서의 표현은 하종강의 글 "부채를 어느 쪽으로 펼칠 것인가."(한겨레, 2016. 3. 29)의 다음 문장을 참고했다. "사회법은 "불평등하게 적용함으로써 평등을 구현"하는 것이 그 원리다. 줄 타는 광대의 부채는 언제나 광대의 몸이 기울어지는 반대편으로만 펼쳐져야 하는 것과 마찬가지다. '평등하게' 부채를 가운데로만 펼쳤다가는 줄에서 바로 떨어지고 만다."

25 노명우,《세상물정의 사회학: 세속을 산다는 것에 대하여》, 사계절, 2013, 106쪽

26 알랭 드 보통,《무신론자를 위한 종교》, 청미래, 2011, 17쪽

PART 03

불균형 사회, 나와 너를 성장시키는 법

1   권정생,《우리들의 하느님》, 녹색평론사, 2008, 169쪽

2   한나 아렌트,《예루살렘의 아이히만》(한나 아렌트의 정치사상 세트), 김선욱 역, 한
    길사, 2017, 9쪽

3   박권일, "〈박권일, 다이내믹 도넛〉 사람 귀한 줄 아는 나라.", 한겨레, 2017. 5. 24

4   김형경, "〈김형경의 남자를 위하여〉수치심과 함께, 수치심 없는 듯 살기 위하여.",
    중앙일보, 2016. 7. 2

5   강준만,《한국인 코드》, 인문과 사상사, 2006, 84쪽

6   강준만, 같은 책, 78쪽

7   엄기호,《공부 공부: 자기를 돌보는 방법을 어떻게 배울 것인가》, 따비, 2017, 14쪽

8   제러미 리프킨,《공감의 시대》, 이경남 역, 민음사, 2010, 148~149쪽

9   강준만,《세계문화의 겉과 속》, 인물과 사상사, 2012, 368쪽

10 권인숙, "군 개혁, '경험의 벽'은 통곡의 벽인가.", 한겨레, 2017. 8. 23

11 류은숙 외,《일터 괴롭힘, 사냥감이 된 사람들 : 괴롭힘은 어떻게 일터를 지배하는
    가》, 코난북스, 2016, 97쪽

12 김훈, "세월호는 한국의 괴로운 자화상이다.", 한겨레, 2017. 4. 13

13 세계일보, "무암바에 막말한 트위터리안, '56일간 철장신세'", 2012. 3. 29

14 김윤태,《모두를 위한 사회과학: 너와 내가 더불어 살기 위한 사회과학 입문》, 휴머
    니스트, 2017, 223쪽

15 문유석,《개인주의자 선언: 판사 문유석의 일상유감》, 문학동네, 2015, 9쪽

16 문유석, 같은 책, 25쪽

17 '규정집'이라 표현한 것은 스티븐 스필버그가 감독한 영화 〈스파이 브릿지〉(Bridge
    of Spies, 2015)를 참조했다. 스파이 혐의를 받는 용의자를 변호하는 제임스 도노

반(톰 행크스 분)에게 CIA 요원은 변호사의 비밀 유지 권리보다 '국가 안보'가 더 중요하니 의뢰인의 정보를 말하라 한다. 도노반 변호사는 말한다. "당신은 독일 출신이고 나는 아일랜드 출신이다. 무엇이 우리 둘을 '미국인'으로 만들었을까? 단 하나다. 규정집. 이걸 '헌법'이라고 한다."

18 '그럼에도 불구하고'라는 표현은 김두식의 책 《헌법의 풍경: 잃어버린 헌법을 위한 변론》(교양인, 2004)의 6장 〈'그럼에도 불구하고'의 헌법 정신〉에서 응용했다.

19 류은숙 외, 같은 책, 87쪽

20 류은숙 외, 같은 책, 94쪽

21 노무현, 《성공과 좌절: 노무현 대통령, 못다 쓴 회고록》, 학고재, 2009, 17쪽

22 강준만, 《한국인 코드》, 인문과사상사, 2006, 27쪽

23 앤서니 기든스, 《현대사회학》, 김용학 외 역, 을유문화사, 2014, 938쪽